U0115238

經學研究叢書

儒家禮學人文思想新視野

謝淑熙　著

推薦序一

　　兩個多月前，謝淑熙博士手持《儒家禮學人文思想新視野》文稿前來問序。她是我剛開始在大學任教的第一屆學生，在學時成績優良，畢業後黽勉治學，著述斐然，先後出版《道貫古今——孔子禮樂觀所蘊含之教育思想》、《過盡千帆——向文學園地漫溯》、《不畏浮雲遮望眼——回首教改來時路》、《黃以周《禮書通故》研究》（上、下）、《禮學思想的新探索》、《研閱以窮照——閱讀教學的新意義》、《臺灣客家禮俗文化新探索》等書，可說博涉多通，進功甚猛。幾十年來，看著她在學術研究上不斷成長茁壯，十分欣慰。現在又即將有新書出版，當然很樂意做一點導讀的工作。我認為本書優點極多，舉其要者，例如：

一　由博返約，取徑正確

　　博士論文口考時，常有委員說：「博士論文是做學問的開始。」淑熙博士論文研究的對象黃以周《禮書通故》，囊括百典，體大思精，是清代禮書的殿軍，通讀已非易事，遑論寫成專書？而淑熙乃能縱橫有條理，剖析見真解，確實難能可貴。此次她繼《禮學思想的新探索》之後，由《禮書通故》轉而研究儒家人文思想，範圍雖擴大到群經及古聖今賢，內容則以《禮記》為大宗，不啻是由博返約，由流溯源，由考據而義理，取徑自然而合理。黃氏以為孟子學孔子，由博返約，而未嘗親炙其間，有子思子綜群弟子之前，聞承孔聖以啟孟

氏，乃取子思子所述，為《子思子輯解》七卷。不知淑熙之為此書，是否受其啟示？

二　著重禮義，治學多方

在《禮學思想的新探索》中有兩篇論文〈《禮記・曲禮》中的人文關懷〉、〈從《禮記・學記》談全人教育的理念〉。到了《儒家禮學人文思想新視野》三編十五篇中，《禮記》人文思想共占三分之二。良以三禮之中禮意會通在《禮記》，具有亙古常新的價值，宜乎《禮記》人文思想會成為淑熙研究的重點。她對禮學思想之研究情有獨鍾，早在其碩士論文《孔子禮樂觀所蘊含之教育思想研究》已肇其端。經過《禮書通故》洗禮後，其視野更加宏觀，識斷想必也日益精審。所以除《禮記》人文思想外，她往上追溯孔子的《易》、《詩》、《禮》教思想，往下探討朱子的《論語》思想、徐復觀的經學思想，乃至三老五更的時代價值，可見她治學多方，大有「兩肩負重任，心懷千萬年」的薪傳之慨。

三　析論綦詳，思想新穎

研究對象不同，內容重點自然各異，如本書第二編各篇雖同出《禮記》，但〈禮運〉重在禮之起源、運行與作用、〈經解〉重在經學教育、〈內則〉重在家庭教育、〈儒行〉重在品德教育、〈中庸〉重在人生哲學，針對重點發揮，才能顯現其特色。但各篇之人文思想除了各自特色外，也不能不有其基調，如仁民愛物、孝悌倫理、人文關懷、萬物和諧、美善人格之類不斷在重複出現，此正如《詩經》之重章疊詠，交響樂之主題旋律，所以求其一唱三嘆，餘音裊裊不絕。全

書就是如此反覆論述,不厭其詳。而其所闡發之人文思想,皆來自儒家經典,配合時代脈動,針對社會需求,或大聲疾呼,或再三叮嚀,或婉轉勸導,雖似老生常談,實不乏亙古常新之真理存乎其間,其書所以名之為「新視野」實有深意,固不宜漠然置之。

四　架構勻稱,條理分明

　　內容決定形式,氣質變化風格。內容相近者,形式大抵亦相類似。本書首編,如〈孔子《易》教的人文蘊涵〉,大綱雖仍不出文化蘊涵與現代意義,分項則特別指出「融通三才之道的變化」、「體現天人合德的理念」,以彰顯《易》教的特色。第二編各篇皆論《禮記》之人文思想,其架構除內容概述外,大抵不出在人文義涵、社會關懷、時代意義、教育啟示等方面斟酌損益。第三編如〈徐復觀經學思想析論〉,除學行述略外,分「徐復觀研究經學史的特色」、「徐復觀對經學研究之貢獻」,頗能對準焦點,以表揚其經學思想。是其全書架構有同有異,有變有不變,要皆提綱挈領,條理井然,如建築之按圖施工,確保品質之無虞。

五　力行實踐,激勵人心

　　儒家的人文思想,內涵極多,各家所見容有出入,如:以人為本、尊重倫理、重視道德、強調理性、崇尚中道、兼融並蓄,偏於保守,但力行實踐,不尚空談應是大部分人都可能同意的項目。此從經濟上講求利用厚生,思想上重實踐而黜玄想,態度上追求積極入世的精神,文學上提倡實用主義的文學傳統,宗教上淡薄鬼神觀念,皆可見其端倪。本書所發揚的人文精神名目雖多,要皆切中時代的弊端,

符合社會人心的需求，可行性極高。

　　淑熙無論在家庭、在學校、在社會、在國家，也都儘量克盡本分，充分體現儒家的人文精神。個人的力量也許有限，眾志成城，喚起民眾，未嘗不可扭轉社會風氣，重登斯民於衽席之上。

　　當然，任何一本著作都不可能十全十美。本書各篇寫於不同時間，發表於不同期刊、研討會，體例上難免不盡一致；相近議題彙聚一編，自然常有詞費重疊之處；持論多為正面表述，其背後之時代弊端殊少觸及。諸如此類，皆屬小疵，無害大醇，希望將來會有更好的成績展現。

莊雅州序於臺北

二○二二年三月廿六日

推薦序二

挈經宗禮樂，譔論化人文
——《儒家禮學人文思想新視野》

　　《儒家禮學人文思想新視野》為謝淑熙老師近五年來「博觀而約取，厚積而薄發」（〔宋〕蘇軾〈稼說送張琥〉）研究結集力作，本書分別為三編十五篇論文，架構嚴謹，組織用心，而且每篇論文都曾親臨請教、疑義相析，尊師重道之心，真誠而篤厚，加以論述深入淺出、體用不二，令人激賞而讚揚。

　　本書研探申論分別有三大重點，其一為闡發詮析孔子的《易》、《詩》與《禮》教中的人文蘊涵與教育思想；其二為研究析論《禮記》儒學人文思想中，〈禮運〉的社會關懷、〈經解〉與〈坊記〉的人文蘊涵、〈樂記〉樂教思想的文化蘊涵、〈仲尼燕居〉的禮學思想、〈表記〉的人文思想詮釋、〈儒行〉的儒學思想與人文蘊涵、〈大學〉融入經典閱讀教學，以及〈中庸〉儒家人生哲學析論；其三為經學典籍思想研究，探討析論《朱子語類》中的《論語》思想、徐復觀（1904-1982）先生的經學思想，並以三老五更為例析評禮制、禮書與禮典，融攝儒家經典中的人文思想，開拓新視野，全書古今並陳、雅俗共賞，真是深富文化教育的學術專書。

　　經，本義為「織從絲」（《說文·糸部》），亦即織物的縱線，與橫線的「緯」相對；又作為編連古書竹簡所用的「縱絲」，浸假以儒家幾部重要的典籍最為偉大，為表示尊重此類書籍，成為歷來被尊奉為典範的著作，所以特別冠以「經」的專名。此外，因經絲在軸，緯絲在梭，織物的縱橫有條不紊，所以引申有「常」與「法」的意思，故

東漢班固（孟堅，32-92）《白虎通德論》說：「經，常也，有五常之道，故曰五經，言不變之常經也。」因此，南朝梁劉勰（彥和，約460至480-約522至538）《文心雕龍·宗經》篇才有「恆久之至道，不刊之鴻教」的完善詮釋。

　　眾所周知，中國固有文化，以倫理道德為基礎，古代的經典明訓，包含著許多人生的哲理與智慧。數千年的延續不絕，愈加令人體會中華文化偉大精深的博妙處；而這博妙的文化，即根本於「經學」，「經學」可以說是中華文化的源頭活水！因此，劉師培（申叔，1884-1919）先生在《國學發微》中，即認為六經是孔門的教科書，說道：

> 六藝之學，即孔門所編訂之教科書也。孔子之前，已有六經，然皆未修之本也。自孔子刪《詩》、《書》，定《禮》、《樂》，贊《周易》，修《春秋》，而未修之六經，《易》為孔門編訂之六經。且六經之中，一為講義，一為課本：《易經》者，哲理之講義也。《詩經》者，唱歌之課本也。《書經》者，國文之課本也。《春秋》者，本國近事史之課本也。《禮經》者，倫理、心理之講義及課本也。《樂經》者，唱歌之課本及體操之模範也。是為孔門編訂之六經。

孔子和他的弟子，以這六經豐富的內容來教育當時的大眾，並普及於社會的各階層，不但當時的貴族受到了教化，而一般從未受過教育的平民也普霑化雨，使得社會的文化水準大大地提高，影響了後來中華文化的發展前途。

　　本書以「儒家禮學人文思想」為標題，「禮」是《周禮》、《儀禮》、《禮記》三《禮》的總稱。三《禮》之中，《周禮》、《儀禮》為

經，《禮記》為記。《周禮》記載國家的制度，《儀禮》記載世俗的儀文，都屬於禮之「數」，即禮的具體事項。《禮記》則記載的是禮的抽象道理，屬於禮之「義」，即禮的哲學意義。《禮記》中，〈大學〉是儒家政治哲學，〈中庸〉是儒家人生哲學。〈大學〉揭示的三綱領、八德目，都是以修身為本，以達到內聖外王的理想。〈中庸〉的位天地、贊化育，而以誠為貴，所以為成己成物，合外內之道的歸依；凡此，皆可以說是現代人治世的良方、教育的針砭！他如〈禮運〉、〈學記〉、〈樂記〉諸篇，也都有極深刻的教育內涵，值得細加品味，而這也正是本書價值所在。

古代春秋之時，教之以禮、樂，一以歡度年節，一以崇祀祖先，以祈福澤。所以《春秋》說：「樂以安民。」樂能調暢性情，又能和諧人心，在位者如能以樂之悅樂精神，施之於百姓眾民，政治那有不清明的道理？故《孟子・梁惠王》說：「獨樂樂，與人樂樂。」「與少樂樂，與眾樂樂。」這也就是說：個人與群體，少數與多數的樂樂氣氛與感受，有其不同的層次，故獨樂樂不如眾樂樂，這樣才能在心靈的快樂上，產生共鳴與呼應。就如現今多少演唱會、表演會，人山人海，一票難求的狀況比比皆是，這便是「樂樂」的群眾魅力。《禮記》對於「樂」此一課題，有其深刻的見解，如謂：「禮、樂皆得，謂之有德。」也就是外在儀節與內在情感的相得益彰，使達到身心合一的境界，這才是「有德」的表徵。又如：「禮樂刑政四達而不悖，則王道備矣！」則說明為政者在政治教化上的措施，必須符合人心的需求向背，如此才能獲得百姓的向心支持，而王道政治才能有實現的可能。對照《孟子・梁惠王》所謂：「與民同樂也。」「樂民之樂者，民亦樂其樂。」由此可知，在位者如何降低身份與民同樂，達到上下一體同心的境界，這才是藝術與政治結合的最高表現。

然而，窮理致用，貴能因時制宜，能中庸則可久，能通變則可

大，守常為體經的通則，隨時為致用的深義，此又為研治經學的要領。經學既為中國文化的指導原則與根本所在，自然應該從形上的道體與形下的器用二方面加以推擴應用，以期能窮變通遠，而能創造出可大、可久的民族事業。自民國以來，由於「五四新文化運動」的風起雲湧，許多學者主張「全盤西化」、「打倒孔家店」、「把線裝書扔到茅坑裡去」，「文化大革命」又極力摧殘傳統文化，打擊了中華文化的根本，為前所未有的文化劫難，動搖了知識青年的民族文化自信心，傳統文化的火苗幾乎滅絕，狂瀾既倒，國難紛紜，終至赤禍燎天，神州淪陷。所幸，國民政府播遷來臺，學者講授不息，文化學術研究與發展的潛力，不斷在躍進之中。傳統經學與當代「新儒學」的相互激盪，加上兩岸文化學術交流，相信在可預見的將來，必能再創中華民族璀璨而光明的康莊前程。

以今日眼光觀照紛繁的經學，其中具有歷史、政治、文學、教育等多重的價值，經學是符合時代、民族需要的義理、文學、經濟、考據的重要典籍，不能再視為過時的故紙堆。我們不僅要研究經學的義理內涵，以探討天、地、人間的三才境界；尤其應該發揮經學的時代功能，使經學的學術、文化價值，再度復興活用，以適合國家、社會的長遠需要，這樣才能使經學成為現代的學問，也才是研究經學學者的時代使命。所幸有識之士，在舊學的基礎上，接受新知的洗禮，以求中華文化的體質改善，使能適應新時代的潮流。中國經學不是不能符合科學與現代化的要求，而是因為時代的久遠、文字的隔閡、背景的不同，以致造成了學習上障礙。所以，如何使經學朝著現代化的方向邁進，便是現當代國學研究者責無旁貸的歷史任務了。

近數十年來，臺灣、香港兩地的傳統儒學者，如錢穆（賓四，1895-1990）、徐復觀（1904-1982）、唐君毅（1909-1978）、牟宗三（1909-1995）等先生，在國勢艱困、文運否塞的時代裡，本著書生

胸懷天下的孤懷閎識，以及對國家民族、歷史文化、時代學術的深沉感受，從頭來疏導民族文化生命的本性、發展上的障礙與缺失，以引領未來文化學脈的方向，可謂用心良苦，深具貢獻！面對國族多次的痛苦遭際，以及未來發展的遠景，當代「新儒學」哲學巨擘牟宗三先生數度明確表示：儒家第三期的「文化使命」，主要集中在「道統的肯定」、「政統的繼續」與「學統的開出」三個中心點上。以下引述牟宗三先生《生命的學問》要義大旨如下：

一　道統的光大──重開生命的學問

文化上的反省講論與會通融攝的過程，也就是文化心靈漸次甦醒、漸次暢通的過程。必須先有醒豁的文化心靈與暢通的文化生命，然後才能決定文化的方向，開顯出文化的理想，以期恢復文化的創造力。在西方，文化創造的靈感，來自宗教；在中國，則來自儒家經典之教上。儒家一以貫之的「仁教」，不但能夠建立「生活的常軌」，而且能夠開出「生命的學問」。要言之：主觀方面，是人格的創造；客觀方面，則是歷史的創造。而這主、客觀的創造，必須世世代代傳續下去，這才是維持中國文化主位性的問題。所以，內聖成德之教的承續與光大，經典與道統的薪火相傳，這才是民族文化慧命未來發展過程中，最為首要的大事。

二　政統的繼續──完成民主建國

中國的士人政治，可以說已達到相當「合理」的境地，但只就「治道」方面的成就而言。在「政道」方面卻一直沒有客觀法制化，而現代的民主政體，正提供了一個客觀的解決之道。民主建國的大

業，不但是辛亥革命以來，仁人志士捨命以求的目標，而且是晚明諸大儒要求由內聖轉出外王事功的關節所在。推溯而言，二千年來，儒家由內聖通外王的思想，也正須落實在民主政治上，才能豁然暢達，獲得充分的實現。同時，中國的現代化，也必須以民主建國為骨幹，即使是科學的研究發展，經濟的規劃建設，也同樣需要民主政治的基礎，才能獲得堅實穩固的發展。

三　學統的開出──轉出知識之學

儒家的學問，以道德心性為根源，故凸顯「德行主體」，而開出了內聖成德的學問。至於「知性主體」，則未能充分透顯，故未能發展出知識的學問。而如何從重德性主體的傳統學術中，轉出知性主體，以成就科學知識，正是儒家面臨的一大課題。傳統上，中國文化心靈著重在德行主體上表現，知性主體為德行主體籠罩而未能充分透顯，以獨立起用。如今為了成就知識，從道德心轉為知識心，以便文化心靈以「主客對列，心物相對」的形態，來表現認知活動，以開展出「知識之學」。

牟宗三先生這一番鞭辟入裡的分析，可以說極高明地點出了傳統經學的儒家文化，朝向現代化發展的轉捩所在，確實值得傳統文化的耕耘者，更積極的播種、灌溉，以求其文化上的大豐收。

中國文化的精髓，在於倫理道德，而且講求精神與心靈的清明合一，而經學正是此中精義的內蘊所在。由於先聖先哲的重視與開發，經學在中華文化中，一直居於極崇高的地位；但也由於現代化的衝擊，經學的地位便一落千丈了。然而，傳統是現實存在的出發點，文化又須要通過生命而履行實踐。因此，文化有其普遍性與特殊性，要了解民族的文化，必須從文化生命發展的形態、方向上加以疏通，才

能引領出未來持續而更豐富多樣的發展。

　　文化既須要通過生命以履行實踐，而儒家經學思想的學術傳統——追求道德的理想，亦即是人類精神文明的重要內容；而且文化本身又有「守常應變」、「因時制宜」的自覺創發性，所以活用中國文化的大傳統，以消化西方科學文明的現代傳統，中西文化也才有真正分判與會通的一天，而且中華文化也才有扭轉、匡扶西方文化在現當代所衍生的流弊與病態。但這一切的前提是：必須先提振儒家經學文化的研讀興趣，才能透過理解的消化，而轉化、跨越到現代與傳統，中國與西方的架接、會通上。如此，這樣中國的民族文化，才能走上新生的機運與無限創發的前程！非常高興淑熙老師經過多年的努力，終於開花結果，而且具體落實於教學研究與生活生命之中，教學相長，師生轉益，本書出版真是值得欣慶的學術志業與教育盛事，深為淑熙高興祝賀，與有榮焉。

屯仁賴貴三謹識於壬寅末伏溽暑（二○○二年八月二十一日週日）

自序

　　《儒家禮學人文思想新視野》一書，集結筆者近五年來研究儒家禮學思想之學術論文，每篇均為參加學術研討會所發表之論文與刊載於國內期刊之論文。全書內容涵蘊孔子《易》、《詩》、《禮》教思想研究、《禮記》人文思想研究、經學典籍思想研究等三部分，皆是筆者在教學與治學過程中，發現問題、窮究問題，在探賾索隱中，爬梳古籍原典，並觀照學術思想所蘊涵的時代精神，與儒家禮學之精義，讓古典文學與現代文學兩者相輔相成，進而重新塑造禮學之時代精神。《禮記‧郊特牲》上說：「禮之所尊，尊其意也。失其義，陳其數，祝史之事也。」說明時有轉移，事有變革，只是墨守古代的禮制儀式，對現代人而言是窒礙難行的，自當斟酌損益。雖然禮之繁文縟節文不可行於後世，而其蘊涵的義理，卻是古今相同，放諸四海而皆準。禮教，乃是人生安身立命的要道，更是推展人文教育的基石。《禮記》是孔子門下弟子，聽孔子傳授有關禮的學問，因而筆記成書，或者更晚的孔門弟子，把這些有關禮的學問蒐集起來的文獻，是我國古代人民生活大全的禮學叢書。因此涵泳於儒家論禮之經典，一則可以擷取亙古不變的禮義，作為人們日常生活之典範，以匡正社會風氣；一則以嘉言懿行來淨化人類的心靈，以提昇現代人類的人文素養。

　　全書內容涵蘊孔子《易》、《詩》、《禮》教思想研究、《禮記》人文思想研究、經學典籍思想研究等三個單元，旨在彰顯儒家禮學思想的學術價值及對現代社會人心的影響。第一單元包含：〈孔子《易》教的人文蘊涵〉、〈孔子《詩》、《禮》教育思想析論〉等二篇論文。第

二單元包含：〈《禮記・禮運》的社會關懷〉、〈《禮記・經解》的人文蘊涵〉、〈《禮記・樂記》樂教思想的文化蘊涵〉、〈《禮記・仲尼燕居》禮學思想析論〉、〈《禮記・內則》的人文關懷〉、〈《禮記・坊記》中的人文蘊涵〉、〈《禮記・表記》人文思想詮釋〉、〈《禮記・儒行》儒學思想人文蘊涵〉、〈《大學》融入經典閱讀教學析論〉、〈《中庸》儒家人生哲學析論〉等十篇論文。第三單元包含：〈從《朱子語類》探析《論語》思想〉、〈徐復觀經學思想析論〉、〈禮制、禮書、禮典──以三老五更為例析評〉等三篇論文。

　　第一單元首先闡述孔子〈易〉教的文化蘊涵有四點：一、涵攝人倫道德的圭臬、二、彰顯修己治人的理念、三、融通三才之道的變化、四、體現天人合德的理念。孔子的易學觀，由早期的卜筮政教，轉變成德義哲學，對安輔世道人心裨益良多。孔子運用多元向度詮釋《周易》的義理，也是一種自然界人事物運行的規範，並且告訴我們：如何配合宇宙間興亡、盛衰、榮枯的規律，來避禍求福。當然它也強調，道德仁義，是每一個人自求多福的原理原則，具有積極的時代價值義涵。其次，闡述孔子詩禮教思想的人文蘊涵有四點：一、美善人格的彰顯、二、人文關懷的落實、三、孝悌倫常的體現、四、仁愛風氣的闡揚。孔子教導兒子孔鯉「學詩」、「學禮」，經由德化禮治的人文教養，實踐仁義道德，以涵養孝悌倫理道德。可見孔子的詩、禮教育思想，的確是苞蘊宏富。當今各級學校要加強倫理道德教育，使學生體認我國固有道德的重要性，並且應該將倫理與道德涵泳於日常生活中，除了倫理的灌輸外，應該重視潛移默化的重要性。使學生由認知層次，提升為篤實踐履，以培養健全的人格，進而成為明理義、知廉恥、孝順父母、尊敬師長的好學生。

　　第二單元，從《禮記》全書通論理禮義的篇章，包括〈禮運〉、〈經解〉、〈樂記〉、〈仲尼燕居〉、〈內則〉、〈坊記〉、〈表記〉、〈儒

行〉、〈大學〉、〈中庸〉等十篇論文，全篇內容苞蘊宏富，從個人之修身養性、為人處世、進德修業，進而家庭倫理之規範，擴及生命禮儀之指南，可作為現代人砥礪學行之座右銘。從全文的闡述，可以看到儒家的禮文樂教，是聖君賢相治國的圭臬，完美的政治統治者應該「以禮化民」、「以樂教民」，化民成俗，以導正不良的社會風氣。我們可以了解儒家對人生的見解和態度。孔子繼承周公制禮作樂的精神，替人民定倫常，使人民日常生活有道揆法守。《六經》在人文教化上，是陶冶心性、敦睦和樂、砥礪學行的圭臬；在施政方面，可以闡揚倫常道義，推展仁政的指南。《大學》全書圍繞著三綱領：「明明德、親民、止於至善」展開，層層推進，延伸到八條目。次第分明，結構嚴密，苞韻宏富。從治學的「格物致知」、個人修為的「誠意正心」到「修身齊家」，推廣到「治國平天下」等觀點，修己治學之方與經邦濟世之道兼容並蓄，是值得研讀的經典。《中庸》是中國古代論述人生修養境界的一部道德哲學專著，中庸之道是儒家人生哲學的最高境界，更是中國傳統文化的理想目標。文中所敘述的「誠」與孔子所言的「仁道」可以相輔相成，只有至誠的人，才能發揮民胞物與的情懷，贊助天地的化育，希望推廣仁愛之美德，普及於全天下、全人類。

　　第三單元，首先析論南宋度宗咸淳六年（1270）黎靖德編輯出版的《朱子語類》，全書集錄了南宋理學家朱熹與其門人對答之語而成的語錄，即今通行本《朱子語類》，是苞韻宏富，幾經修改集眾說而成的著作。朱子從事《論語》教學時，主要教材為《集註》，輔助教材包括經、史、子、集與注疏類等各方面，並且強調品德教育的重要。《朱子語類》所揭示的《論語》觀及其特性：一、教導學生研讀《論語》的方法、二、提問與討論必須相輔相成、三、深入了解經書的文句語義。可見《朱子語類》對儒家思想的傳承，具有重大的貢

獻，頗受學者的重視，是研究朱子讀書方法與教學思想的重要著作，也是今日四書教學不可偏廢的參考教材。其次，闡述近代經學家徐復觀（1903-1982）的經學思想是以儒家精神為骨幹，縱論學術史、思想史、哲學史，熔中國哲學、經學、史學、文學、藝術諸領域於一爐。徐復觀對經學研究的貢獻有三：一、重視五經與《論語》之經學價值，二、彰顯漢代經學家多元之經學思想，三、梳理經學史傳承之問題。徐復觀認為一部良好的經學史，既要有傳承，也要有思想。這的確是鞭辟入裡的見解。第三篇是二〇二一年三月二十六日中央研究院文哲所舉辦的「經學工作坊」中，筆者有幸評論師大國文博士劉千惠題目：《試論禮制、禮書、禮典──以三老五更為例》的文字整理稿。三老五更的職稱出現於周朝，主要在掌理教育人民，有宣揚德教的目的。本論文希望藉由探究三老五更的典故由來，從探本溯源中尋覓傳統禮制禮典的時代背景與社會價值，延伸思考到歷代禮書如何傳承古禮古制，並賦予傳統禮制禮典新的生命力，在科技文明發達的二十一世紀展現新的風華。

拙著能付梓成書，首先要感謝是在博士班進修生涯中，有幸能親炙博學鴻儒臺北市立大學林慶彰教授與臺灣師範大學賴貴三教授的諄諄教誨，令我銘感五中。使我能夠在涓涓不塞之學術洪流中，努力鑽研包蘊宏富、浩如煙海的中國學術思想，使自己能夠積學儲寶，以提升寫作論文之能力；酌理富才，以樹立良好之治學方法；研閱窮照，以提升教學的專業知能。又幸承蒙中正大學莊雅州教授、中央大學蔡信發教授、臺北市立大學陳光憲教授、臺北教育大學副校長孫劍秋教授、臺北市立大學葉鍵得教授之提攜與教誨，為我釋疑解惑，使我受益良多，浩瀚師恩，永銘心版。期許自己要以教育家劉真的名言：「要端正教育界的風氣，達成良師興國的使命，就要樹立新的觀念，表現新的精神，抱『振衰起弊』的宏願，作『盡其在我』的努力，不憂不

懼，立己立人。」來自勉，讓禮學教育思想，向下紮根，向上發展，並且要秉持著「歡喜做，甘願受」的教育理念，將自我之專業知能，回饋給社會國家。

　　拙著各篇論文之內容，受限於個人才疏學淺，仍有闕漏之處，筆者不敏，定惕勉自我，再接再厲，假以時日，繼續拓展探討範圍，使未來相關之研究能更臻完善。拙著疏漏之處，敬祈　博學鴻儒，不吝指正賜教，謹致謝忱。

目次

第一編
孔子《易》、《詩》、《禮》教思想研究

第一章
孔子《易》教的人文蘊涵[*]

一　前言

「易教」一辭出於《禮記・經解》：「孔子曰：入其國，其教可知也。其為人也，……絜靜精微，《易》教也，《易》之失也，賊；……絜靜精微而不賊，則深於《易》者也。」此篇為經學論文，孔子（西元前551年-西元前479年）分別論述六經的教學目的，並且說明如果人們能清靜細心、探索精微而通達事理，那就是深通《易》的教化。《漢書・藝文志・六藝略》云：

> 六藝之文：《樂》以和神，仁之表也；《詩》以正言，義之用也；《禮》以明體，明著見，故無訓也；《書》以廣聽，知之術也；《春秋》以斷事，信之符也。五者，蓋五常之道，相須而備，而《易》為之原。[1]

說明《周易》是我國文化的根源，是我國古代一部指導人們認識和利用自然規律和社會發展規律的經典古籍，全書包括《易經》和《易傳》兩部分。《周易》在西漢時期就被列為六經（《樂經》、《詩經》、《禮經》、《書經》、《春秋經》）之首，在我國文化發展史上具有重要

---

[*] 本文發表於二〇一八年八月十三日國際易學大會成立三十五週年大會。

[1] 引自〔漢〕班固、〔唐〕顏師古注：《漢書・藝文志》（臺北：鼎文書局，1987年）卷30，頁1723。

的地位。

　　至聖先師孔子猶如一顆慧星，照亮中華文化的前程，開啟了我國私人講學的先河，奠定為人師表崇高的地位。孔子一生嚮往郁郁周文，為了繼承發揚周文傳統，孔子以學而不厭，誨人不倦的精神教育學生，而為了教學所需，編集整理周文典籍遺產：《易象》與《春秋》等各種故國文獻，當作教學傳授學生的教科書。[2]《周易·賁卦·象傳》云：「觀乎天文，以察時變；觀乎人文，以化成天下。」[3]說明觀察日月星辰的運轉，就可以明瞭時序的變化；觀察人類文明的進展，就能夠推行禮樂教化來化民成俗，使人人知所遵循，從而使天下昌明。《欽定四庫全書總目·提要·經部·易類·序》：「故《易》之為書，推天道以明人事者也。……。又《易》道廣大，無所不包，旁及天文、地理、樂律、兵法、韻學、算術，以逮方外之爐火，皆可援《易》以為說；而好異者，又援以入《易》，故《易》說愈繁。」[4]說明《周易》雖然源於卜筮的思想內涵，絜靜精微，體大思精，古奧難懂。但《周易》是集我國上古哲理思想精華大成的一部著作，其思想涵蓋了政治、經濟、文化生活等諸多方面，對我國歷代之學術發展有至深且鉅之影響力。

二　孔子《易》教的文化蘊涵

2　參閱賴師貴三：〈孔子與《周易》關係的歷史說明〉，《孔孟月刊》第40卷第5期（2002年2月），頁8-10。

3　引自〔魏〕王弼、〔晉〕韓康伯注、〔唐〕孔穎達等正義：《周易正義·賁卦·象傳》（臺北：藝文印書館，1998年）卷3，頁62。

4　引自〔清〕永瑢、紀昀等撰：武英殿本《四庫全書總目提要》（臺北：臺灣商務印書館，1983年），頁54。

　　《周易‧繫辭上》云：「子曰：聖人立象以見意，設卦以盡情偽，繫辭焉以盡其言，變而通之以盡利，鼓之舞之以盡神。」[5]此節引孔子語，說明聖人設立卦象、爻象，以表達其心意與構思，使人因其象而會其意。《周易》以自然現象的變化，「推天道以明人事」，提出了可以規勸警戒世人的行為準則，並逐漸形成對中國文化影響深遠的易學傳統。孔子的易學觀，由早期的卜筮政教，轉變成德義哲學，對安輔世道人心裨益良多。茲述孔子易教的文化蘊涵，如下：

（一）涵攝人倫道德的圭臬

　　《周易‧繫辭下》記載：「古者包犧氏之王天下也，仰則觀象於天，俯則觀法於地，觀鳥獸之文，與地之宜，近取諸身，遠取諸物，於是始作八卦，以通神明之德，以類萬物之情。」[6]說明《周易》包羅萬象，仰觀天文，俯察地理，通曉萬物之情，深究宇宙大道的原理。茲引《周易‧繫辭下》所述，如下：

> 子云：「乾坤，其易之門邪？乾，陽物也；坤，陰物也。陰陽
> 合德而剛柔有體，以體天地之撰，以通神明之德，其稱名也，
> 雜而不越，於稽其類，其衰世之意邪？」[7]

5　引自〔魏〕王弼、〔晉〕韓康伯注、〔唐〕孔穎達等正義：《周易正義‧繫辭上》卷7，頁158。

6　引自〔魏〕王弼、〔晉〕韓康伯注、〔唐〕孔穎達等正義：《周易正義‧繫辭下》卷8，頁166。

7　引自〔魏〕王弼、〔晉〕韓康伯注、〔唐〕孔穎達等正義：《周易正義‧繫辭下》卷8，頁172。

孔子說明《周易》一書從乾、坤二卦開始論述，乾、坤二卦為探索易理之門戶。《周易》六十四卦是在講天道、人事相會通的道理。只不過是《大・小象傳》上經用的八經卦「乾坤物象說」（乾、坤、震、巽、坎、離、艮、兌）解《易》，下經是用的是「乾坤父母說」（父、母、長男、長女、中男、中女、次男、次女）解《易》而已。乾代表陽類之物象；坤代表陰類之物象。陰陽之德性，能相與配合，則有剛柔相濟之形體，可用來體察天地之創作萬物，可用來通達宇宙萬象神妙莫測之德性。乾卦〈象〉曰：「天行健；君子以自強不息」；坤卦〈象〉曰：「地勢坤，君子以厚德載物」[8]，因此，人生於世處世之方法，需要典範的指引，也需要原則標準的鞭策，在中國人的思維裡，「乾元」的「自強不息」即是典範，而「坤元」的「厚德載物」就是標準。由此可知，《周易》涵蓋的層面廣泛，可作為推廣人倫道德之圭臬。

（二）彰顯修己治人的理念

孔子說：「書不盡言，言不盡意。然則聖人之意，其不可見乎？」[9]語言文字既然不能完全表達人的思想，所以聖人畫卦立象，就是要表達文字語言難盡之意。茲引《周易・繫辭上》所述，如下：

> 子曰：「聖人立象以盡意，設卦以盡情偽，繫辭焉以盡其言，變而通之以盡利，鼓之舞之以盡神。」[10]

---

8 引自〔魏〕王弼、〔晉〕韓康伯注、〔唐〕孔穎達等正義：《周易正義・上經乾傳》卷1，頁1-2。

9 引自〔魏〕王弼、〔晉〕韓康伯注、〔唐〕孔穎達正義：《周易正義・繫辭上》卷7，頁157。

10 引自〔魏〕王弼、〔晉〕韓康伯注、〔唐〕孔穎達等正義：《周易正義・繫辭上》卷7，頁158。

此節引孔子語，說明聖人設立卦象、爻象，盡情表達其心意與構思，使人因其象而會其意。《周易》之道理，已達到盡善盡美之境界，正是聖人用以鼓勵推動百姓廣泛之應用，以充分發揮《周易》神妙之道理，並作為修己治人之準則。在《周易・繫辭下》闡釋了「履、謙、復、恒、損、益、困、井、巽」[11]等九卦之德，〈履〉卦教人小心謹慎，循禮而行；〈謙〉卦教人謙虛禮讓，卑己尊人；〈復〉卦教人除去物欲，趨向仁善；〈恆〉卦教人堅守正道，持之以恆；〈損〉卦是教人懲忿窒欲的道理；〈益〉卦教人遷善改過，使德性日益寬大；〈困卦〉教人身處困厄，而守正不亂；〈井〉卦教人廣播德澤似井，取之不盡，用之不竭；〈巽〉卦是教人因勢利導，是運用道德的制宜。此段文句所闡述的修己治人的德治理念，與儒家所提倡的禮治與德治思想可以相提並論。

（三）融通三才之道的變化

《周易．繫辭下》第十章云：「易之為書也，廣大悉備，有天道焉，有人道焉，有地道焉。」[12]《周易》包含著豐富多彩的思想，其內涵容納了三才之道，讓生存於宇宙之中的人類，能夠趨吉避凶，俯仰於天地之間，聯繫溝通人文化成的重要津梁。茲引《周易・說卦》所述，如下：

> 昔者聖人之作《易》也，將以順性命之理。是以立天之道，曰陰與陽；立地之道，曰柔與剛；立人之道，曰仁與義。兼三才

---

11 引自〔魏〕王弼、〔晉〕韓康伯注、〔唐〕孔穎達等正義：《周易正義・繫辭下》卷8，頁173。

12 引自〔魏〕王弼、〔晉〕韓康伯注、〔唐〕孔穎達等正義：《周易正義・繫辭下》卷8，頁175。

而兩之，故易六畫而成卦；分陰分陽，迭用柔剛，故易六位而
成章。[13]

此處明確指出聖人創作《周易》的時候，是要用它來順合萬物的性質
和自然命運的變化規律。確立天具有陰、陽兩方面的道理，確立地具
有柔、剛兩方面的道理，確立人具有仁、義兩方面的稟賦，不斷通
變，兼具三才本性。將天、地、人的意思，併合入六爻卦象之中，以
天、地、人三才之道，說明六爻之所以為六爻的原理。企圖以六爻之
數「六」與「天、地」概念會合「人」的概念，而為「三才」之概念
者，其實是對於天、地、人、三才概念的獨立創作，是要建立一個人
與天、地參和的世界觀。[14]由此可知，《易》可以說是聖人為了「順性
命之理」而作的，是聖人「幽贊神明」、「參天兩地」、「觀變於陰
陽」、「發揮於剛柔」、「和順於道德」、「窮理盡性」的心得之作。

（四）體現天人合德的理念

《周易·繫辭上》云：「夫《易》何為者也？夫《易》開物成
務，冒天下之道，如斯而已者也。」[15]說明《易經》一書，至廣至
大，無所不包，可以開發萬物，成就功業，涵蓋人間社會的生活規
律、秩序和倫理。茲引《周易·繫辭上》所述，如下：

《易》曰：「自天祐之，吉无不利。」子曰：「祐者，助也。天

---

13 引自〔魏〕王弼、〔晉〕韓康伯注、〔唐〕孔穎達等正義：《周易正義·說卦》卷9，
　　頁182。

14 參閱杜保瑞：〈《周易經傳》的哲學知識學探究〉，山東大學周易研究中心舉辦「海
　　峽兩岸易學與中國哲學學術研討會」會議論文，2002年08月18-22日。

15 引自〔魏〕王弼、〔晉〕韓康伯注、〔唐〕孔穎達等正義：《周易正義·繫辭上》卷
　　7，頁155。

之所助者，順也；人之所助者，信也。履信，思乎順，又以尚
賢也，是以自天祐之，吉无不利也。」（第十二章）[16]

此處引〈大有〉卦上九爻辭說：人生於世，思想能順應天理，行事效
法天道剛健自強，就能得到天助；對人誠實守信用，尚賢崇德，就能
得人助，得天人之助，做事就會無往而不利，體現「天人合德」的理
念。老子《道德經》七十九章上說：「天道無親，常與善人」，指自然
大道對任何人都無所偏私，永遠幫助有德的善人。《中庸》也說：「唯
天下之至誠，為能盡其性；能盡其性，則能盡人之性；能盡人之性，
則能盡物之性；能盡物之性，則可以贊天地之化育；可以贊天地之化
育，則可以與天地參矣。」《中庸》所敘述的「誠」，與孔子所言
《易》理哲學的人生洞見可以相輔相成，只有至誠的人，才能發揮民
胞物與的情懷，參贊天地的化育，希望推廣仁愛之美德，普及於全天
下、全人類。

三　孔子《易》教的現代意義

　　《周易‧繫辭上》云：「聖人有以見天下之賾，而擬諸其形容，
象其物宜，是故謂之象。聖人有以見天下之動，而觀其會通，以行其
典禮，繫辭焉以斷其吉凶，是故謂之爻。」[17]聖人考察天下萬物的變
化，發現了萬物聚合變通的規律，進而推廣到典章禮儀上，加上文辭
的闡釋來判斷事物的吉凶禍福，便形成了爻象。《周易》所闡述的義

---

16 引自〔魏〕王弼、〔晉〕韓康伯注、〔唐〕孔穎達等正義：《周易正義‧繫辭上》卷
　　7，頁157。

17 引自〔魏〕王弼、〔晉〕韓康伯注、〔唐〕孔穎達等正義：《周易正義‧繫辭上》卷
　　7，頁150。

理，已達到盡善盡美之境界，聖人用以推行在施政設教，並廣泛應用於化育人民上，以發揮《周易》神妙之道理，並作為修已治人之圭臬，安邦定國之方針。本文即以此觀點加以爬梳詮解，並闡發孔子易教的現代意義，如下：

（一）處世要言行合一

《周易·繫辭上》說：「言行者，君子之樞機。樞機之發，榮辱之主也。」又說：「君子居其室，出其言善，則千里之外應之，況其邇者乎？」[18]因為一言既出，駟馬難追，孔子也說：「其言之不怍，則為之也難。」（《論語·憲問》）因此審言語，就是「安定辭」之意涵，為人君者，發號施令，豈能不慎？茲引《周易·繫辭上》所述，如下：

> 「鶴鳴在陰，其子和之。我有好爵，吾與爾靡之。」子曰：「君子居其室，出其言善，則千里之外應之，況其邇者乎？居其室，出其言不善，則千里之外違之，況其邇者乎？言出乎身，加乎民；行發乎邇，見乎遠。……言行，君子之所以動天地也，可不慎乎？」（第八章）[19]

上述引文，先引述〈中孚〉卦九二爻辭，孔子轉化詮釋以為，君子必須深刻體認言行的重要，言行是君子立身處世的樞機。孔子在《論語》中再三強調「言行合一」的必要與必然，例如：「言之必可行

---

18 引自〔魏〕王弼、〔晉〕韓康伯注、〔唐〕孔穎達等正義：《周易正義·繫辭上》卷7，頁151。

19 引自〔魏〕王弼、〔晉〕韓康伯注、〔唐〕孔穎達等正義：《周易正義·繫辭上》卷7，頁151。

也，君子於其言，無所苟而已矣」（〈子路〉）。孟子（西元前372年-西元前289年）也說：「君子之言也，不下帶而道存焉；君子之守，脩其身而天下平。」（《孟子・盡心下》）而孫希旦更推廣此話語的意涵說：「人之治其身心，莫切乎敬，自不睹不聞，以至應事接物，無一時一事之可以不重乎此。」[20]前四句之微言大義，說明人生於世，無論平日獨處一室，或待人接物，一定要謹言慎行，以莊敬謙和的態度來克己復禮，不可以自以為是，所以《禮記・曲禮》說：「禮，不妄說人，不辭費。」的確，誠敬的心，對個人之進德修業裨益良多，大家應該身體力行之，進而建立良好的人際關係。

（二）待人要謙恭有禮

《論語・泰伯》說：「恭而無禮則勞，慎而無禮則葸，勇而無禮則亂，直而無禮則絞。君子篤於親，則民興於仁；故舊不遺，則民不偷。」孔子認為一個人具有「謙恭、謹慎、勇敢、正直」美好的德行，如果不以禮節儀文來規範他的行為，在應對進退上就會有所缺失。在上位的國君，能夠厚待自己的親族，不遺棄故交舊友，如此人民就就會興起仁愛的風氣，而不會待人刻薄了。茲引《周易・繫辭上》所述，如下：

> 「勞謙，君子有終，吉。」子曰：「勞而不伐，有功而不德，厚之至也。語以其功下人者也。德言盛，禮言恭，謙也者，致恭以存其位者也。（第八章）[21]

---

20 見〔清〕王先謙《荀子集解・禮論》（臺北：藝文印書館，1946年），頁583。
21 引自〔魏〕王弼、〔晉〕韓康伯注、〔唐〕孔穎達等正義：《周易正義・繫辭上》卷7，頁151。

此引〈謙〉卦九三爻辭，說明君子日理萬機，雖然勞苦功高，仍然謙恭有禮，以此安身立命，待人處世，便能無憂無慮了。《禮記‧曲禮》說：「夫禮者，所以定親疏，決嫌疑，別同異，明是非也。」說明禮是用來制定人與人親疏的關係，判斷事情的是非善惡，分辨物類的同異，使人民的行為有準則，不會無所適從。可見禮是立身之大道，修己之準則。《老子‧第十九章》說：「持而盈之，不如其已；揣而銳之，不可長保。金玉滿堂，莫之能守；富貴而驕，自遺其咎。」這是老子所強調謙退不爭的修養方法。這也是魏徵在〈諫太宗十思疏〉一文中所強調的：「念高危，則思謙沖以自牧」，因為能夠謙虛才能夠反省自我，取法他人的優點，來修養自我，使自己的德業日益精進。推而廣之，勉勵人人要培養「虛懷若谷」的襟懷，不可狂妄自大，要以「知足常樂」的氣魄，來戒除驕矜自滿的習氣。

（三）治國要居安思危

《周易‧乾文言》說：「夫大人者，與天地合其德，與日月合其明，與四時合其序，與鬼神合其吉凶。」[22]說明聖人的聰明睿智，與天地的覆載、日月的普照相契合；他的施政績效賞罰分明，與四時的更替、鬼神的福善禍惡相契合。茲引《周易‧繫辭下》所述，如下：

> 子曰：「危者，安其位者也；亡者，保其存者也；亂者，有其治者也。是故君子安而不忘危，存而不忘亡，治而不忘亂。是以身安而國家可保也。《易》曰：『其亡其亡，繫于苞桑。』」

---

22 〔宋〕程頤《易程傳》：「大人與天地日月、四時、鬼神者，合乎道也。天地者，道也。鬼神者，造化之跡也。聖人先於天而天同之，後於天而能順天者，合於道而已。合於道，則人與鬼神，豈能違也。」（臺北：文津出版社，1987年），頁20。

（第五章）[23]

上述引文是《易傳》引孔子語闡釋〈否‧九五〉爻辭之義，從「安不忘危」的角度詮釋爻義，上九否極泰來說明安危是相互轉化的。小人道長，君子道消。強調當政者要有憂患意識，對可能威脅國家前途命運的困難和危險，要時刻保持警惕。儒家認為人的禍福，社會的治亂不是由天命決定，而是取決於人的行為，統治者必須黽勉自我以身作則。《乾卦》爻辭有言：「君子終日乾乾，夕惕若厲。無咎。」[24]只有謹言慎行，厚蓄薄發，居上不驕，自強不息，居安思危，才能趨吉避凶。這便是孔子賦予《周易》「推天道以明人事」的神聖職責。孟子把它概括為「生於憂患而死於安樂」，警示大家要保持憂患意識，前瞻未來，對尚未出現或即將出現的問題，防患未然，從容應對，如此才能安邦定國。

（四）修己安民的重要

　　《大學》說：「古之欲明明德於天下者，先治其國；欲治其國者，先齊其家；欲齊其家者，先脩其身；欲脩其身者，先正其心；欲正其心者，先誠其意；欲誠其意者，先致其知；致知在格物。」可見聖人教化人民的用心良苦。茲引〈益‧上九〉爻辭所述，如下：

　　　　子曰：「君子安其身而後動，易其心而後語，定其交而後求。君子修此三者，故全也。危以動，則民不與也；懼以語，則民

---

23 引自〔魏〕王弼、〔晉〕韓康伯注、〔唐〕孔穎達等正義：《周易正義‧繫辭下》卷8，頁170。

24 引自〔魏〕王弼、〔晉〕韓康伯注、〔唐〕孔穎達等正義：《周易正義‧上經乾傳》卷1，頁14。

不應也；无交而求，則民不與也；莫之與，則傷之者至矣。
《易》曰：『莫益之，或擊之，立心勿恆，凶。』」（第五章）[25]

此是《易傳》引孔子語闡釋〈益·上九〉爻辭之義，得道者昌，失道
者亡；得民心者長，失民心者速，此是亙古不易之至理，於此爻再一
次證成。孔子說：「修己以安人……修己以安百姓。」（《論語·憲
問》），何以安百姓？孔子說：「危以動則民不與也，懼以語則民不應
也。」[26]如此以身作則，人民在仁君良好政教的潛移默化下，自然會
樹立純善的社會風氣，使暴戾之氣消弭於無形。《禮記·曲禮》說：
「毋不敬，儼若思，安定辭。安民哉！」說明君王言行舉止均須合禮
合宜，敬謹恭敬，不可以輕浮躁進。《禮記·曲禮》又說：「禮，不妄
說人，不辭費。」的確，誠敬的心，對修己治人、經邦濟世均裨益良
多，大家應該身體力行之。

四　結論

《漢書·藝文志》云：「《易》道深矣，人更三聖，世歷三古。」[27]
說明《周易》不是成於一時一地一人之手，而是春秋戰國時代一部集
體性著作，是先聖先賢智慧的結晶，蘊涵著豐富的人生哲理。探究孔
子的《易》教，依筆者拙見，茲歸納三點對後世的影響，如下：

一、《漢書·儒林傳》記載孔子：「蓋晚而好易，讀之韋編三絕，而為

---

25 引自〔魏〕王弼、〔晉〕韓康伯注、〔唐〕孔穎達等正義：《周易正義·繫辭下》卷
　　8，頁171-172。
26 見〔清〕顧炎武《原抄本顧炎武日知錄》（臺北：粹文堂，1974年）卷8，頁165。
27 引自〔漢〕班固、〔唐〕顏師古注：《漢書·藝文志》卷30，頁1704。

之傳。」[28]說明孔子讀《易》韋編三絕,是孔子經學思想的一大變化與提昇,也是儒家轉化《周易》為哲學義理之書的重要樞機。[29]後來儒家尊崇《易經》為「群經之首」,道家尊奉《易經》為「三玄之冠」,而一般學術界認為《易經》是「大道之源」。

二、《周易》雖然源出於卜筮之書,但是所延伸的層面,包含自然與人文,「以天道明人事」的旨意,卦爻辭具有「觀物取象」的表徵,自孔子為其作傳後,更蘊涵深刻玄奧之哲理,對於個人安身立命,及國家興衰禍福的發展,具有莫大的啟迪作用。

三、孔子運用多元向度詮釋《周易》的義理,也是一種自然界人事物運行的規範,並且告訴我們:如何配合宇宙間興亡、盛衰、榮枯的規律來避禍求福。當然它也強調,道德仁義,是每一個人自求多福的原理原則,具有積極的時代價值義涵。

---

28 引自〔漢〕班固、〔唐〕顏師古注:《漢書·儒林傳》卷88,頁3589。

29 參閱賴師貴三著:〈帛書《易傳·要》「夫子曰」條理簡釋〉,《孔孟月刊》第40卷第12期(2002年9月),頁4-6。

參考文獻

一　古籍專書（依四庫全書分類法）

〔漢〕鄭玄注、〔唐〕孔穎達等正義：《禮記正義》，臺北：藝文印書館，1998年。

〔漢〕班固、〔唐〕顏師古注：《漢書》，臺北：鼎文書局，1987年。

〔漢〕司馬遷：《史記》，臺北：鼎文書局，1987年。

〔魏〕王弼、〔晉〕韓康伯注、〔唐〕孔穎達正義：《周易正義》，臺北：藝文印書館，1998年。

〔晉〕杜預注、〔晉〕孔穎達等正義：《春秋左傳正義》，臺北：藝文印書館，1998年。

〔唐〕李鼎祚：《周易集解》，臺北：臺灣商務印書館，1996年。

〔唐〕楊倞注、〔清〕王先謙集解：《荀子集解》，臺北：藝文印書館，1973年。

〔宋〕朱熹：《四書章句集註》，臺北：鵝湖出版社，1998年。

〔宋〕朱熹：《朱子全書》，上海：上海古籍出版社，2002年。

〔清〕永瑢、紀昀等撰：武英殿本《四庫全書總目提要》，臺北：臺灣商務印書館，1983年。

〔清〕顧炎武《原抄本顧炎武日知錄》，臺北：粹文堂，1974年。

二　近人論著（依作者姓氏筆畫排序）

牟宗三：《周易哲學演講錄》，上海：華東師範大學出版社，2007年。

孫劍秋：《易學新論》，臺北：中華文化教育學會，2007年。

莊師雅州：《經學入門》，臺北：臺灣書店，1997年。

黃慶萱：《周易讀本》，臺北：三民書局，2001年。

賴師貴三：《易學思想與時代易學論文集》，臺北：文津出版社，2007年。

三　單篇論文（依作者姓氏筆畫排序）

杜保瑞：〈《周易經傳》的哲學知識學探究〉，本文乃為參加山東大學周易研究中心舉辦「海峽兩岸易學與中國哲學學術研討會」而作，會議時間為：2002年08月18-22日。

賴師貴三：〈孔子的「易」教（2）──〈周易‧乾‧文言傳〉「子曰」釋義〉，《孔孟月刊》第40卷第6期（2002年2月）。

賴師貴三：〈孔子與《周易》關係的歷史說明〉，《孔孟月刊》第40第5期（2002年2月）。

賴師貴三：〈帛書《易傳‧要》「夫子曰」條理簡釋〉，《孔孟月刊》第40卷第12期（2002年9月）。

賴師貴三：〈賴師貴三著：〈《周易‧繫辭傳下》「子曰」詮釋及其現代意義〉，《孔孟月刊》第40卷第8期（2002年5月）

鄭吉雄：〈從卦爻辭字義的演繹論《易傳》對《易經》的詮釋〉，《漢學研究》第24卷第1期（2006年）。

四　學位論文

黃振崇：《《易經》教育思想研究》，雲林：雲林科技大學漢學資料整理研究所碩士論文，2008年。

廖連喜：《論易經、中庸與樂記至中和之貫通原理與適性之道》，臺中：東海大學中國文化學系博士論文，2008年。

潘亮君：《易傳與中庸、大學「誠」思想研究》，臺北：臺灣師範大學國文研究所碩士論文，2008年。

五 網路資料

中央研究院漢籍電子文獻資料庫，http://www.sinica.edu.tw/info/ftms/
　　　toc.html
國家圖書館：全國博碩士論文資訊網，http://etds.ncl.edu.tw/theabs/index.
　　　html
歐陽修《易童子問》，http://www.paiai.com/Article/oyx/ps/200403/1718.
　　　html

第二章
孔子《詩》、《禮》教育思想析論[*]

一　前言

　　中華文化，經緯萬端，源遠流長。中華文化的巨流，歷經朝代的更迭，卻能夠維繫五千年而不墜。這一力挽狂瀾的力量，就是「致廣大而盡精微，極高明而道中庸，放之則彌六合，卷之則退藏於密」的儒家倫理道德思想。自古以來，我國人文教育就有輔導學生培養高雅情操，樹立健全人格的優良傳統。孔子用以教育學生的《詩》、《禮》二經是孔子平日教導學生的重要教材，主要目的就是為了砥礪品性，增進人們的道德修養。並且說到了一個國家，從人們言談舉止的表現，就可以看出他們受到什麼教化，所以孔子說：「溫柔敦厚，詩教也」、「恭儉莊敬，禮教也」（《禮記・經解》）。因此，孔子也以「不學詩，無以言；不學禮，無以立。」（《論語・季氏》）來勉勵兒子孔鯉學詩、學禮，作為立身行事的準則。由此可知，經由經典的啟發，在知識的融通與心領神會後，可以提升學生的人文素養，進而培養美善的人格特質。

　　古代先聖先王原是以《詩經》來「經夫婦，成孝敬，厚人倫，美教化，移風俗」（〈毛詩序〉），說明誦讀《詩經》，可以用來端正夫婦之道、彰顯孝敬之理、敦厚人倫教化以及移風易俗。所以孔子勉勵弟子學詩，說明詩教的功效，不但可以培養溫柔敦厚的氣質，更能培育

---

* 本文刊登於二〇一九年二月二十八日《孔孟月刊》第五十七卷第五、六期。

知書達禮，具有民族意識，愛國情操的好國民。孔子繼承周公制禮作樂的精神，替人民定倫常，使人民日常生活有道揆法守，以化民成俗。孔子以「興於詩，立於禮，成於樂」(《論語·泰伯》) 的宗旨，教育弟子由《詩》入禮，最後入樂。孔子說：「文之以禮樂，亦可以為成人矣」(《論語·憲問》) 先由意志的感發、啟蒙，再到禮法制度的學習和實踐，直到性情的淨化，才算自我人格修養的最後完成，進而達到修身養性的最高境界，成為品格高尚、學養豐厚、才德兼備的君子。因此本文爬梳孔子的《詩》、《禮》教育思想，期盼以《詩》、《禮》的嘉言懿行來淨化人類的心靈，以提升現代人的人文素養。

二　孔子詩禮教育思想之源流與發展

孔子教導學生，在人格修養的過程中，以德行為本，文學為末；孔門四科：「德行、言語、政事、文學」(《論語·先進》)。孔子四教：「文、行、忠、信」(《論語·述而》)，以文為始，而終以信，這是站在教育的方式上說的，教育的最終目標還是歸於道德的實踐。《詩經》是中國文學的濫觴。它所開創的針砭時弊、抒寫人性的現實主義創作精神，「為文造情」的淳樸風格，以及以「賦、比、興」為創作的藝術手法，成為中國文學優秀傳統的精髓。《禮》為禮節儀文，是我國傳統文化和一切典章制度的根源，《禮記·曲禮》說：「夫禮者，所以定親疏，決嫌疑，別同異，明是非。」強調禮是人們立身之大道，修己之準則。所以孔子說：「博學於文，約之以禮，亦可以弗畔矣夫！」(《論語·雍也》)《禮記·曲禮》也說：「道德仁義，非禮不成，教訓正俗，非禮不備。分爭辨訟，非禮不決。君臣上下父子兄弟，非禮不定。」可見禮不僅是待人接物的準繩，更是安邦定國的基石。茲述孔子詩、禮教育思想的源流與發展，如下：

（一）孔子詩教思想之源流與發展

1　《詩》之名稱與刪存

　　《詩經》，是我國最早的一部詩歌總集，在孔子以前稱曰《詩》，茲引《論語》所述為例：

> 不學詩，無以言。（《論語・季氏》）
> 《詩》三百，一言以蔽之，曰：思無邪。（《論語・為政》）
> 誦《詩》三百，授之以政，不達；使于四方，不能專對；雖多，亦奚以為？（《論語・子路》）

由上述引文，可見《詩經》蘊涵發乎情，而止乎禮的自然真純的情感。那就是「思無邪」。《詩大序》說：「發乎情，民之性也。止乎禮義，先王之澤也。是以一國之事，系一人之本，謂之風；言天下之事，形四方之風，謂之雅。雅者，正也，言王政之所由廢興也。政有大小，故有小雅焉，有大雅焉。頌者，美盛德之形容，以其成功告於神明者也。是謂四始，《詩》之至也。」[1]《詩經》風雅頌之旨意，深得孔子教育思想之精髓。孔子教導學生與勸勉兒子孔鯉學《詩》的用心良苦，足證孔子對《詩》教的高度重視，《詩》也是教育學生培養道德情操的重要教科書。

　　根據《莊子・天運》記載：「孔子謂老聃曰：『丘治《詩》、《書》、《禮》、《樂》、《易》、《春秋》六經。」《詩》冠上「經」之名，應以此為最早。皮錫瑞的《經學歷史》以為：「經學開闢時代，

1　引自〔漢〕毛亨傳、鄭玄箋、〔唐〕孔穎達等正義：《毛詩正義》（臺北：藝文印書館，1998年）卷1，頁17-18。

斷自孔子刪定《六經》為始，孔子以前，不得有經。」[2]把經學的形成，完全歸之於孔子。司馬遷在《史記・孔子世家》云：

> 古者詩三千餘篇，及至孔子，去其重，取可施於禮義，上采契、后稷，中述殷周之盛……三百五篇孔子皆弦歌之，以求合《韶》、《武》、《雅》、《頌》之音。禮樂自此可得而述，以備王道，成六藝。[3]

東漢班固《漢書・藝文志》云：

> 古有采詩之官，王者所以觀風俗，知得失，自考證也。孔子純取周詩，上采殷，下取魯，凡三百五篇。[4]

《史記》自古以來被人稱為「實錄」，且去孔子未遠。既然《史記》稱孔子將古詩三千餘篇刪定為三百五篇，後來班固、鄭玄都支持這個說法。

到了唐代的孔穎達編寫《毛詩正義》，為鄭玄的《詩譜》作疏，才開始提出不同的看法。不過，今人還是認為司馬遷的說法是可信的，認為孔子對於《詩經》有所貢獻。依據李曰剛先生所述：一、所以存王教，二、所以正雅樂，三、所以釐害義。[5]孔子將《詩經》作為

---

2 引自皮錫瑞撰，周予同注：《經學歷史》（臺北：藝文印書館，2004年），頁1-3。

3 引自〔漢〕司馬遷：《史記》（臺北：鼎文書局，1987年）卷47，頁1936。

4 引自〔漢〕班固、〔唐〕顏師古注：《漢書・藝文志・六藝略》（臺北：鼎文書局，1987年）卷30，頁1708。

5 引自李曰剛著：《中國文學流變史——詩歌篇（上）》（臺北：聯貫出版社，1983年1月），頁24-25。

教材，對《詩經》的保存和流傳有著很大的幫助。茲引《禮記·經解》所述為例：

> 孔子曰：「入其國，其教可知也：其為人也，溫柔敦厚，《詩》
> 教也；疏通知遠，《書》教也；廣博易良，《樂》教也；潔靜精
> 微，《易》教也；恭儉莊敬，《禮》教也；屬辭比事，《春秋》
> 教也。」[6]

由上述引文，可知孔子整理《六經》，並以《詩》、《書》、《禮》、
《樂》教育學生，黽勉他們誦讀《六經》，以提升品德心性的修養，
可見《詩經》是儒家教化人民的重要經典之一。

2　孔子詩教之發展

〈毛詩序〉云：「詩者，志之所之也。在心為志，發言為詩。」
及「先王以是經夫婦，成孝敬，厚人倫，美教化，移風俗」[7]，說明
詩教的功效就是闡述儒家君臣、父子、夫婦、兄弟、朋友等五倫關係
的「三綱五常」秩序，具有社會教化的功能，由此可見孔子詩教發展
之脈絡。

（1）道德教化的推展

茲引《論語》所述為例：

> 子曰：「小子何莫學夫《詩》？《詩》可以興，可以觀，可以

6　引自〔漢〕鄭玄注、〔唐〕孔穎達等正義：《禮記正義》（臺北：藝文印書館，1998
　　年）卷50，頁845。
7　引自〔漢〕毛亨傳、鄭玄箋、〔唐〕孔穎達等正義：《毛詩正義》卷1，頁1。

群，可以怨，邇之事父，遠之事君；多識於鳥獸草木之名。」
（《論語・陽貨》）[8]

由上述引文，可見孔子教導學生學《詩》強調道德教化的功能，除了
可以增長見聞，培養豐富的想像力，提升敏銳的觀察力；也可以廣結
益友與朋友切磋琢磨，以培養高尚的情操；為政者考察民情，可以了
解民生疾苦與政教得失；近的方面，可以運用其中的道理來事奉父
母，推而遠之，可以用來服事君王；而且從中可以認識許多鳥獸、草
木的名稱和特徵。

（2）修身齊家的基石

茲引《論語》所述為例：

> 子謂伯魚曰：「女為〈周南〉、〈召南〉矣乎？人而不為〈周
> 南〉、〈召南〉，其猶正牆面而立也與？」（《論語・陽貨》）[9]

〈周南〉、〈召南〉是《詩經・國風》的開宗明義篇，二南之詩都是講
夫婦之道的，夫婦不但是五倫之首，而且是五倫之始。〈毛詩序〉
云：「〈周南〉、〈召南〉，正始之道，王化之基。」[10]儒家的道德哲學、
政治哲學都是從修身、齊家以至於治國、平天下。其實踐的程序為：
格物、致知、誠意、正心、修身、齊家、治國、平天下。「二南」所
講的是人生的第一步，「君子之道，造端乎夫婦」（《中庸》）五倫之首
的夫婦相處之道。格物致知的第一步不讀〈周南〉、〈召南〉，就像面

---

8 引自〔宋〕朱熹：《四書章句集註》（臺北：鵝湖出版社，1998年）卷9，頁178。
9 引自〔宋〕朱熹：《四書章句集註》卷9，頁178。
10 引自〔漢〕毛亨傳、鄭玄箋、〔唐〕孔穎達等正義：《毛詩正義》卷1，頁1。

對著一面大牆而立，舉步不得，怎麼會有進步呢？所以孔子特意舉出詩經〈周南〉、〈召南〉，要孔鯉學習，從中體會夫婦的相處之道。

（3）經世致用的功效

茲引《論語》所述為例：

> 子曰：「誦《詩》三百，授之以政，不達；使于四方，不能專對；雖多，亦奚以為？」（《論語‧子路》）[11]

孔子論學詩的目的，在通曉治道與培養應對的能力，而非僅是記誦文辭而已，熟讀了《詩》三百篇，主張學習知識應與實踐活動相結合，學以致用。若將政事交付給他，卻不能通曉治道；出使各國，卻無法獨立應對；即使記誦再多，又有什麼用呢？這番詰問彰顯了《詩經》「經世致用」的功效，強調詩教在外交場合的重要性，在外交活動中，往往用賦詩的形式來表達自己的意見，駁斥別人的觀點，做出有益於國家外交的行為。

綜合上述《詩經》的源流與發展，可知《詩經》的內容極為豐富，是我國最早的一部詩歌總集，也是我國純文學之祖，反映了西周初年至春秋中葉人民社會生活之樣貌。孔子除了編集整理《詩經》之篇卷內容外，在我國《詩經》學史上居於關鍵地位。孔子教導弟子學詩，並強調研讀《詩經》可以抒發心志，可以考察政教的得失，觀察風俗人情的善惡，可以和睦樂群，可以抒發哀怨；更可以學到侍奉父母，及時行孝的道理，與事奉君王，為國盡忠的道理；同時也可以增廣見聞，認識許多草木、鳥獸的名稱。《詩經》是孔子教導學生進德

---

11 引自〔宋〕朱熹：《四書章句集註》卷7，頁143。

修業、修持內聖外王之道所必讀的一本經書，在學《詩》或解釋觀念方面，對後學也多有啟發。例如：《詩經・衛風・淇奧》中描寫：「有匪君子，如切如磋，如琢如磨。」說明文雅的君子，就像經過仔細地切磋琢磨的玉石一樣。意同於「玉不琢，不成器」（《禮記・學記》），強調君子的美德是經由聖賢的教誨，與不斷的進德修業才可以達成的。君子守德如玉，顯現君子是知禮明禮之人。《禮記・曲禮上》說：「君子恭敬撙節退讓以明禮。」說明君子循規蹈矩，以恭敬的態度、謙讓的精神彰顯禮儀風範。又說：「博聞強識而讓，敦善行而不怠，謂之君子。」（《禮記・曲禮上》）由此可見，研讀《詩經》可以修養博聞強記而懂得謙讓，樂於行善而不懈怠的君子品格。

（二）孔子禮教思想之源流與發展

孔子少年時即受禮教之薰陶，所謂「孔子為兒嬉戲，常陳俎豆，設禮容。」[12]（《史記・孔子世家》）、「子入太廟，每事問」（《論語・八佾》）、「吾十有五而志於學」（《論語・為政》）、「我非生而知之者，好古敏以求知者。」（《論語・述而》）可見孔子求學，不但務實，而且虛心求教，不恥下問，無所不學。孔子教導學生「博學於文，約之以禮」（《論語・雍也》），又說：「周監於二代，郁郁乎文哉！吾從周。」（《論語・八佾》）到晚年，猶興「甚矣，吾衰也。久矣，吾不復夢見周公」之歎（《論語・述而》），足證孔子對周公的傾慕及發揚禮教的用心良苦。茲述孔子禮教思想之源流與發展，如下：

1　春秋亂世禮崩樂壞

茲舉《史記・孔子世家》所敘述的一段話為例：

---

12 引自〔漢〕司馬遷：《史記・孔子世家》卷47，頁1906。

孔子之時，周室微而禮樂廢，詩書缺，追跡三代之禮，上紀唐
虞之際下至秦穆，編次其事。曰：「夏禮吾能言之，杞不足徵
也。殷禮吾能言之，宋不足徵也。足，則吾能徵之矣。」觀殷
夏所損益，曰：「後雖百世可知也，以一文一質。周監二代，
郁郁乎文哉，吾從周。」故書傳，禮記自孔氏。[13]

上述引文，說明周朝的禮樂文治，到孔子的時代，由於王室的陵夷，
加上諸侯的擅權，已經流於只重視形式虛文且僵化的現象。孔子滿懷
經世濟民之志，企盼力挽狂瀾，以周禮為正名的標準，企盼重建理想
的周公盛世。從《論語》的記載中，很明顯的可以看到，孔子他所採
取的是入世而非遁世的態度，一方面肩負起傳承周公禮樂文化的重責
大任，將滿懷的理想寄託在整理「六經」上；一方面也不放棄和人們
共同建立理想社會的積極心願。

2　傳承禮教制定倫常

　　孔子到武城，聽到弦歌之聲，不禁莞爾而笑說：「割雞焉用牛
刀。」當時子游為武城宰，聽到孔子說：「治理小邑，何必用禮樂大
道？」的一番話，就回答說：「從前聽老師說過：『君子學道則愛人，
小人學道則易使。』」，孔子接著回答說：「二三子！偃之言是也；前
言戲之耳！」（《論語·陽貨》）這一段師生的對話，精彩生動，可見
孔子推廣詩禮樂教育的成功，使得孔門高徒子游能身體力行，並且施
行在教化人民上。所以子貢盛讚孔子說：「見其禮而知其政，聞其樂
而知其德。由百世之後，等百世之王，莫之能違也，自生民以來，未
有夫子也。」（《孟子·公孫丑上》），足證孔子承先啟後，開創儒家思

---

13 引自〔漢〕司馬遷：《史記》卷47，頁1935-1936。

想，傳承禮文樂教的恢宏氣度，無人可與之相媲美。

　　《詩經·大雅·文王》上說：「周雖舊邦，其命維新。」[14]說明孔子傳承周公制禮作樂的精神，企盼將這潛德幽光加以發揚光大，成為文化創造的動力，使人民有道揆法守，指點人民精神生活的途徑。禮樂是道德的具體化，禮以節眾，樂以和眾，所以孔子把「禮樂」的道德教育，作為「君子」修養的必備條件。孔子說：「君子義以為質，禮以行之，孫以出之，信以成之，君子哉！」（《論語·衛靈公》）說明君子之道，在實踐禮義，謙沖為懷，做事誠信，成為文質彬彬的君子。徐復觀說：「《論語》中有許多語言，不是由邏輯推論出來的，不是憑思辨剖析出來的，而是由孔子的人格直接吐露出來的。……孔子說為仁由己，又說我欲仁，斯仁至矣，是他在體驗中已把握到人生價值係發至人的生命之內，亦即道的根源，乃在人的生命之內。」[15]這的確是中肯之言，我們讀聖賢書，要在生命當下的實踐與擔負中，心領神會進而身體力行之。

　　周公制禮作樂，為人民定倫常及日常生活的軌道；孔子加以發揚光大，並點醒其價值，指導青年學子精神生活之途徑，完成「化民成俗」、「為生民立命」的大德業，使人民有道揆法守。[16]所以司馬遷盛讚孔子說：「《詩》有之：高山仰止，景行行止。雖不能至，然心嚮往之。余讀孔氏書，想見其為人；適魯，觀仲尼廟堂，車服禮器，諸生以時習禮其家。余祇回留之，不能去云。天下君王，至於賢人眾矣，

---

14 引自〔漢〕毛亨傳、鄭玄箋、〔唐〕孔穎達等正義：《毛詩正義·大雅·文王》卷16，頁33。

15 參見徐復觀：〈向孔子的思想性格回歸〉，收入《中國思想史論集續編》（臺北：時報文化出版公司，1982年），頁434-436。

16 參見牟宗三：《中國哲學的特質》〈第十二講　作為宗教的儒教〉（臺北：臺灣學生書局，1994年），頁98。

當時則榮，沒則已焉。孔子布衣傳十餘世，學者宗之自天子王侯，中國言六藝者，折中於夫子，可謂至聖矣！」[17]（《史記・孔子世家》）表達了司馬遷對孔子由衷的推崇、敬仰以及嚮往之情，足證孔子的德慧生命已達到「參天地之化育」（《中庸》）的聖人境界。

綜合上述，可知孔子是高瞻遠矚之智者，對於古代王朝之典章制度有詳實明確之考察，可以依尋歷史之軌跡，來前瞻國家未來之發展。《禮記・學記》說：「君子如欲化民成俗，其必由學乎！」說明推展教育可以發揮「化民成俗」的功效。《禮記・仲尼燕居》記載：「禮也者，理也；樂也者，節也。君子無理不動，無節不作；不能詩，於理繆，不能樂，於禮素，薄於德，於禮虛。……言而履之，禮也；行而樂之，樂也。君子力此二者，以南面而立，夫是以天下太平也。……禮之所興，眾之所治，禮之所廢，眾之所亂也。」強調禮是治國治民的磐石，古代聖賢制禮作樂，就是為了維護政治的鞏固，社會民心的安定和諧。因此孔子教育得意門生顏淵說：「非禮勿視，非禮勿聽，非禮勿言，非禮勿動。」（《論語・顏淵》）可見孔子把禮看作是一個人立足於世，待人接物的根本。孔子周遊列國時，行經衛國在前往晉國的路上，在匡遭遇到危難時，孔子說：「文王既沒，文不在茲乎？天之將喪斯文也，後死者，不得與於斯文也，天之未喪斯文也，匡人其如予何！」（《論語・子罕》）孔子除了畏於匡，還有在陳絕糧，微服過宋等災難，但都轉危為安。孔子憂道之不行，因而「刪詩書，訂禮樂，贊周易，修春秋」，繼承周公所作的詩禮樂之道，力圖重振詩禮樂教化，以傳承中華文化道統。

---

17 引自〔漢〕司馬遷：《史記・孔子世家》卷47，頁1947。

三 孔子詩禮樂教育思想之人文蘊涵

根據《禮記‧王制》所記載周代的教育制度：「春秋教以禮樂，冬夏教以詩書」[18]其立教的宗旨，在於透過詩書禮樂教化的薰陶，可以陶冶人們的內在心靈，盪滌邪穢，而趨於中正平和，養成善良的德性，以建立完美的人格。我們從《禮記‧經解》所記載，孔子剴切的陳述六經的重要性，讓我們可以深切體認到《詩》教、《禮》教的功效，不但可以培養溫柔敦厚的氣質，更能培育知書達禮，具有民族意識，愛國情操的好國民。《尚書‧虞書》記載：「詩言志，歌永言，聲依永，律和聲」[19]《禮記‧樂記》也指出：「詩言其志，歌詠其聲，舞動其容，三者本於心，然後樂器從之。」把詩及歌與舞的關係解說的很清楚，通過音律諧和的聲音，將人的思想、抱負、志向，借由優美的詩句吟唱出來。強調詩歌既有反映現實，有教化社會民心的作用；又是感物吟志，情物交融，抒發個人情懷的唯美文學。突顯經由詩歌的薰陶，可以培養溫柔敦厚氣質的美善人格。茲述孔子詩禮教育思想的人文蘊涵，如下：

（一）美善人格的彰顯

《詩‧大雅‧烝民》說：「天生烝民，有物有則，民之秉彝，好是懿德。」[20]說明中國從古以來，上天生下眾民，萬事萬物都有依循的準則，人民所秉持的一個意識趨向，都喜歡這美好的品德，也就是禮教的本源。朱熹（1130-1200）在《詩集傳》中加以解釋說：「烝，

---

18 引自〔漢〕鄭玄注、〔唐〕孔穎達等正義：《禮記正義‧王制》卷12，頁25。

19 引自〔魏〕王肅、〔漢〕孔安國傳、〔唐〕孔穎達等正義：《尚書正義‧虞書‧舜典》（臺北：藝文印書館，1998年）卷2，頁2。

20 引自〔漢〕毛亨傳、鄭玄箋、〔唐〕孔穎達等正義：《毛詩正義》，頁76。

眾也。則，法。秉，執。彝，常。懿，美。……言天生眾民，是物必
有是則。……如視之明，聽之聰，貌之恭，言之順，君臣有義，父子
有親之類是也。是乃民所執之常性，故其情無不好此美德者。……昔
孔子讀詩至此而贊之曰：『為此詩者，其知道乎？故有物必有則，民
之秉彝也，故好是懿德。』」[21]朱熹這段話，是從儒家思想發展而來，
包括「君臣、父子、夫婦、長幼、朋友」五倫之道，以及「仁、義、
禮、智、信」五行之美德。孔子稱讚作這首詩的人，能夠深切體會人
世間日用倫常的道理，教化人民執守常道，並且喜歡這種美德，進而
培養美善的人格。茲舉《論語・述而》所述為例：

　　　子所雅言，詩、書、執禮，皆雅言也。[22]

孔子教導學生以詩、禮培養完善的德行，詩可以鼓舞人的心志，使人
興起向善的情操；禮是一個人立身處世的基礎，使人行為端莊合宜，
建立完美的人格。《詩》、《書》等經典內容，都是古人的雅正文辭，
因此孔子用正音誦讀《詩經》、《書經》和執行禮節儀式。所以朱熹在
《論語集註》上加以註解說：「《詩》以道情性，《書》以道政事，皆
切於人倫日用之實，故常言之。」[23]強調詩本於詩人純正的性情，所
以詩篇的創作，抑揚反覆的節奏，能夠深入人心，培養美善敦厚的氣
質。禮以恭敬辭讓為根本，而禮儀節文的制定，可以使人有循規蹈矩
的言行舉止，並且培養恭儉莊敬的美德，所以能夠卓然自立，而不為
外在事物所動搖。因此加強詩禮的教化，發揮人文道德的功用，使人
民在潛移默化中，培養善良純樸的美德。

---

21 引自〔宋〕朱熹集註：《詩集傳》（臺北：臺灣中華書局，1973年）卷18，頁214。
22 引自〔宋〕朱熹：《四書章句集註・論語集注》卷4，頁97。
23 引自〔宋〕朱熹：《四書章句集註・論語集注》卷4，頁97。

（二）人文關懷的落實

　　人文精神是中華文化的支柱，也是維繫倫理道德的基石。人文一詞，最早見於《周易・賁卦・彖傳》，所謂：「觀于人文，以化成天下。」[24]《尚書・舜典》說：「帝曰：契，百姓不親，五品不遜，汝作司徒，敬敷五教，在寬。」傳：「五品：謂五常（即五倫）。遜，順也。布五常之教在寬，所以得人心。」[25]《孟子・滕文公上》說：「人之有道也，飽食煖衣，逸居而無教，則近於禽獸。聖人有憂之，使契為司徒，教以人倫，父子有親、君臣有義、夫婦有別、長幼有序、朋友有信。」[26]足以證明自至聖先師孔子以來，歷代的思想家，都特別重視「以人為本」的教育思想，認為人而無教，則行為近於禽獸。茲舉《論語・季氏》所述為例：

> 陳亢問於伯魚曰：「子亦有異聞乎？」對曰：「未也。嘗獨立，鯉趨而過庭。曰：『學詩乎？』對曰：『未也。』『不學詩，無以言。』鯉退而學詩。他日又獨立，鯉趨而過庭。曰：『學禮乎？』對曰：『未也。』『不學禮，無以立。』鯉退而學禮。聞斯二者。」陳亢退而喜曰：「問一得三，聞詩，聞禮，又聞君子之遠其子也。」[27]

孔子趨庭之教就是訓誨其子伯魚研讀《詩》讀《禮》，尤其〈周南〉、〈召南〉這兩篇論修身、齊家之事。孔子重禮樂詩書，因此對兒子、

---

24 引自〔魏〕王弼、〔晉〕韓康伯注、〔唐〕孔穎達等正義：《周易正義・賁卦・象》（臺北：藝文印書館，1998年），頁8。

25 〔魏〕王肅、〔漢〕孔安國傳、〔唐〕孔穎達等正義：《尚書正義・虞書・舜典》卷2，頁2。

26 引自〔宋〕朱熹：《四書章句集註・孟子集註》卷5，頁259。

27 引自〔宋〕朱熹：《四書章句集註・論語集註》卷8，頁173-174。

弟子皆以此相授，因為《詩》有溫柔敦厚的教化功用，是至善的言語寶典，而讀《禮》可以培養恭儉莊敬的德範。漢代匡衡曾說：「室家之道修，則天下之理得，故《詩》始《國風》，《禮》本《冠》、《婚》。始乎《國風》，原情性而明人倫也；本乎《冠》、《婚》，正基兆而防未然也。福之興莫不本乎室家。道之衰莫不始乎閨內。故聖王必慎妃后之際，別適長之位。禮之於內也。卑不逾尊，新不先故，所以統人情而理陰氣也。」[28]可見《詩經》、《禮記》之內容，對倫理道德十分重視，涵蘊孝敬、勤儉、和睦、忠貞等教育思想，是落實倫理道德教育的重要教材，更是修身、齊家、治國、平天下之基礎。由此可見，如果不學《詩》、《禮》，不但個人無法立足於社會，更無法建立社會國家安定的秩序。

孔子說：「人而不仁，如禮何？人而不仁，如樂何？」（《論語·八佾》）要達成這個理想目標，首要之途，就是人人體現具有「仁德、中和」內涵的《詩》、《禮》教化。《大學》說：「物有本末，事有終始，知所先後，則近道矣。」因此，在上位的國君，能夠厚待自己的親族，不遺棄故交舊友，如此人民就就會興起仁愛的風氣，而不會待人刻薄了。所以《禮記·曲禮》說：「夫禮者，所以定親疏，決嫌疑，別同異，明是非也。」說明禮是用來制定人與人親疏的關係，判斷事情的是非善惡，分辨物類的同異，使人民的行為有準則，不會無所適從。可見禮是立身之大道，修己之準則，提升人際關係的原動力。

（三）孝悌倫常的體現

〈毛詩序〉中所謂的「經夫婦」、「成孝敬」、「厚人倫」，就是說明《詩經》闡述以仁義為本，以道德勸人的倫理道德思想，並且以

---

28 〔漢〕班固、〔唐〕顏師古注：《漢書·匡張孔馬傳》卷81，頁3340。

「禮義」來規範親情倫理道德、引導人向善、宣揚教化，彰顯詩教可以維繫和睦的「君臣、父子、夫婦、兄弟、朋友」等五倫關係。至於「美教化」、「移風俗」，更具有導正社會風氣的教化功能。茲舉《詩經·小雅·蓼莪》為例：

> 蓼蓼者莪，匪莪伊蒿，哀哀父母，生我劬勞！
> 蓼蓼者莪，匪莪伊蔚，哀哀父母，生我勞瘁！
> 缾之罄矣，維罍之恥。鮮民之生，不如死之久矣！
> 無父何怙？無母何恃？出則銜恤，入則靡至。
> 父兮生我，母兮鞠我，拊我畜我，長我育我，
> 顧我復我，出入腹我。欲報之德，昊天罔極！[29]

這首詩是描寫孝子思念親人，有感而發的作品。首章藉蓼、莪起興，開啟下兩句「父母生我、育我」的辛勞。第二章章法、意義都與首章相同，只是把韻換了，反覆詠嘆同一主題，使孝子思親的感情更加深刻。三章以「缾之罄矣，維罍之恥」起興，敘述為人子女未能終養父母的悲痛。四章直述父母養育子女的辛勞，點出作者傷痛的原因，是由於「欲報之德，昊天罔極！」這首詩內容真摯感人，可以引起學生情感和意志的反應。所以孔子勉勵弟子學詩之言：「邇之事父，遠之事君，多識於鳥獸草木之名。」正說明了詩教的功效，可以提升青年學子的道德觀念、政治思想，進而培育知書達禮，孝親忠君，具有民族意識、愛國情操的好國民。

　　孔子很重視倫理道德，所謂倫理，就是孟子（西元前372年-西元

---

29 引自〔漢〕毛亨傳、鄭玄箋、〔唐〕孔穎達等正義：《毛詩正義·小雅·谷風之什·蓼莪》，頁55。

前289年）所說的五倫：「父子有親、君臣有義、夫婦有別，長幼有序，朋友有信。」（《孟子·滕文公上》）和《禮記·禮運》所說的十義：「父慈、子孝、兄友、弟恭、夫義、婦聽、長惠、幼順、君仁、臣忠。」這五倫和十義，必須憑藉禮教才能做得好，必須合禮才能名如其分，可見禮是調和人類倫理親情及社會道德的重要橋梁。孔子曰：「夫禮，先王以承天之道，以治人之情。故失之者死，得之者生。《詩》曰：『相鼠有體，人而無禮；人而無禮，胡不遄死？』是故夫禮，必本於天，殽於地，列於鬼神，達於喪祭、射御、冠昏、朝聘。故聖人以禮示之，故天下國家可得而正也。」[30]（《禮記·禮運》）說明禮本是先聖先王順應自然規律，來約束人民生活行為的法則，人民的行為合乎禮義規範，做事才會有條有理。可見孔子重視禮教的重要，使人民能在戒慎恐懼中，懂得敬天法祖，無忝爾所生，以恭儉莊敬的態度來建立良好的社會秩序。

（四）仁愛風氣的闡揚

《周易·賁卦·彖傳》說：「觀乎天文，以察時變，觀乎人文，以化成天下。」[31]《周易》的這番話，說明觀察天文的動向，可以察知時序的變化，體察人類的文明，可以推行人倫教化。孔子所推動的詩禮教育，範圍廣泛，教育之對象為個人，教化之對象則為全國人民；教育以培育才德兼備的個人為宗旨，教化則以化行俗美、社會清明為目標，從個人的誠意、正心、修身做起，到教化全國人民，達到善群而致天下太平為終止。李澤厚先生從倫理角度論詩教在心理與社會方

---

30 引自〔漢〕鄭玄注、〔唐〕孔穎達等正義：《禮記正義·禮運》卷21，頁43。

31 引自〔宋〕程頤：《易程傳》：「天文謂日月星晨之錯列，寒暑陰陽之代變，觀其運行，以察四時之遷改也。人文人理之倫序，觀人文以教化天下，成其禮俗，乃聖人用賁之道也。」（臺北：世界書局，1986年），頁197。

面的功能，他說：「孔子的美學一方面十分注意審美對陶冶個體的心
理功能，另一方面又十分注意審美對協和人群的社會效果。他的審美
的心理學─倫理學特徵，在這裡表現得非常清楚。」[32]可見儒家的詩
禮教育，意義極為深遠。茲舉《詩經‧小雅‧菁菁者莪》為例：

> 菁菁者莪，在彼中阿，既見君子，樂且有儀。
> 菁菁者莪，在彼中沚，既見君子，我心則喜。
> 菁菁者莪，在彼中陵，既見君子，錫我百朋。
> 汎汎楊舟，載沉載浮，既見君子，我心則休。[33]

這首詩雖然只有短短十六句，對詩意的詮釋，眾說紛紜。今人多以為
是描寫美妙動人的愛情故事。但是據《詩經‧小雅‧菁菁者莪‧
序》：「菁菁者莪，樂育材也。君子能長育人材，則天下喜樂之矣。」
的敘述，認為是《詩經》中歌頌教師作育英才最早的一首詩歌，孟子
曰：「君子有三樂，王天下不與存焉。……得天下英才而教育之，三
樂也。」(《孟子‧盡心上》)此都是聖人賢士對作育英才的重視。由
於《詩經》文句有廣泛的意象，因此對其內涵可以有不同的詮釋。
《序》說流傳二千多年，影響至巨。展閱我國漫長的教育史，可知在
初期的學校教育，僅普及於貴族。教育的主要目的，在培育領袖人
才，使他們熟悉領導技能，用以治理政事，統治國家。所以夏、商、
周三代的教育，可以稱得上是執政者的養成教育。

　　《孟子‧滕文公》說：「夏曰校，殷曰序，周曰庠，學則三代共

---

32 李澤厚、劉綱紀主編：《中國美學史》第1卷（安徽文藝出版社，1999年），頁135。
33 引自〔漢〕毛亨傳、鄭玄箋、〔唐〕孔穎達等正義：《毛詩正義‧小雅‧菁菁者莪》，
　　頁45。

之；皆以明人倫也。人倫明於上，小民親於下。」[34]闡明國家設立學校，都是用來教導在位者學識和道德，在下的百姓受到人倫道德的教化，自然就會興起相親相愛的風氣。《禮記·學記》也說：「是故古之王者建國君民，教學為先。〈兌命〉曰：『念終始典於學』，其此之謂乎？」說明古代的國君治理國家，把教育視為當務之急，國君念茲在茲的就是如何教導人民學習知識和人倫道德。孔子說：「《詩》三百，一言以蔽之，曰：『思無邪。』」（《論語·為政》）孔子常用《詩經》來教育自己的學生。儒家人文精神重視道德教化，《詩經》是儒家教本之一，經過「詩教」的薰陶，可以引導人們培養「溫柔敦厚」的氣質，規範君臣、父子、兄弟、朋友之間和諧的倫理道德關係，進而闡揚仁民愛物的社會風氣。

四　孔子詩禮思想對現代教育之啟示

　　孔子的禮樂思想，是順承著中華民族文化生命的大流，以開顯文化理想、揭示生命方向、建立生活規範。因此，《論語》書中所宣示的道理，是關於生活的基本原理，是普遍共同的做人之道、立身處世之道。[35]在知識蓬勃發展的廿一世紀，教育已成為運籌帷幄，決勝千里的關鍵，而教育改革，更是國家永續發展，提昇競爭力的磐石。目前我們要面臨的是源遠流長的人文教育思想與瞬息萬變的科技文明的衝擊。隨著世俗價值觀的更迭，目前各級學校的教育方法已日趨教條

---

34 引自〔宋〕朱熹《四書章句集註》：「庠以養老為義，校以教民為義，序以習射為義，皆鄉學也。學，國學。共之，無異名也，倫，序也。父子有親，君臣有義，夫婦有別，長幼有序，朋友有信，此人之大倫也。」，頁255。

35 參見蔡仁厚：《儒學的常與變》肆〈關於「中國文化基本教材」〉（臺北：東大圖書公司，1990年），頁231。

化，傳統人文教育的生命將隨著科技明時代的「急功近利」而日益衰
頹，這的確是值得我們省思的教育癥結。茲述孔子詩禮思想對現代教
育之啟示，如下：

（一）落實美育教育，以培養敦厚美善的人格

《禮記‧王制》說：「樂正崇四術，立四教。順先王，詩、書、
禮、樂以造士。」可見古代聖明君王以詩、書、禮、樂四種經學，來
教育學子，化育人民，以規範國民的道德意識和行為。《史記‧仲尼
世家》也記載：「孔子以詩書禮樂教，弟子蓋三千焉，身通六藝者七
十有二人。」足證詩書禮樂教育思想，向來是儒家教育中不可或缺的
重要內容。徐復觀說明禮之本質，根源於形上之天道，其中所說的天
之道，就是指「自然秩序」，如果具體落實在人世間成為人之道，就
是指「人倫秩序」。而這人倫秩序就是禮樂美典之儀則，其實質的內
涵，就是孔子所提倡之「仁」道。孔子認為「仁」的美感境界，必須
落實在具體的禮樂教化中。易言之，「禮」具有文化美之本質，實則
是根源於「仁」之生命美學。[36]因此，教師在教學活動上，可藉由古
聖先賢的智慧結晶，以引導學生開啟中國古典文學的堂奧。

當今各級學校要落實美育教學的方法，首先就應該重視古典文學
往下紮根的重要性，以發揮文化傳承的功能，給予學生豐富且純正的
文化薰陶。在教材上應該多選些文學性較高及思想純正、旨趣明確的
作品，尤其是《詩經》的篇章一定要加以重視。茲舉《論語‧學而》
所述為例：

---

36 見林素玟《禮記人文美學探究》〈宗教美學：喪祭禮儀之人文精神〉（臺北：文津出
版社，2001年），頁245。

子貢曰：「貧而無諂，富而無驕，何如？」子曰：「可也。未若貧而樂，富而好禮者也。」子貢曰：「《詩》云：『如切如磋，如琢如磨。』其斯之謂與？」子曰：「賜也，始可與言《詩》已矣，告諸往而知來者。」

由孔子對子貢的贊許，讓我們了解《詩經》不僅是學習的起步，更是貫穿「興於詩，立於禮，成於樂。」（《論語・泰伯》）的教育宗旨。而孔子回答子貢說：「始可以言詩也」，是贊許並勉勵子貢讀《詩》應該融會貫通詩、禮、樂的意涵，體會仁的精神，在潛移默化中以陶冶心性。孔子教育弟子由詩入禮，最後入樂。先由意志的感發、啟蒙，再到禮法制度的學習和實踐，直到性情的淨化，以培養敦厚美善的人格，進而達到修身養性的最高境界，所以孔子說：「文之以禮樂，亦可以為成人矣」（《論語・憲問》），可見經由詩禮教育的薰陶，在佈乎四體，行乎動靜後，可以培養青年學子具有敦厚美善的人格。

（二）加強道德教育，以涵養孝悌倫理道德

我國儒家重視倫理道德，孔子對魯哀公說：「君臣也，父子也，夫婦也，昆弟也，朋友之交也，五者，天下之達道也。」（《中庸》）又說：「君子之道，造端乎夫婦。」說明五倫是全天下人所應該共同履行的人倫道德，人類在繁衍進化中，有了五倫，可以強化族群的向心力。所以孔子教導弟子，「入孝、出弟、謹信、愛眾、親仁」都屬於行為、品德方面的事，把「文」列在最後，而且要在行為的實踐、品德的修養方面完成以後，有了多餘的心力，才致力於文學的鑽研與知識的探索，可見孔子認為孝悌為仁的根本，因為孝道是對於生命根源的崇敬。茲舉〈毛詩序〉所述為例：

〈關雎〉，后妃之德也，風之始也，所以風天下而正夫婦
也。……風，風也，教也。風以動之，教以化之。[37]

〈關雎〉是一首詩詠嘆后妃之德的詩，為《國風》的開宗明義篇，是
昭告天下人民端正男女之事，因為家齊而後國治，國治而後天下平。
孔子以《詩》教化育天下，並說明「正夫婦」，就是儒家維繫「三綱
五常」的重要基石，孔子很重視倫理道德，所謂倫理，就是孟子所說
的：「父子、君臣、夫婦、長幼、朋友」等五倫，必須憑藉禮教才能
做得好，必須合禮才能名如其分，可見禮是調和人類倫理親情及社會
道德的重要橋樑。學禮守禮，從具體的感性認識提升到理性認識，孔
子要求為學處世要克己復禮，以端正其身。禮的用處廣泛，凡事皆有
禮蘊涵在內，所以要了解禮的作用，在於「別異同，明是非」，而合
於程子所說的：「不偏之謂中，不易之謂庸」的中庸理想而已。

孔子教導兒子孔鯉「學詩」、「學禮」，經由德化禮治的人文教
養，實踐仁義道德，以涵養孝悌倫理道德。可見孔子的詩、禮教育思
想，的確是苞蘊宏富。當今各級學校要加強倫理道德教育，使學生體
認我國固有道德的重要性，並且應該將倫理與道德涵泳於日常生活
中，除了倫理的灌輸外，應該重視潛移默化的重要性。使學生由認知
層次，提升為篤實踐履，以培養健全的人格，進而成為明理義、知廉
恥、孝順父母、尊敬師長的好學生。

（三）推動啟發式教學，以提升創意思考的能力

〈毛詩序〉云：「詩者，志之所之也。在心為志，發言為詩，情
動於中而形於言。」詩言志，首先體乎情也，學習者能夠融入詩境。

---

37 引自〔漢〕毛亨傳、鄭玄箋、〔唐〕孔穎達等正義：《毛詩正義》，頁1。

孔子教導學生研讀《詩經》，並不直接解析《詩》意，總是「引而未發」，鼓勵學生自己在生活中，在修行中體悟《詩》的豐富意涵與言外之意。因材施教，可以掌握學生的動向；循循善誘，可以使教材、教法生動活潑化，以引發學生的學習興趣。創意思考能力的啟發，是學校教育主要目標之一，早在二千多年前，至聖先師孔子就說：「學而不思則罔，思而不學則殆。」（《論語·為政》）又說：「不憤不啟，不悱不發，舉一隅，不以三隅反，則不復也。」（《論語·述而》）可見孔子運用啟發式教學方法，來提升學生對問題的思辨能力。茲舉《論語·八佾》所述為例：

> 子夏問曰：「巧笑倩兮，美目盼兮，素以為絢兮。何謂也？」
> 子曰：「繪事後素。」曰：「禮後乎？」子曰：「起予者商也，
> 始可與言詩已矣。」

本則所舉的事例：是說子夏從孔子「繪事後素」的答問中得到啟示，認為一個人具有了忠信的美德，再加上禮節的文飾，猶如畫畫，先以素色勾勒，再增加五彩的顏色，可以增加色澤的鮮明一樣，如此就更能彰顯忠信的品德，使品德更臻完美。「禮後乎？」是子夏由論《詩》而引申及於禮，並且加以闡發的聯想，認為禮樂產生在有了仁的思想以後，仁與禮的關係，是相輔相成的。孔子十分讚賞子夏這種由一以知二的學習態度、由此推及彼的聯想法，所以孔子很高興地說：「啟予者商也，始可與言《詩》已矣。」意即從此可以和子夏討論《詩》的內容和寓意了。[38]師生之間融洽無間的情誼，而又能如此相互切磋琢磨，他們彼此教學相長的真情實態，令人欣羨不已。

---

38 參見王邦雄、曾昭旭、楊祖漢：《論語義理疏解》〈氣質的成全〉（臺北：鵝湖出版
　　社，1983年），頁196。

　　我國啟發式教學法最早創始於孔子，孔子教學的最重要原則，就是啟發教學。他主張在教學的過程中，特別要重視培養學生們獨立思考的能力，和自動自發的研究精神，反對填鴨式的教學方法，以及完全依賴教師注入的被動學習方法。在教學的過程中，要學者自動自發的深思其意，然後才啟發之，如此，才能心領神會，學有心得。發問技巧與思考教學有密切的關係，因此每位教師要突破傳統注入式教學法的瓶頸，運用創意思考教學法，由老師作為思考的啟蒙者，帶領學生進入經典的世界中，來開啟儒家的詩禮教化內涵，使學生涵泳在經典的生活世界中，來點燃自己的生命，照亮個人的未來。

（四）加強生命教育，以追求卓越之人生

　　孔子說：「詩三百，一言以蔽之，曰：思無邪。」（《論語·為政》）說明《詩經》內容思想純正，是塑造中華民族文化精神與人文素養過程中的歷史印記，內容極其豐富，反映了春秋時代的民俗風情、宗教禮儀、天文地理等方面的知識，是周代自然風物與人文社會的大百科全書。我們可以借由《詩經》的內容啟發，掌握人倫綱領，借由《詩經》精美的語言，例如「如切如磋，如琢如磨」，「巧笑倩兮，美目盼兮」等優美的詩句，培養讀者的審美觀。《詩經》蘊涵政治文化、倫理道德、民俗風情、博物識字等教育觀。今日我們研讀《詩經》，不但可以培養青年學子溫柔敦厚的氣質，更能培育知書達禮，具有民族意識，愛國情操的好國民。

　　《詩·大雅·烝民》記載：「天生烝民，有物有則，民之秉彝，好是懿德。」[39]說明上天生養萬民，凡是各種事物都有法則。人民所秉持的常性，自然便喜歡這種美德。這是中國自古以來，人民所追求

---

39 引自〔漢〕毛亨傳、鄭玄箋、〔唐〕孔穎達等正義：《毛詩正義》，頁76。

的一個意識趨向，也就是禮教的本源。《禮記‧經解》說：「故禮之教化也微，其止邪也於未形，使人日徙善遠罪而不自知也，是以先王隆之也。」說明禮是影響社會人心的一種美德，在禮教潛移默化的影響中，讓人們消除邪惡的念頭。在禮教的薰陶下，日益趨向善良，遠離罪惡，所以古代的聖王都很重視禮教。可見禮教能順應自然的變化與人事的變遷，領導群眾循規蹈矩，共謀社會國家的長治久安。因此孔子主張：「興於詩，立於禮，成於樂」（《論語‧泰伯》）的教育宗旨，可以締造「真、善、美」的社會環境。

司馬遷在《史記‧太史公自序》說：

> 禮以節人，樂以發和，書以道事，詩以達意，易以道化，春秋以道義。[40]

上述引文，說明了《六經》教化的功效，《禮》可以用來規範人的行為，《樂》可以用來促進人們敦睦和諧的感情，《尚書》是用來記述往古事跡與典章制度的，《詩經》是用來抒發內心情意的，《易經》是用來說明天地萬物變化的道理，《春秋》是用來通曉微言大義，闡明人世間的各種道義原理。由此可知，《六經》在人文教化上，是陶冶心性、敦睦和樂、砥礪學行的圭臬；在施政方面，可以闡揚倫常道義，推展仁政的指南。儒家的六部經典，是先聖先賢累積生活經驗與智慧，並且筆之於書，歷代相傳，以迄於今，可作為各級學校推展生命教育之圭臬。在循序漸進中，引領學生去體現生命教育的三個領域：終極關懷與實踐、倫理思考與反省、人格統整與靈性發展[41]，進而提

---

40 引自〔漢〕司馬遷：《史記》卷130，頁3297。

41 參見孫效智：〈高中生命教育選修課程規劃理念與展望〉，周大觀文教基金會與彰化師大主辦：高中「生死關懷」新設課程教學研討會，2004年5月，頁109-114。

升學生對生命的感悟，體認生命存在的價值，以開創光明的未來。目
前各級學校要加強生命教育，不僅要使學生懂得珍愛生命，更了解生
命的意義和生命的歷程。在人生之旅中，世事豈能盡如己意，但求無
愧我心。生命的意義要在生活中去實踐力行，每個人觀照到自己的角
色定位，才能讓生命茁壯成長。

五　結論

　　孔子的詩禮教育思想，是順承中華民族文化生命的大流，以開顯
文化理想、揭示生命方向、建立生活規範。因此，《論語》書中所宣
示的道理，都是依於「心同理同」而講說，是關於生活的基本原理，
是普遍共同的做人之道、立身處世之道。[42]孔子創立的儒家學說思
想，對中華文化的發展有深遠的影響力，是中國傳統文化的重要組成
部分。由此可知，孔子藉由古籍經典教導學生認識詩禮教育的重要
性，並了解詩禮教育的精神內涵就是「仁德、中和」，經過詩禮教育
的薰陶感化，才能達到圓融的人格修養。孔子是我國平民教育的創始
者，以有教無類的教育方針化育三千學子。孔子的教育精神是文化的
理性主義的精神，而其因材施教的方法正是靈活萬變，不固執、不拘
泥、守經達變的藝術。德國大哲學家康德（Immanuel Kant, 1724-
1804）強調：「好教育即是世界上一切善的泉源」，正說明教育是推動
社會進步的原動力。因此，為人師表者不應該忽略任何一個學生的學
習權利，面對個別差異的學生，應該因材施教循循善誘，以培育學生
良好的學習態度，這是教師任重道遠的挑戰。

　　一九八八年一月，七十五位諾貝爾得獎人在巴黎開會，結束時做

---

42 見蔡仁厚《儒學的常與變》肆〈關於「中國文化基本教材」〉，頁231。

了這樣的宣言：「如果人類要在二十一世紀生存下去，必得回頭兩千五百年，去汲取孔子的智慧。」英國牛津大學副校長黎芬司東（Sir Richard Winn Livingstone, 1880-1960）在他所著〈一個動盪世界的教育〉一文中也說：「教育應以養成德操為第一要務；而德操的養成在使學子多看人生中偉大的事情，多識人性中上上品的東西。人生和人性的上上品，見於歷史和文學中的很多，只要人們知道去找。」這的確是足以發人深省的言論。在物慾橫流，人心陷溺而倫理道德日趨衰頹的現代社會中，我們應該帶領青年學生進入傳統文化的領域，給他們倫理道德的涵養，引導他們認識儒家思想的精髓，重新塑造人生正確的價值觀，進而培育健全的人格。因此在中國語文的教學上，教師可藉由古聖先賢的智慧結晶及字字珠璣，引領學生開啟中國經典的堂奧。每位為人師表者，應該體察時代的需要，掌握世界的脈動，作前瞻性的規劃，並且以教育家劉真的名言：「樹立師道的尊嚴，發揚孔子樂道的精神」自勉，營造溫馨的終身學習環境，以培育具有多元智慧、宏觀視野、蓄積深厚、知書達禮之 e 時代好青年。

參考文獻

一　古籍（依《四庫全書》分類法）

〔魏〕王弼、〔晉〕韓康伯注、〔唐〕孔穎達等正義：《周易正義》，臺北：藝文印書館，1998年。

〔魏〕王肅、〔漢〕孔安國傳、〔唐〕孔穎達等正義：《尚書正義》，臺北：藝文印書館，1998年。

〔漢〕毛亨傳、鄭玄箋、〔唐〕孔穎達等正義：《毛詩正義》，臺北：藝文印書館，1998年。

〔漢〕鄭玄注、〔唐〕孔穎達等正義：《禮記正義》，臺北：藝文印書館，1998年。

〔漢〕司馬遷：《史記》，臺北：鼎文書局，1987年。

〔漢〕司馬遷撰、〔日〕瀧川龜太郎注：《史記會注考證》，臺北：萬卷樓圖書公司，1996年。

〔東漢〕趙岐注、舊題〔宋〕孫奭疏：《孟子注疏》，臺北：藝文印書館，1998年。

〔魏〕何晏集解、〔宋〕邢昺疏：《論語注疏》，臺北：藝文印書館，1998年。

〔宋〕朱熹：《四書章句集註》，臺北：鵝湖出版社，1998年。

〔宋〕朱熹集註：《詩集傳》，臺北：臺灣中華書局，1973年。

〔宋〕程頤：《易程傳》，臺北：世界書局，1986年。

〔清〕孫希旦：《禮記集解》，臺北：蘭臺書局，1971年。

〔清〕劉寶楠：《論語正義》，臺北：文史哲出版社，1990年。

〔清〕皮錫瑞撰，周予同注：《經學歷史》，臺北：藝文印書館，2004年。

二　現代專著（依作者姓氏筆畫排序）

李曰剛：《中國文學流變史──詩歌篇（上）》，臺北：聯貫出版社，
　　　　1983年。

牟宗三：《中國哲學的特質》，臺北：臺灣學生書局，1984年。

林安梧：《論語走向生活世界的儒學》，臺北：明文書局，1995年。

林義正：《孔子學說探微》，臺北：東大圖書司，1987年。

徐復觀：《中國思想史論集續編》，臺北：時報出版公司，1982年。

王邦雄、曾昭旭、楊祖漢：《論語義理疏解》，臺北：鵝湖出版社，
　　　　1983年。

黃永武：《中國詩學思想篇》，臺北：巨流圖書公司，1983年。

陳立夫；〈孔孟學說與人文教育〉，《人文教育》十二講。

楊　華：《先秦禮樂文化》，湖北：湖北教育出版社，1997年。

蔡仁厚：《儒家的常與變》，臺北：東大圖書公司，1990年。

蔡仁厚：《孔子的生命境界──儒學的反思與開展》，臺北：臺灣學生
　　　　書局，1998年。

謝淑熙：《道貫古今──孔子禮樂觀所蘊含之教育思想》，臺北：秀威
　　　　資訊公司出版，2005年。

李澤厚、劉綱紀主編：《中國美學史》，安徽：安徽文藝出版社，1999
　　　　年。

三　期刊論文（依作者姓氏筆畫排序）

牟宗三、徐復觀、張君勱、唐君毅：〈為中國文化敬告世界人士宣言為
　　　　中國文化敬告世界人士宣言〉，《民主評論》第9（1958年）。

孫效智：〈高中生命教育選修課程規劃理念與展望〉，周大觀文教基金
　　　　會與彰化師大主辦：高中「生死關懷」新設課程教學研討
　　　　會，2004年5月。

謝淑熙：〈閱讀教學與人文素養——以《論語》為例〉，臺北市立教育
　　　大學《國教新知》第59卷第1期（2012年）。

謝淑熙：〈孔子禮樂教育思想析論〉，《孔孟學報》第93期（2015年）。

四　學位論文（依年代排序）

李美燕：《先秦兩漢樂教思想研究》，臺北：臺灣師範大學國文研究所
　　　博士論文，1993年。

林素玟：《禮記人文美學研究》，臺北：臺灣師範大學國文研究所博士
　　　論文，1998年。

第二編
《禮記》人文思想研究

第一章
《禮記‧禮運》的社會關懷[*]

一　前言

　　中華文化源遠流長，博大精深，而其所以能夠歷久彌新，維繫五千年而不墜的主因，乃是由於數千年來中華民族一貫地篤守著禮教文明，孔子傳承周公的禮樂制度，作為道德規範和維持社會秩序的緣故。司馬遷在《史記‧禮書》篇首即對「禮」大加贊美：「洋洋美德乎！宰制萬物，役使群眾，豈人力也哉！余至大行禮官，觀三代損益，乃知緣人情而制禮，依人性而作儀，其所由來尚矣。」¹說明禮是影響社會人心久遠的一種美德，禮能順應自然的變化，主宰萬物的生長，順應人情事故，領導群眾循規蹈矩，共謀社會國家的長治久安。因此《禮記‧禮運》說：「故壞國喪家亡人，必先去其禮」，《禮記‧經解》上也說：「故禮之教化也微，其止邪也於未形，使人日徙善遠罪而不自知也，是以先王隆之也。」說明禮是影響社會人心的一種美德，在禮教潛移默化的影響中，讓人們消除邪惡的念頭。強調「禮」乃是社會群體生存秩序之準則，建設和諧完善國家的圭臬。

　　禮教，乃是人生安身立命的要道，更是推展人文教育的基石。所以荀子（西元前298年-西元前238年）說：「禮起於何也？曰：人生而有欲，欲而不得，則不能無求，求而無度量分界，則不能不爭，爭則亂，亂則窮。先王惡其亂也，故制禮義以分之，以養人之欲，以給人

---

*　本文刊登於二〇一八年八月二十八日《孔孟月刊》第五十六卷第十一、十二期。
1　引自〔漢〕司馬遷：《史記》（臺北：鼎文書局，1987年）卷23，頁1157。

之求，使欲必不窮乎物，物必不屈於欲，兩者相持而長，是禮之所起
也。」[2]可見禮與人生的關係密切不可分。《禮記‧禮運》記載：「禮
者君之大柄也，所以別嫌明微，儐鬼神，考制度，別仁義，所以治政
安君也。」說明禮本是先聖先王順應自然規律，來約束人民生活行為
的法則，人民的行為合乎禮義規範，做事才會有條有理。可見古代聖
君重視禮教的重要，教導人民懂得敬天法祖，無忝爾所生，以恭儉莊
敬的態度來建立良好的社會秩序。所以本文即從《禮記‧禮運》來探
究其所蘊涵的社會關懷，期盼在資訊科技文明發達的時代，而人文思
想低落之現代社會中，重新塑造傳統禮教的價值觀，體現儒家思想的
精髓，進而提升全民的人文素養。

二 《禮記‧禮運》內容義涵概述

　　《禮記‧禮運》是一篇闡述孔子與學生子游討論禮之運轉的文
章，鄭玄《三禮目錄》記載：「名曰禮運者，以其記五帝三王相變
易、陰陽轉旋之道。此於《別錄》屬於通論。」[3]王夢鷗先生詮釋
「運」字有二義：「一為演變，一為旋轉。演變者，是就時代生活的
沿革而言；旋轉者，是就五行四時之更迭而言。四時更迭，周而復
始，禮治依此而行，故一年一週轉。……篇中既言大同、小康亂世的
演變，又言橧巢營窟的生活變為宮室臺榭的生活等等，這都是隨時沿
革而非周而復始的。」[4]王鍔先生認為，《禮運》全篇是孔子與子游討
論禮制的文字，主體部分是子游記錄的，大概寫於戰國初期，在流傳

2　引自〔清〕王先謙《荀子集解‧禮論》（臺北：藝文印書館，1946年），頁583。
3　引自〔漢〕鄭玄注、〔唐〕孔穎達等正義：《禮記正義》（臺北：藝文印書館，1998
　　年）卷21，頁412。
4　參見王夢鷗：《禮記今註今譯》（臺北：臺灣商務印書館，1972年），頁289。

過程中約於戰國晚期摻入了陰陽五行家言，又經後人整理而成為目前我們看到的樣子。[5]可見《禮記‧禮運》全篇的內容，調和了荀子學派與鄒衍學派的思想，「禮時為大」，三代之禮因革、損益各有不同，全篇通過孔子之口，詳細地闡述禮的內容與形式、禮的起源、禮的作用和精神本質，可以視為一篇儒家禮治主義思想的大綱。茲依據《禮記‧禮運》全篇所述，臚列其內容義涵，如下：

(一) 禮的起源：祭祀鬼神

展閱歷史的長卷，可知數千年來，歷經朝代的更迭與社會結構的變遷，我國傳統禮制的禮儀形式與行禮內容，均具有教孝感恩的意涵，也是傳承儒家文化道統的原動力。茲引《禮記‧禮運》所述為例：

> 夫禮之初，始諸飲食。其燔黍捭豚，污尊而抔飲，蕢桴而土鼓，猶若可以致其敬于鬼神。[6]
> 故先王秉蓍龜，列祭祀，瘞繒，宣祝嘏辭說，設制度，故國有禮，官有御，事有職，禮有序。[7]

上述引文，說明中國最初的禮，起源於先民的祭祀活動。先民是按照人們要吃飯穿衣的觀念，烹煮食物、準備甜酒來祭祀神靈，祈求神明庇佑全家人平安幸福。古代先王持著卜筮用的各種蓍草、龜甲，依次安排各種祭祀，埋下繒帛以祭地贈神，宣讀告神和祝福的文辭，訂立國家的禮制，使朝廷綱紀有條不紊，官吏各有職司。《尚書‧君陳》

5　參見王鍔：《《禮記》成書考》（北京：中華書局，2007年），頁241。
6　引自孫希旦：《禮記集解》，鄭玄注：「言其物雖質略，有齊敬之心，則可以薦羞於鬼神，鬼神饗德不饗味也。」孫希旦曰：「曰『猶若』者，言非獨養人者質略如此，而猶可以奉祭祀焉，由其物不足而誠有餘也。」（北京：中華書局，1989年），頁586。
7　引自〔漢〕鄭玄注、〔唐〕孔穎達等正義：《禮記正義‧禮運》卷22，頁437。

引周公語說：「至治馨香，感於神明，黍稷非馨，明德惟馨。」[8]強調
周人保有以飲食來致敬鬼神的祭祀禮儀。由上述可知，孔子以為在祭
祀時，人們沿襲了上古以飲食致敬鬼神的誠敬之情，備妥了種種祭
品、祭器、音樂、告神之辭，以表達自身的誠敬，可見「禮」的起
源，源自祭祀鬼神的禮儀。

（二）禮的本質：仁民愛物

根據《禮記‧禮運》所述「禮」的起源，可知與人們的衣食住
行、葬祭活動方式息息相關。茲引《禮記‧禮運》所述為例：

> 孔子曰：「夫禮，先王以承天之道，以治人之情。故失之者死，
> 得之者生。《詩》曰：『相鼠有體，人而無禮，人而無禮，胡不
> 遄死！』是故夫禮，必本於天，殽於地，列於鬼神，達於喪祭
> 射御冠昏朝聘。故聖人以禮示之，故天下國家可得而正也。」[9]

上述引文，借由孔子回答言偃的提問，指出「禮」是古代先聖先王稟
承自然，順應人情，感動天地鬼神，彰顯在喪事、祭祀、射箭、駕
御、冠禮、婚嫁……等禮儀上。並引用《詩經‧鄘風‧相鼠》所述，
說明「禮儀」是先世聖君所制訂，用以整飭人民的行為規範，如果國
君不理朝政，終日沉湎於荒淫享樂，朝政網紀敗壞，人民的生活如何
能安和樂利。《禮記‧經解》說：「發號出令而民說，謂之和。上下相
親，謂之仁。……和與仁。霸王之器也。有治民之意而無其器，則不
成。」說明仁君施政以民意為依歸，彰顯了仁民愛物的理念，是國富

---

8 自〔魏〕王肅、〔漢〕孔安國傳、〔唐〕孔穎達等正義：《尚書正義》（臺北：藝文印
　書館，1998年）卷18，頁274。

9 引自〔漢〕鄭玄注、〔唐〕孔穎達等正義：《禮記正義‧禮運》卷21，頁414。

民安的原動力。禮的活動內容隨著社會文化的演進，也日趨複雜。可見推行禮教是春秋時期聖君仁民愛物的圭臬，維繫倫理道德與修身做人的基本規範，因此聖人都以禮教來化育人民。

（三）禮的作用：安邦定國

荀子說：「人無禮則不生，事無禮則不成，國家無禮則不寧。」（《荀子‧禮論》）主張禮教可以矯治人性本惡的劣根性，所以無論在個人的修身養性或治理社會國家的事務上，都應該重視禮教的重要。禮的涵攝範圍極廣，包括治國安邦，立身處世，日常生活細節，甚至思想言論等等，無一不以禮做為準繩，故曰：「禮者，人道之極也。」（《荀子‧禮論》），可見禮的教化，是社會國家和諧穩定的原動力。茲引《禮記‧禮運》所述為例：

> 故人情者，聖王之田也。脩禮以耕之，陳義以種之，講學以耨之，本仁以聚之，播樂以安之。……父子篤，兄弟睦，夫婦和，家之肥也。大臣法，小臣廉，官職相序，君臣相正，國之肥也。天子以德為車，以樂為御。諸侯以禮相與，大夫以法相序。士以信相考，百姓以睦相守，天下之肥也。是謂大順。大順者，所以養生送死事鬼神之常也。[10]

上述引文，說明賢能之治是法治社會中的善治的一部分，因為「徒法不足以自行」，孔子說：「克己復禮為仁」（《論語‧顏淵》）；「修己以安人」（《論語‧憲問》），強調國君，除了具有治理國家的能力，更應該具備高尚的道德修養。如何才能達成有效的道德教化呢？首先要理解仁義是社會禮儀節文的根本基礎，更是順應天理人情的具體表現，

---

10 引自〔漢〕鄭玄注、〔唐〕孔穎達等正義：《禮記正義‧禮運》卷22，頁439-440。

其次要依禮來推動國家的政令法度，要以禮義來治理人情事故。父子情篤，兄弟和睦，夫婦和諧，這是健全家庭的表徵。為人臣子守法廉潔，百官奉公守法而同心協力，君臣互相勉勵匡正國事，這是君仁臣忠、富強康樂的國家。儒家文化強調法治和德教的互補作用，修身是齊家、治國的基礎，良好的社會秩序可以憑藉助道德的力量來維持，可見，合乎禮義的道德教化，是安邦定國的基石。

（四）禮的價值：人文化成

我們中國自孔子以來的歷代先哲，都重視「以人為本」的教育思想。人文一詞，最早見於《周易‧賁卦‧象傳》上所說：「文明以止，人文也。觀乎天文，以察時變；觀乎人文，以化成天下。」[11]說明觀察日月星辰的運轉，就可以明瞭時序的變化；觀察人類文明的進展，就能夠推行教化來化民成俗，使人人知所依歸，知所遵循，從而使天下昌明。茲引《禮記‧禮運》所述為例：

> 故人者。其天地之德。陰陽之交。鬼神之會。五行之秀氣也。故天稟陽，垂日星，地稟陰，竅於山川，播五行於四時，和而後月生也。[12]

上述引文，說明人類的存在，是配合天覆地載之德、陰陽二氣交合、吸收五行的精華而生。先民歷經自然天災水患、疾風驟雨之侵襲，以人定勝天之毅力，克服種種艱難險阻，因而體悟所以因應之方，所以說，人是萬物之靈，能因應天地自然的運行，主宰萬物的生長。《周

---

11 引自〔魏〕王弼、〔晉〕韓康伯注、〔唐〕孔穎達等正義：《周易正義‧賁卦‧象傳》：「觀天之文，則時變可知也；觀人之文，則化成可為也。」（臺北：藝文印書館，1998年），頁62。

12 引自〔漢〕鄭玄注、〔唐〕孔穎達等正義：《禮記正義‧禮運》卷22，頁433。

易・繫辭上》說：「聖人有以見天下之動，而觀其會通，以行其典禮，繫辭焉以斷其吉凶，是故謂之爻。」[13]《易經》卦爻辭具有「觀物取象」的表徵，除卜筮的功效，更蘊涵深刻玄奧之哲理，對於個人安身立命，及國家興衰禍福的發展，具有莫大的啟迪作用。[14]由此可見，《易經》卦爻辭與古禮有不可分割的密切聯繫，不明古禮，許多卦爻辭的闡釋，便顯得浮泛而難以明白其真實之義旨。《易經》、《禮記》是先聖先賢累積生活經驗與教訓，並且筆之於書，歷代相傳，今日我們研讀此二部經典古籍，不僅是欣賞典雅古樸之文采，而在字裡行間所以啟示後世的文化意涵，值得後學深思默識並且身體力行之。

三　《禮記・禮運》的社會關懷

《禮記・禮運》所揭櫫的就是一個理想中的政治形態，以及在這種理想的政治形態中，人與人之間和諧相處的理想關係。德國著名歷史學家奧斯瓦爾德・斯賓格勒（Oswald Spengler, 1880-1936）說：「中國文化有一種特殊空氣，即側重人與人間之責任及義務是也。中國人今猶溫浸于此空氣之中。此種理想原為一切文化之基礎，惟在中國，此種理想，有變態之強力。以是中國文明雖腐壞，而中國人依然保持其極高之地位。」[15]這的確是中肯之言。《禮記・曲禮上》說：「道德仁義，非禮不成；教訓正俗，非禮不備；分爭辨訟，非禮不決；居臣上下，父子兄弟，非禮不定；宦學事師，非禮不親；班朝治軍，蒞官行法，非禮威嚴不行；禱祠祭祀，供給鬼神，非禮不誠不莊。」可見《禮記》中所敘述的禮，不僅是一種倫理原則，而且也是

---

13 引自〔魏〕王弼、〔晉〕韓康伯注、〔唐〕孔穎達等正義：《周易正義・繫辭上》卷7，頁150-151。

14 同上註。

15 引自張蔭麟：《西方文化論衡》（臺北：中華文化出版，1954年），頁70。

社會道德的規範。透過「禮」的運行，讓人們可以樹立良好的人際關係，人民安居樂業，國家富強安康，社會和諧安定。茲依據《禮記‧禮運》全篇所述，臚列其所蘊涵的社會關懷，如下：

（一）推展仁民愛物之風氣

曾國藩說：「風俗之厚薄悉自乎，自乎一二人心之所嚮。」社會的動亂，都由於人類彼此之間不懂得「敬人者，人恆敬之；愛人者，人恆愛之」（《孟子‧離婁下》）的道理，所以發揮誠敬之美德，消除爾虞我詐之行為，為儒家推行禮治教化的宗旨。《禮記‧經解》說：「禮之教化也微，其止邪也於未形，使人日徙善遠罪而不自知也，是以先王隆之也。」許慎在《說文》中對仁的解釋說：「仁，親也，從人從二。」；孟子說：「仁者愛人」（《孟子‧離婁下》），正表示人與人的關係要達到最圓滿的境界，唯有人與人彼此相親相愛，才能彰顯五倫之道。茲引《禮記‧禮運》所述為例：

> 故禮義也者，人之大端也，所以講信脩睦而固人之肌膚之會，筋骸之束也。所以養生送死事鬼神之大端也。所以達天道順人情之大竇也。故唯聖人為知禮之不可以已也，故壞國、喪家、亡人，必先去其禮。……故聖王脩義之柄、禮之序，以治人情。故人情者，聖王之田也。脩禮以耕之，陳義以種之，講學以耨之，本仁以聚之，播樂以安之。[16]

上述引文，說明講信修睦與相親相愛的禮儀節文是仁義社會的基礎，養生送死和敬事鬼神更是順應天理人情的具體表現，可見仁義規範與社會禮儀是相輔相成的，唯有聖明的君王施政時會強調禮教的重要。

---

16 引自〔漢〕鄭玄注、〔唐〕孔穎達等正義：《禮記正義‧禮運》卷22，頁439。

《禮記‧禮運》上說：「以天下為一家，以中國為一人。」足證有仁愛的精神，定可以使四海之內，皆兄弟也。禮是個人立身處世的圭臬，也是安邦定國的基石。所以孔子說：「君子篤於親，則民興於仁。」（《論語‧泰伯》）；又說：「夫仁者，己欲立而立人，己欲達而達人。」（《論語‧雍也》），孔子說明在上位的人能夠以仁心厚待親人，上行下效，那麼社會也會興起仁民愛物的風氣。可見仁的真諦，在於人人具有兼善天下的襟懷，自己想立身行道，也期盼其他人也能夠實行仁道。

（二）彰顯孝悌倫理之道德

孔子說：「君子務本，本立而道生，孝弟也者，其為仁之本與。」（《論語‧學而》），孔子認為「仁」是孝悌的根本，禮義是維繫人倫社會的基準。儒家所談的禮，包括了祭祀之禮，也是孝道的延伸與擴大。儒家以「報本返始，守護常道」為天職，同時肯定天地是宇宙生命的本始，祖先是個體生命的本始，聖賢是文化生命的本始，所以主三祭以返本。[17]儒家重視三祭之禮——祭天地、祭祖先、祭聖賢，認為三祭之禮，可以使人的生命與宇宙相通，與祖先相通，與聖賢相通。茲引《禮記‧禮運》所述為例：

> 故先王患禮之不達於下也，故祭帝於郊，所以定天位也；祀社於國，所以列地利也；祖廟，所以本仁也；山川，所以儐鬼神也；五祀，所以本事也。故宗祝在廟，三公在朝，三老在學，王前巫而後史，卜筮瞽侑皆在左右。王中心無為也，以守至正。故禮行於郊而百神受職焉，禮行於社而百貨可極焉，禮行

---

17 參見蔡仁厚：《儒學的常與變》肆、〈中國現代化的綱領與層次〉（臺北：東大圖書公司，1990年），頁73。

> 於祖廟而孝慈服焉，禮行於五祀而正法則焉。故自郊、社、祖
> 廟、山川、五祀，義之脩而禮之藏也。[18]

上述引文，說明孔子談論先王舉行的各種祭禮，在郊外祭祀天帝，以
確立天子的至尊地位。在國都中祭祀社神，用以歌頌大地滋養萬物之
功勞。祭祀祖廟，緬懷先祖仁愛之德範。祭祀山川與各地的神明，用
以彰顯庇佑大地的事功，國君虔誠的完成各項祭禮儀式，能夠廣施於
民間，因而達到上行下效的功效。《禮記·祭統》上說：「凡治人之
道，莫急於禮。禮有五經，莫重於祭。夫祭者，非物自外至者也，自
中出生於心也；心怵而奉之以禮。」說明祭祀鬼神之禮是發自人們內
心的感念，也就是孝心的表現，這種回歸於生命根源「報本返始」的
精神，是儒家極為深遠懿美的生命的表現。[19]先秦時的禮樂活動內
容，大都與當時的祭祀有關。孔子繼承了夏商兩代的禮制文明，而又
加以修訂創新，豐富繁盛了周代的禮樂文物制度，作為教化中華民族
的道德傳統，讓為人子女從孝親祭祖的禮儀中，培養中和美善的人格
修養。

（三）落實人文關懷之精神

人文精神是中華文化的支柱，也是維繫倫理道德的基石。《孟
子·滕文公上》說：「人之有道也，飽食煖衣，逸居而無教，則近於
禽獸。聖人有憂之，使契為司徒，教以人倫，父子有親、君臣有義、
夫婦有別、長幼有序、朋友有信。」又說：「夏曰校，殷曰序，周曰
庠，學則三代共之，皆所以明人倫也。」足以證明自至聖先師孔子以

---

18 引自〔漢〕鄭玄注、〔唐〕孔穎達等正義：《禮記正義·禮運》卷22，頁438。

19 參見蔡仁厚：《孔子的生命境界──儒學的反思與開展》貳、〈詩、禮、樂與文化生
命〉（臺北：臺灣學生書局，2003年），頁27。

來，歷代的思想家，都特別重視「以人為本」的教育思想，認為人而無教，則行為近於禽獸。茲引《禮記・禮運》所述為例：

> 何謂人情？喜怒哀懼愛惡欲，七者，弗學而能。何謂人義？父慈，子孝兄良，弟弟，夫義，婦聽，長惠，幼順，君仁，臣忠，十者，謂之人義。講信脩睦，謂之人利。爭奪相殺，謂之人患。故聖人所以治人七情，脩十義，講信脩睦，尚辭讓，去爭奪，舍禮何以治之？[20]

古代聖王效法天地自然化育之道，順應天理人情來訂定禮義制度，以人文禮教來化育人民，使得國富民安。孔子很重視倫理道德，說明禮是調和人類倫理親情及社會道德的重要橋樑，也是人文教育的根源。《禮記・王制》上說：「春、秋教以《禮》、《樂》；冬、夏教以《詩》、《書》」，可見儒家主張以倫理道德來教化萬民。《禮記・冠義》上說：「故孝弟忠順之行立，而后可以為人，可以為人，而后可以治人也。」又說：「故聖人之所以治人七情，修十義，講信修睦，尚辭讓，去爭奪，舍禮何以治之？」說明禮義教化可以脩治人情仁義，引導人民注重辭讓謙恭的態度，去除人我的爭奪紛爭，因此聖王推動教化必以禮為準繩，然後才能完成修身、齊家的目標。可見從個人的修身養性擴及齊家、治國，乃至移風易俗，以落實人人文關懷的精神，樹立良好的社會風氣，都必須以禮義教化為圭臬。

（四）發揚民胞物與之德澤

　　《周易・序卦》說：「有天地然後有萬物，有萬物然後有男女，

---

20 引自〔漢〕鄭玄注、〔唐〕孔穎達等正義：《禮記正義・禮運》卷22，頁431。

有男女然後有夫婦，有夫婦然後有父子，有父子然後有君臣
然後有上下，有上下然後禮義有所錯。」[21]說明中國之倫理制度，建
立於父子血緣親情，而導源於夫婦之結合，以家庭倫理制度為基礎，
然後推展於社會國家，而維繫此種倫常關係的原動力，就是禮。禮最
大的作用在於規範家庭倫理，區分親疏內外之別，使家庭中「父子有
親，夫婦有別，長幼有序」，推展至社會使「君臣有義，朋友有信」，
來凝聚族群力量，進而建立一個人人敬老，人人愛幼，到處充滿溫馨
和諧的理想社會。茲引《禮記・禮運》所述為例：

> 大道之行也，天下為公，選賢與能，講信修睦。故人不獨親其
> 親，不獨子其子，使老有所終，壯有所用，幼有所長，矜寡孤
> 獨廢疾者，皆有所養；男有分，女有歸；貨惡其棄於地也，不
> 必藏於己；力惡其不出於身也，不必為己。是故謀閉而不興，
> 盜竊亂賊而不作，故戶外而不閉，是謂大同。[22]

這是儒家所建構天下成為全民所共有，選舉賢能的人來治理社會國
家，大家能夠講求信用，和睦相處，人人不只親愛自己的父母、不只
撫育自己的子女，更推而廣之，使天下所有老年人都到贍養，幼兒能
得到妥善的撫育，天下孤苦無依以及殘疾的人都能得到國家的照顧，
人人能安居樂業的「大同」世界。其中所揭示的「老有所終」的理
念，是大同世界社會關懷的指導原則，引導全民懂得敬老、愛幼，營
造一個溫馨和諧的理想社會，發揚民胞物與之德澤，更彰顯了孔子關
懷天下蒼生，期盼能「使老者安之，朋友信之，少者懷之。」的遠大

---

21 引自〔魏〕王弼、〔晉〕韓康伯注、〔唐〕孔穎達等正義：《周易正義・序卦》，頁
　　188。
22 引自〔漢〕鄭玄注、〔唐〕孔穎達等正義：《禮記正義・禮運》卷21，頁413。

志向（《論語‧公冶長》），孟子也說：「老吾老以及人之老，幼吾幼以及人之幼。」（《孟子‧梁惠王》）；「親親而仁民，仁民而愛物。」（《孟子‧盡心上》），這是儒家倫理道的理想境界，由此可知，孔孟仁民愛物的思想，是大同世界安邦定國的具體目標。

四　結語

《禮記‧禮運》開宗明義篇提出大同世界，記敘孔子慨嘆魯國禮義衰壞，因而提出「天下為公」的理想世界。流露出孔子嚮往「大同之治」之情懷，也代表了儒家政治的最高境界。在禮的倫理教化中，蘊涵敬、孝、悌、慈、惠等美德，推而廣之，普及於弱勢族群的照顧問題。德國哲學家黑格爾（Georg Wilhelm Friedrich Hegel, 1770-1831）說：「經典是永恆的，因為它會不斷激起讀者心靈中的理念典型。」這的確是深中肯綮的言論。茲列舉三點個人閱讀《禮記‧禮運》值得後人省思有關社會關懷的議題，如下：

1　選賢與能的重要

孔子主張「天下為公，選賢與能」，所謂賢能是指德才兼備的「君子」。孔子說：「君子尊賢而容眾，嘉善而矜不能」（《論語‧子張》）。孟子則強調「尊賢使能，俊傑在位」（《孟子‧公孫丑上》），可見賢能之治也是現代法治社會中善治的一環，因為「徒法不足以自行」，善治的主體仍然是人，這些人應當真正具有治理國家的能力，具有較好的道德品行和較高的素質，才能引領國家邁向富強康樂的大道。

2　老人的照顧服務

《禮運‧大同》所揭示的社會政策首要目標就是「老有所終」。

「老有所終」乃銀髮族老人的照顧服務，這是《禮記・禮運》創見的議題。臺灣地區工業化及都市化的發展，使得老年人口這個世代，在勞動市場上處於相對不利的地位，也使得老人在家庭中的地位下降，國民年金、醫療和長期照顧等制度性的老人福利需求因應而生。少子化的老人化社會，是世界未來共同的趨勢，這是不容忽視的社會現況。

3 講信修睦的彰顯

《禮記・禮運》所揭櫫的就是一個理想的政治形態「講信修睦」，「誠信」是處理人際關係的準則，所謂「人而無信，不知其可也」（《論語・為政》），孔子不僅把誠信看作是一種君子之道，而且將其提升為齊家治國的重要一環，所謂「自古皆有死，民無信不立」（《論語・顏淵》），這的確是足以發人深省的至理名言，期許大家能身體力行之。

明儒王陽明〈睡起偶成詩〉：「起向高樓撞曉鐘，尚多昏睡正懵懵，縱令日暮醒猶得，不信人間耳盡聾。」[23]這是足以振聾啟聵的一首詩。目前要使青年學子了解中華文化，而不致數典忘祖，就必須培養學生閱讀經典古籍的興趣。因此各級學校應加強儒家倫理道德教育，來提升學生的人文素養，培養學生具有仁民愛物的襟懷，讓社會和諧安定，國家更富強安康。

---

23 《王陽明全集・靜心錄之八，外集二》〈睡起偶成〉：「四十餘年睡夢中，而今醒眼始朦朧。不知日已過亭午，起向高樓撞曉鐘。尚多昏睡正懵懵。縱令日暮醒猶得，不信人間耳盡聾。」，中國哲學書電子化計劃https://ctext.org/dictionary.pl#char22235

參考文獻

一　古籍部分（依《四庫全書》分類法）

〔魏〕王肅、〔漢〕孔安國傳、〔唐〕孔穎達等正義：《尚書正義》，臺北：藝文印書館，1998年。

〔漢〕司馬遷：《史記》，臺北：鼎文書局，1987年。

〔魏〕王弼、〔晉〕韓康伯注、〔唐〕孔穎達等正義：《周易正義》，臺北：藝文印書館，1998年。

〔漢〕鄭玄注、〔唐〕孔穎達等正義：《禮記正義》，臺北：藝文印書館，1998年。

〔魏〕何晏集解、〔宋〕邢昺疏：《論語注疏》，臺北：藝文印書館，1998年。

〔東漢〕趙岐注、舊題〔宋〕孫奭疏：《孟子注疏》，臺北：藝文印書館，1998年。

〔清〕王先謙：《荀子集解》，臺北：藝文印書館，1946年。

〔清〕孫希旦：《禮記集解》，北京：中華書局，1989年。

二　現代專著（依作者姓氏筆劃排序）

王夢鷗：《禮記今註今譯》，臺北：臺灣商務印書館，1972年。

王　鍔：《禮記成書考》，北京：中華書局，2007年。

高　明：《禮學新探》，香港：集成圖書公司，1963年11月初版。

張蔭麟：《西方文化論衡》，臺北：中華文化出版事業委員會，1954年。

蔡仁厚：《儒學的常與變》，臺北：東大圖書公司，1990年。

蔡仁厚：《孔子的生命境界——儒學的反思與開展》，臺北：臺灣學生
　　書局，2003年。

謝淑熙：《道貫古今——孔子禮樂觀所蘊含之教育思想》，臺北：秀威
　　資訊公司出版，2005年。

三　期刊論文（依作者姓氏筆劃排序）

金春峰：〈《禮運》成篇的時代及思想特點分析〉，《衡水學院學報》
　　20156期（2016年06月）。

黃坤堯：〈禮運新說〉，高雄師範大學經學研究所《經學研究集刊》第
　　10期（2011年4月）。

劉昕嵐：〈論「禮」的起源〉，朝陽科技大學通識教育中心《止善》第
　　8期（2010年06月）。

四　電子資料與網路的引用

中國哲學書電子化計劃《王陽明全集・靜心錄之八，外集二》，https://
　　ctext.org/dictionary.pl#char22235

第二章
《禮記‧經解》的人文蘊涵*

一　前言

　　中國文化源遠流長，以儒學為主體，而經學是研究儒家經典的學問，更是推展人文教育的基石。漢朝班固在《白虎通》說：「經，常也。」南朝劉勰（西元465年-西元520年）也說：「經也者，恆久之至道，不刊之鴻教也。故象天地，效鬼神，參物序，制人紀，洞性靈之奧區，極文章之骨髓者也。」（《文心雕龍‧宗經》）說明經書取法於天地，證驗於鬼神，深究事物的秩序，從而制訂出人類的綱紀；經典銘記了人世間，永恆不可改易，能傳之久遠的偉大言論與智慧。透過經典教學，可以引領學生開啟古今文學的堂奧，在古聖賢哲的經典話語中，開拓學生的新視野，進而培育人文素養，以塑造高尚的人格。

　　文化的傳承，促使社會的進步；文化的創新，增進人類的福祉。自古以來，我國人文教育就有輔導學生培養高雅情操，樹立健全人格的優良傳統。孔子用以教育學生的《六經》，主要目的就是為了砥礪品性，增進人們的道德修養。《禮記‧經解》上說：「其為人也溫柔敦厚，《詩》教也；疏通知遠，《書》教也；廣博易良，《樂》教也；絜靜精微，《易》教也；恭儉莊敬，《禮》教也；屬辭比事，《春秋》教也。」[1]說明誦讀《六經》，除增長見聞之外，更可以提升品德心性的

---

* 本文刊登於二〇一七年六月二十八日《孔孟月刊》第五十五卷第九、十期。
1　引自〔漢〕鄭玄注、〔唐〕孔穎達等正義：《禮記正義》（臺北：藝文印書館，1998年）卷50，頁845。

修養，所以，班固在《漢書・藝文志》中也說：「游文於《六經》之中，留意於仁義之際，祖述堯舜，憲章文武，宗師仲尼，以重其言」[2]，說明孔子以《詩》、《書》、《禮》、《樂》教育弟子，傳承了《六經》學說，並肩負起以道德教化建立禮義社會任重道遠的使命。

司馬遷在《史記・太史公自序》說：「禮以節人，樂以發和，書以道事，詩以達意，易以道化，春秋以道義。」[3]說明了《六經》教化的功效，《禮》可以用來規範人的行為，《樂》可以用來促進人們敦睦和諧的感情，《尚書》是用來記述往古事跡與典章制度的，《詩經》是用來抒發內心情意的，《易經》是用來說明天地萬物變化的道理，《春秋》是用來通曉微言大義，闡明人世間道義的。由此可知，《六經》在人文教化上，是陶冶心性、敦睦和樂、砥礪學行的圭臬；在施政方面，可以闡揚倫常道義，推展仁政的指南。因此本文爬梳《禮記・經解》的人文蘊涵並加以闡釋，一則可以擷取亙古不變的禮義，作為人們日常生活之典範，以匡正社會風氣；一則以嘉言懿行來淨化人類的心靈，以提昇現代人的人文素養。

二 《六經》教化的人文義涵

《禮記正義・經解》記載：「〈經解〉一篇總是孔子之言，記者錄之以為〈經解〉者，皇氏云：『解者分析之名，此篇分析《六經》體教不同，故名曰〈經解〉也。《六經》其教雖異，總以禮為本，故記者錄入於禮。』」[4]孔子為《六經》的效用做了簡要的說明，並強調

---

2 引自〔漢〕班固、〔唐〕顏師古注：《漢書》（臺北：鼎文書局，1987年）卷30，頁1728。

3 引自〔漢〕司馬遷：《史記》（臺北：鼎文書局，1987年）卷130，頁3297。

4 引自〔漢〕鄭玄注、〔唐〕孔穎達等正義：《禮記正義》卷50，頁845。

〈經解〉的內容是通論禮意的。《史記‧滑稽列傳》上記載：「孔子曰：『六藝於治一也。禮以節人，樂以發和，書以道事，詩以達意，易以神化，春秋以義。』」[5]孔子說明《六經》對於治理國家而言，作用是相同的。《六經》是古聖先賢教化人民的經典嘉言，彰顯儒家對經邦濟世的見解和態度，對後代推動人文教化有深遠的影響力。茲述《六經》教化的人文義涵，如下：

（一）涵養優良的品德

　　中華民族五千年的悠久歷史源遠流長，載浮著古聖先賢的智慧結晶，孕育了亮麗璀璨的詩篇，優美動人的韻律，更憑添中華文化雅緻婉約的色彩。古代先王原是以《詩經》來「經夫婦，成孝敬，厚人倫，美教化，移風俗」[6]（〈毛詩序〉）說明了誦讀《詩經》，可以用來端正夫婦之道、彰顯孝敬之理、敦厚人倫教化以及移風易俗。所以孔子勉勵弟子學詩之言說：「詩可以興，可以觀，可以群，可以怨；邇之事父，遠之事君，多識於鳥獸，草木之名。」又說：「溫柔敦厚，詩教也。」正說明了詩教的功效，不但可以培養溫柔敦厚的氣質，更能培育知書達禮，具有民族意識，愛國情操的好國民。

　　孔子說：「興於詩，立於禮，成於樂。」（《論語‧泰伯》）「詩」、「禮」、「樂」是孔子平日教導學生的重要教材，並且說到了一個國家，從人們言談舉止的表現，就可以看出他們受到什麼教化？如果國民具有溫柔敦厚的氣質，那就是得力於詩的教化；如果國民心胸開闊平和，那就是得力於音樂的教化；如果國民態度謙遜莊重，那就是得力於禮的教化。因此孔子也以「不學禮，無以立；不學詩，無以言」

5　引自〔漢〕司馬遷：《史記》卷126，頁3197。

6　引自〔漢〕毛亨傳、鄭玄箋、〔唐〕孔穎達等正義：《毛詩正義》卷1，頁1。

來勉勵兒子。《禮記‧樂記》上記載:「樂由中出,禮自外作。」[7]由此可知,經由經典的啟發,可以契入知識的融通,在布乎四體,行乎動靜後,可以提升學生的人文素養,進而培養美善的人格特質。

(二) 實踐禮教的規範

中國古代禮學不僅有精深的理論和博大的體系,而且具有踐履篤行的特點。《禮記‧祭義》說:「禮者,履此者也。」[8]說明學習禮儀規範,持之以恆的實踐,身體力行,可以培養良好的道德修養。學習和了解古代禮儀文明,不僅可以引領學生學習到傳統文化「宗廟之美,百官之富」的堂奧,在深切的認知中,去弘揚優美的中華傳統文化,而且可以幫助學生了解讀書與做人必須相輔相成,在深入學習禮儀文化的過程中,去體驗和踐行禮學的真諦,不斷規範自己的行為,讓「行」與「學」並進。[9]這的確是深中肯綮的言論。

《禮記‧郊特牲》說:「禮之所尊,尊其意也。失其義,陳其數,祝史之事也。」[10]說明時有轉移,事有變革,只是墨守古代的禮制儀式,對現代人而言是窒礙難行的,自當斟酌損益。雖然禮的繁文縟節文不可行於後世,而其蘊涵的義理,卻是古今相同,放諸四海而皆準。《禮記‧經解》的內容是通論禮意的篇章,讓我們可以了解儒家對人生的見解和態度。《禮記‧樂記》說:「樂者,天地之和也,禮者天地之序也。和,故百物皆化;序,故群物皆別。」[11]說明禮樂和諧有秩序的表現,才使得天地萬物能夠生生不息。可見孔子在提倡

7　引自〔漢〕鄭玄注、〔唐〕孔穎達等正義:《禮記正義‧樂記》卷37,頁667。

8　引自〔漢〕鄭玄注、〔唐〕孔穎達等正義:《禮記正義‧祭義》卷48,頁822。

9　參見彭林:〈禮儀教育:大學素質教育不可或缺的主題〉,清華大學舉辦「文化素質教育十周年紀念大會」,2005年11月。

10　引自〔漢〕鄭玄注、〔唐〕孔穎達等正義:《禮記正義‧郊特牲》卷26,頁504。

11　引自〔漢〕鄭玄注、〔唐〕孔穎達等正義:《禮記正義‧樂記》卷37,頁669。

禮、樂教化時，同時把禮、樂所蘊涵的本質「仁德、中和」的精神，加以發揚光大，如此才能撥亂世，反之正。

（三）提升宏觀的視野

《周易·說卦》說：「立天之道曰陰與陽，立地之道曰柔與剛，立人之道曰仁與義，兼三才而兩之。」[12]《周易》乃儒家經典之代表，其以「三才之道」作為聯繫、溝通「天道、人道、地道」之津梁。《周易》是我國文化的根源，是我國古代——部指導人們認識和利用自然規律和社會發展規則的哲學典藉。《周易·繫辭上》說：「聖人有以見天下之動，而觀其會通，以行其典禮，繫辭焉以斷其吉凶，是故謂之爻。」[13]由此可見，《易經》卦爻辭與古禮有不可分割的密切聯繫，不明古禮，許多卦爻辭的闡釋，便顯得浮泛而難以明白其真實之義旨。《易經》是記載我國文化根源的哲學典藉，研讀《易經》可以開啟大家對天地事物的觀察，理解自然變化之道，進而提升宏觀的視野，修養盡其在我、淡泊名利、與世無爭的人生哲學。

《禮記·禮運》說：「故天秉陽，垂日星，地秉陰，竅於山川，播五行於四時，和而後月生也。」[14]先民歷經自然界天災水患、疾風驟雨之侵襲，以人定勝天之毅力，克服種種艱難險阻，因而體悟所以因應之方。《易經》卦爻辭具有「觀物取象」的表徵，除卜筮的功效，更蘊涵深刻玄奧之哲理，對於個人安身立命，及國家興衰禍福的發展，具有莫大的啟迪作用。更是聖人用以鼓勵推動百姓廣泛之應用，以充分發揮《易經》神妙之道理，並作為修己治人之圭臬。由此

---

12 引自〔魏〕王弼、〔晉〕韓康伯注、〔唐〕孔穎達等正義：《周易正義·說卦》（臺北：藝文印書館，1998年）卷9，頁183。

13 引自〔魏〕王弼、〔晉〕韓康伯注、〔唐〕孔穎等達正義：《周易正義·繫辭上》卷7，頁150-151。

14 引自〔漢〕鄭玄注、〔唐〕孔穎達等正義：《禮記正義·王制》卷22，頁433。

可見，《易經》、《禮記》是先聖先賢累積生活經驗與教訓，並且筆之於書，歷代相傳，今日我們研讀此二部經典古籍，不僅是欣賞典雅古樸之文采，而在字裡行間所以啟示後世的文化意涵，值得後學深思默識並且身體力行之。

三 《禮記‧經解》對現代教育的啟示

《禮記》是中華文化的古籍經典，數千年來，《六經》教化的人文義涵，成為垂教萬世的金科玉律及倫理道德的典範。清儒陳東塾說：「讀書所以求聖人之道也。道何在？在《六經》，《詩》以道志，《書》以道事，《易》以道陰陽，《春秋》以道名分。後世載籍，紛紜繁變，而所道終不越此數端，所謂百家騰躍，盡入環中，故古人勸學，必先宗經。治經者始於專，終於通。」（《清儒學案‧廖廷楷附錄》）[15]由此可見，《六經》在人文教化上，是陶冶心性、敦睦和樂、砥礪學行的準則；在施政方面，是闡揚倫常道德，推展仁政的指南。茲述《禮記‧經解》對現代教育的啟示，如下：

（一）仁民愛物的彰顯

孔子以《六經》作為教育學生的教材，其中《尚書》是上古聖道王化之書。唐朝孔穎達《尚書正義》記載：「尚者，上也。言此為上代以來之書，故曰尚書。」[16]說明《尚書》是一部值得尊崇的上古之書。《尚書‧多士》記載：「天命靡常，唯德是輔」[17]強調上帝賦予的

---

15 引自徐世昌纂：《清儒學案》〈東塾學案下〉（北京：中華書局，2008年）卷175，頁6763。
16 引自〔魏〕王肅、〔漢〕孔安國傳、〔唐〕孔穎達等正義：《尚書正義》（臺北：藝文印書館，1998年）卷1，頁5。
17 引自〔魏〕王肅、〔漢〕孔安國傳、〔唐〕孔穎達等正義：《尚書正義》卷16，頁237。

天命，不是永恆不變的，上帝只輔助有德行的人。《尚書‧泰誓》記載：「天視自我民視，天聽自我民聽」，[18]說明天意是人民意志的體現，由上述二段文句的記載，可知此種思維模式，開啟了我國古代道德力量與民心向背，是維繫政治穩固的基石，更是西方近代民主思想之先河。《禮記‧經解》所說：「發號出令而民說，謂之和。上下相親，謂之仁。民不求所欲而得之，謂之信。除去天地之害，謂之義。義與信，和與仁。霸王之器也。有治民之意而無其器，則不成。」[19]說明仁君施政以民意為依歸，與「民為邦本，本固邦寧」（見〈皋陶謨〉及〈五子之歌〉）的觀點，有異曲同工之意趣，彰顯了仁民愛物的理念，是國富民安的原動力。

　　孟子所謂：「世衰道微，邪說暴行有作：臣弒其君者有之，子弒其父者有之。」（《孟子‧滕文公》）所以「孔子懼，作《春秋》。」顧炎武言：「天下興亡，匹夫有責」，孔子筆削《春秋》就是讀書人任重道遠的使命感。孔子見季氏「八佾舞於庭」，已有「是可忍也，孰不可忍也」之嘆。孔子生長在保存周禮最完整的魯國，雖處亂世，仍抱著振衰起蔽的宏願，企盼傳承周公制禮作樂之精神，替人民定倫常，使人民日常生活有道揆法守，進而重振社會倫理道德。今日我們誦讀《六經》，固然以增長知識見聞為目的，但是提升學生的德性涵養，才是學校教育發揚傳統文化的核心任務。今日我們研讀《尚書》、《春秋》二書，令人油然而生「風簷展書讀，古道照顏色」的感慨，更可以激勵青年學子培養恢宏的氣度，與仁民愛物的愛國情操。

（二）生命教育的體現

　　《禮記‧昏義》說：「夫禮始於冠，本於昏，重於喪祭，尊於朝

---

18 引自〔魏〕王肅、〔漢〕孔安國傳、〔唐〕孔穎達等正義：《尚書正義》卷11，頁155。
19 引自〔漢〕鄭玄注、〔唐〕孔穎達等正義：《禮記正義‧經解》卷50，頁846。

聘，和於射鄉。此禮之大體也。」[20]說明冠禮是禮的開始，婚禮是禮的根本，喪禮、祭禮是子孫報本反始、追懷祖德之體現，朝禮、聘禮、射禮、鄉飲酒禮，展現了尊敬與和睦的美德，這就是古禮的大概情況。《禮記・經解》說：「故昏姻之禮廢，則夫婦之道苦，而淫辟之罪多矣。鄉飲酒之禮廢，則長幼之序失，而爭鬥之獄繁矣。喪祭之禮廢，則臣子之恩薄，而倍死忘生者眾矣。聘覲之禮廢，則君臣之位失，諸侯之行惡，而倍畔侵陵之敗起矣。」[21]說明禮本是先聖先王順應自然規律，來約束人民生活行為的法則，人民的行為合乎禮義規範，做事才會有條有理。如果廢棄昏姻之禮、鄉飲酒之禮、喪祭之禮、聘覲之禮，那麼社會的紛亂、國家的分崩離析，將會接踵而至。

《禮記・經解》說：「故禮之教化也微，其止邪也於未形，使人日徙善遠罪而不自知也，是以先王隆之也。」[22]說明禮是影響社會人心的一種美德，在禮教潛移默化的影響中，讓人們消除邪惡的念頭。在禮教的薰陶下，日益趨向善良，遠離罪惡，因此，古代的聖王都很重視禮教。可見禮教能順應自然的變化與人事的變遷，領導群眾循規蹈矩，共謀社會國家的長治久安。儒家的六部經典，是先聖先賢累積生活經驗與智慧，並且筆之於書，歷代相傳，以迄於今，可作為各級學校推展生命教育之圭臬。在循序漸進中，引領學生去體現生命教育的三個領域：終極關懷與實踐、倫理思考與反省、人格統整與靈性發展[23]，進而提升學生對生命的感悟，體認生命存在的價值，以開創光明的未來。

---

20 引自〔漢〕鄭玄注、〔唐〕孔穎達等正義：《禮記正義・昏義》卷68，頁1000-1001。
21 引自〔漢〕鄭玄注、〔唐〕孔穎達等正義：《禮記正義・經解》卷50，頁847。
22 引自〔漢〕鄭玄注、〔唐〕孔穎達等正義：《禮記正義・經解》卷50，頁847。
23 參見孫效智：〈高中生命教育選修課程規劃理念與展望〉。周大觀文教基金會與彰化師大主辦：高中「生死關懷」新設課程教學研討會，2004年5月22-23日，頁109-114。

（三）讀經風氣的推展

　　林慶彰教授說：「回歸原典是解決經典詮釋過程中所產生問題的良方。」[24]的確，從閱讀原典中，可以增進自己對古代禮制之理解；從闡述禮學思想中，增進自己的思辨能力。我國古籍經典，浩如煙海，特別是《書》、《易》、《詩》等經典。其中蘊藏著頗多優美的篇章，高超的思想。經由讀者，不斷地閱讀、理解和解釋而使得經典獲得權威性和神聖性。因此，大量註譯古籍，甚或加以改編重寫，使我們的下一代，得窺古籍經典的精華，沾潤民族文化的幽光，尤為一件意義深遠的工作。所以我們閱讀聖賢經典，要在生命當下的實踐與擔負中，心領神會進而身體力行之，以增進自我的德性涵養。

　　文化的傳承，胥賴教育。展閱歷史的長卷，可知中國數千年的教育思想，實以儒家的倫理道德思想為主流。孔子集三代學術思想的大成，奠定了儒家學說的理論基礎，而儒家的六部經典博大精深，深植於每一個人的思想與生活中，更是垂教萬世的金科玉律及為人處世的典範。王邦雄教授說：「天地在那裡？就在文化傳統的經典古籍中。那是幾千年來無數中國人，世代相傳而生命交會的薪傳寶藏，我們的理想王國，我們的智慧殿堂，我們的情意世界，我們的美夢城邦，都在古聖先賢的字字珠璣中，串連而成一條閃亮的珠鍊。這是我們文化的能源，是我們道德的動力，也是我們生命的方向。」[25]這的確是足以發人深省的言論，因此讀經風氣的推展，已成為讓儒家經典，向下紮根，向上發展的契機。《易經》上說：「君子慎始，差若豪釐，繆以千里。」當今要復興禮樂教化，應該由小學教育開始推展讀經運動，

---

24 參見林師慶彰著：《中國經學研究的新視野》〈中國經學史上的回歸原典運動〉（臺北：萬卷樓圖書公司，2012年），頁87。

25 參見王邦雄：《兒童讀經教育理念簡介》〈我們的呼喚與邀請──與經典同在，與聖賢同行〉（華山書院編印，2003年），頁2-3。

然後及於中學、大學，讓讀經運動蔚為書香風氣，進而營造祥和的社會國家。

四 結論

在廿一世紀知識蓬勃發展的時代，全世界的先進國家，都將教育列為國家最優先的議題，而教育的改革沒有捷徑，只有方法，那就是藉由閱讀的養成，培養公民終身學習的能力，作為知識經濟競爭的基礎。唐君毅（1909-1978）在〈為中國文化敬告世界人士宣言——我們對中國學術研究及中國文化與世界文化前途之共同認識〉一文中也說：

> 如果中國文化不被了解，中國文化沒有將來，則這四分之一的人類之生命與精神，將得不到正當的寄託和安頓；此不僅將來招來全人類在現實上的共同禍害，而且全人類之共同良心的負擔將永遠無法解除。[26]

這一番語重心長的話語，猶如當頭棒喝，並且也肯定了中華文化的命脈，有如源頭活水，永不止息，中華文化必經得起考驗，而永放光芒。更強調了要改善庸俗、功利、貪婪等特質，為了挽救文化斷層的危機，就應該以人文精神喚起人的自覺，提升人類的地位與價值。

德國哲學家黑格爾（Georg Wilhelm Friedrich Hegel, 1770-1831）說：「經典是永恆的，因為它會不斷激起讀者心靈中的理念典型。」

---

26 牟宗三、徐復觀、張君勱、唐君毅合撰：〈為中國文化敬告世界人士宣言——我們對中國學術研究及中國文化與世界文化前途之共同認識〉，《民主評論》及《再生》二雜誌，1958年之元旦號同時發表。

這的確是中肯的言論。因此，在中國語文的教學上，教師可藉由古聖先賢的智慧結晶及字字珠璣，引領學生開啟中國文學的堂奧。學生經由閱讀經典名言，領悟到生命的成長、智慧的成熟乃至悟境的提升、生命意義的持續開展，需經過千錘百練，在遇到挫折與苦難時，可以學習以平和之氣、忍耐的態度反省自我，接受挫折之挑戰。並且融會貫通經典古籍所蘊涵的哲理，以增長自己的智慧，進而提升到「佈乎四體、形乎動靜」的理想目標，以開拓自己宏觀的視野。

參考文獻

一　古籍

〔魏〕王弼、〔晉〕韓康伯注、〔唐〕孔穎達等正義：《周易正義》，臺
　　　　北：藝文印書館，1998年。

〔魏〕王肅、〔漢〕孔安國傳、〔唐〕孔穎達等正義：《尚書正義》，臺
　　　　北：藝文印書館，1998年。

〔漢〕毛亨傳、鄭玄箋、〔唐〕孔穎達等正義：《毛詩正義》，臺北：
　　　　藝文印書館，1998年。

〔漢〕鄭玄注、〔唐〕孔穎達等正義：《禮記正義》，臺北：藝文印書
　　　　館，1998年。

〔晉〕杜預注、〔晉〕孔穎達等正義：《春秋左傳正義》，臺北：藝文
　　　　印書館，1998年。

〔漢〕司馬遷：《史記》，臺北：鼎文書局，1987年。

〔漢〕班固、〔唐〕顏師古注：《漢書》，臺北：鼎文書局，1987年。

〔宋〕朱熹：《四書章句集註》，臺北：鵝湖出版社，1998年。

二　現代專著（依作者姓氏筆畫排序）

王更生：《文心雕龍讀本》，臺北：文史哲出版社，1991年。

王邦雄：《兒童讀經教育理念簡介》，華山書院編印，2003年。

呂思勉：《經子解題》，臺北：臺灣商務印書館，1972年。

林師慶彰著：《中國經學研究的新視野》，臺北：萬卷樓圖書公司，
　　　　2012年。

徐世昌纂：《清儒學案》，北京：中華書局，2008年。

彭　林：〈禮儀教育：大學素質教育不可或缺的主題〉，教育部委託清華大學舉辦「文化素質教育10周年紀念大會」，2005年11月。

孫效智：〈高中生命教育選修課程規劃理念與展望〉，周大觀文教基金會與彰化師大主辦：高中「生死關懷」新設課程教學研討會，2004年5月。

牟宗三、徐復觀、張君勱、唐君毅合撰：〈為中國文化敬告世界人士宣言──我們對中國學術研究及中國文化與世界文化前途之共同認識〉，《民主評論》及《再生》二雜誌，1958年之元旦號同時發表。

第三章
《禮記‧樂記》樂教思想的文化蘊涵*

一　前言

　　展閱歷史的長卷，可知我國音樂教育的建立，由來已久。根據文獻的記載，早在五帝之世，已有禮樂教化的施行。今文《尚書‧堯典》記載舜命夔說：「命汝典樂，教胄子」[1]；《史記‧五帝本紀》上說：「以夔為典樂，教稚子，直而溫，寬而栗，剛而毋虐，簡而毋傲。」[2]；《說文》作：「教育子」，王引之解釋說：「謹案：育子、稚子也。……內則曰：十有三年學樂誦詩舞勺成童舞象。是入學習樂，在未冠之時。凡未冠者通謂之稚子。」（《經義述聞‧尚書上》）足見上古時代青少年自幼即接受音樂教育的薰陶[3]。《周易‧賁卦‧象傳》說：「觀乎天文，以察時變；觀乎人文，以化成天下。」[4]觀察天文，可以察知時代的變化；觀察人文，可以推行教化促進天下的昌明。所以《禮記‧經解》上說：「廣博易良，樂教也。」這句話充分顯示了

---

* 本文刊登於二〇二〇年十月二十八日《孔孟月刊》第五十九卷第一、二期。

1 〔魏〕王肅、〔漢〕孔安國傳、〔唐〕孔穎達等正義：《尚書正義‧堯典》（臺北：藝文印書館，1998年）卷3，頁46。

2 〔漢〕司馬遷：《史記‧五帝本紀》（臺北：鼎文書局，1987年）卷1，頁39。

3 參見徐復觀：《中國藝術精神》（臺北：臺灣學生書局，1996年），頁2。

4 〔魏〕王弼、〔晉〕韓康伯注、〔唐〕孔穎達等正義：《周易正義‧賁卦‧象傳》（臺北：藝文印書館，1998年）卷3，頁62。

音樂有潛移默化，陶冶心性的功效。《禮記・樂記》也說：「樂也者，聖人之所樂也，而可以善民心，其感人深，其移風易俗，故先王著其教焉。」[5]正說明了經過樂教的薰陶，可以改善人心，移風易俗。從樂教的推廣與流行，可以觀察民風的淳厚與澆薄，所以古代的聖君特別注意樂教的功效。

孔穎達（西元574年-西元648年）《禮記正義》引鄭玄〈目錄〉說：「名曰《樂記》者，以其記樂之義。此於《別錄》屬《樂記》。蓋十一篇合為一篇，謂有〈樂本〉、有〈樂論〉、有〈樂施〉、有〈樂言〉、有〈樂禮〉、有〈樂情〉、有〈樂化〉、有〈樂象〉、有〈賓牟賈〉、有〈師乙〉、有〈魏文侯〉。今雖合此，略有分焉。」[6]又說：「案《藝文志》云：「黃帝以下至三代，各有當代之樂名。孔子曰：『移風易俗，莫善於樂也。』周衰禮壞，其樂尤微，以音律為節，又為鄭、衛所亂，故無遺法矣。漢興，制氏以雅樂聲律，世為樂官，頗能記其鏗鏘鼓舞而已，不能言其義理。武帝時，河間獻王好博古，與諸生等共採《周官》及諸子云樂事者，以作《樂記》事也。」[7]〈樂記〉一篇的記載，亦見於《史記・樂書》、《荀子・樂論》等書，可見〈樂記〉這篇是其來有自的。音樂是以義理為本，以器數為用的。樂器常隨時代而變遷，樂理則是通古今而長存的。這一篇講樂理極精，到現在還有很高的價值。[8]本文即從傳統的儒家思想，來探究《禮記・樂記》樂教思想的本質、人文關懷、時代意義，期盼在資訊科技文明發達的時代，而人文思想低落，校園倫理日漸式微之際，各級學

5　〔漢〕鄭玄注、〔唐〕孔穎達等正義：《禮記正義・樂記》（臺北：藝文印書館，1998年）卷38，頁678。

6　〔漢〕鄭玄注、〔唐〕孔穎達等正義：《禮記正義・樂記》卷37，頁662。

7　同上註。

8　參見高明：《禮學新探》（香港：香港中文大學，1963年），頁48。

校就應該加強〈樂記〉樂教思想所蘊涵人文關懷的闡釋，並擷取亙古不變的音樂義理，作為人們日常生活之典範，以匡正社會風氣，在怡情養性中，進而提升現代人的人文素養。

二　儒家樂教思想的本質

　　《禮記‧樂記》說：「凡音之起，由人心生也，人心之動，物使之然也。感於物而動，故形於聲。聲相應，故生變，變成方，謂之音；比音而樂之，及干戚羽旄，謂之樂。」[9]由此可知，凡是聲音的發作，都是起源於人心的活動。音樂是由人的內心受到外物所感而產生，因為反應不同，所以發出的聲音也不一樣，再配合樂器的演奏及跳舞的動作，就形成音樂。孔子以「興於詩，立於禮，成於樂」〈泰伯〉的宗旨，教育弟子由〈詩〉入禮，最後入樂，並以音樂的感化功能施之於教育上。茲述我國樂教思想的本質，如下：

（一）中和

　　《中庸》上說：「喜、怒、哀、樂之未發，謂之中，發而皆中節，謂之和。中也者，天下之大本也，和也者，天下之達道也。」《禮記‧樂記》又說：「樂，樂其所自生。」[10]可見音樂是人們內在歡娛心情的表現，樂由心生，人心感於物而動，於是創造聲音，聲音是音樂表現在外的形式，所以能傳達作樂者「喜、怒、哀、樂」的情感，經由音樂藝術的啟發，深植人心，使人心性平和，可見儒家推行樂教的旨趣，就是要人們體悟到音樂中和之美的目標。茲舉《禮記‧樂記》所述為例：

9　〔漢〕鄭玄注、〔唐〕孔穎達等正義：《禮記正義‧樂記》卷37，頁662。
10　〔漢〕鄭玄注、〔唐〕孔穎達等正義：《禮記正義‧樂記》卷38，頁684。

先王恥其亂，故制《雅》、《頌》之聲以道之，使其聲足樂而不
流，使其文足論而不息，使其曲直、繁瘠、廉肉、節奏，足以
感動人之善心而已矣，不使放心邪氣得接焉。是先王立樂之方
也。[11]

上述引文，說明古代賢君重視音樂有感動社會人心，使人民心性和善
的功效。因此先王憎惡邪亂的民風，所以創制了《雅》和《頌》的樂
歌來教化人民。優美的樂歌，要求詞意明晰而不晦澀，使得曲折、平
直、繁雜、簡潔、細微、洪亮等不同聲調，呈現相得益彰的樂音節
奏，進而激發人們向善之心志，可見音樂表現了天地間的協同一致，
使人民內心快樂而不放縱情慾，心性中和美善，充分顯示了傳統音樂
具有潛移默化，陶冶心性的功效。所以《禮記·樂記》說：「樂者天
地之和也」[12]《荀子·樂論》也說：「故樂者，天下之大齊也，中和之
紀也，人情之所必不免也。」[13]可見音樂所表現的中和本質，是萬物
和諧的綱紀。孔子深知音樂對社會人心影響的重大，因此在提倡樂教
時，明白的指出雅樂應具有中和之美，所以太師摯演奏《詩經·國
風·周南·關雎》，表現出「樂而不淫，哀而不傷」的境界，優美的
樂聲餘音繞梁不絕於耳，可以化暴戾為祥和，收到良好的教化效果。

（二）美善

《尚書·堯典》對舜樂大加讚美說：『八音克諧，無相奪倫，神
人以和。』[14]，因為堯舜的仁愛精神，融透到「韶」樂中間去，形成

---

11 〔漢〕鄭玄注、〔唐〕孔穎達等正義：《禮記正義·樂記》卷39，頁700。
12 〔漢〕鄭玄注、〔唐〕孔穎達等正義：《禮記正義·樂記》卷37，頁672。
13 〔清〕王先謙：《荀子集解》（臺北：藝文印書館，1973年）卷14，頁629。
14 〔魏〕王肅、〔漢〕孔安國傳、〔唐〕孔穎達等正義：《尚書正義·堯典》卷3，頁46。

了與樂的形式完全融合統一的內容，仁是道德，樂是藝術。[15]所以孔子評論音樂的標準，是以美善合一為最高境界。《史記‧孔子世家》說：「三百五篇，孔子皆弦歌之，以求合韶武雅頌之音。」[16]可見詩三百篇皆可誦歌弦舞，發揮樂教中和美善的真諦。茲舉《禮記‧樂記》所述為例：

> 論倫無患，樂之情也；欣喜歡愛，樂之官也。[17]
> 昔者，舜作五弦之琴以歌《南風》，夔始制樂以賞諸侯。故天子之為樂也，以賞諸侯之有德者也。德盛而教尊，五穀時熟，然後賞之以樂。[18]

上述引文，說明音樂內在的精神，是節奏和諧而不混亂；音樂欣賞的功能，是情緒的紓解，欣喜歡愛的表徵。據說古代，舜創制了五弦琴，用來伴唱《南方》詩，和煦的南風猶如慈母的愛，長養子女使他們茁壯成長，而孝子歌頌之，象徵自己得到父母的教養已長大成人，猶如南風讓萬物日益滋長。夔最初創制音樂，用來賞賜給諸侯。由此可見，古代賢君創制音樂的目的，是用來賞賜給有德行的諸侯的。德行盛大，尊崇教化的諸侯，政治清明，五穀豐收，使得百姓生活安樂，然後才會得到音樂的賞賜。所以孔子說：「《韶》，盡美矣！又盡善也。《武》，盡美矣！未盡善也。」（《論語‧八佾》）「韶」是舜樂，

15　參見徐復觀：《中國藝術精神》，頁15。
16　〔漢〕司馬遷：《史記‧孔子世家》（臺北：鼎文書局，1987年）卷47，頁1936。
17　〔漢〕鄭玄注、〔唐〕孔穎達等正義：《禮記正義‧樂記》卷37，頁669。
18　〔漢〕鄭玄注、〔唐〕孔穎達等正義：《禮記正義‧樂記》：「《南風》，詩名，是孝子之詩。南風，長養萬物，而孝子歌之，言己得父母生長，如萬物得南風生也。舜有孝行，故以此五弦之琴歌《南風》之詩，而教天下之孝也。此詩今無，故鄭注云：「其辭未聞也。」卷38，頁677。

「武」是武王之樂，孔子對於韶武音樂的欣賞，不僅衡量到它們形式的美與不美，而且還衡量到它們內容的盡善與不盡善，這正是欣賞音樂的正途。[19]因為舜樂表彰舜有德，接受堯的禪讓，恭己正南面而天下大治，其後又不私天下，讓位給禹，這種大公無私的精神，最為孔子所贊美，推為盡善。[20]可見音樂具有感人至深的特點，音樂在進行移風易俗，道德教化的過程中，往往深受聖明君王的重視。

三　儒家樂教思想的人文關懷

《尚書》中記載舜命夔典樂之事，其中說：「帝曰：『夔，命汝典樂，教胄子。直而溫，寬而栗，剛而無虐，簡而無傲。」[21]這段記載可說是我國樂教之始，說明舜帝命令夔掌管音樂教育，來教導天子及卿大夫的長子，因為音樂可以陶冶人的情性，使人正直而溫和，寬大而敬謹，剛強而不苛虐，簡易而不傲慢。正說明為政者施政應該「樂節禮樂」、「文之以禮樂」來化民成俗，以導正不良的社會風氣。所以孔子說：「文之以禮樂，亦可以為成人矣」（〈論語・憲問〉），可見禮樂教化的薰陶，是人格完備的成人應具備的基本條件。茲臚列儒家樂教思想的人文關懷，如下：

（一）萬物和諧的體現

《禮記・樂記》說：「致樂以治心，則易直子諒之心油然生矣。易直子諒之心生則樂，樂則安，安則久。」[22]又說：「故樂者……所以

---

19 參見高明：《孔學管窺》〈孔子的樂教〉（臺北：廣文書局，1972年），頁140。
20 參見林義正：《孔子學說探微》〈論孔子思想的基本格式〉（臺北：東大圖書公司，1987年），頁14。
21 〔魏〕王肅、〔漢〕孔安國傳、〔唐〕孔穎達等正義：《尚書正義・堯典》卷3，頁46。
22 〔漢〕鄭玄注、〔唐〕孔穎達等正義：《禮記正義・樂記》卷39，頁698。

合和父子君臣，附親萬民也，是先王立樂之方也。」[23]說明傳統音樂教育有陶冶心性，使父子君臣關係和諧，使人民生活安樂，推而廣之，可以使萬物繁茂滋長，這就是先王製作音樂的目的。因此，孔子要求人們要聽雅樂，遠淫音，使心性平和。茲舉《禮記・樂記》所述為例：

> 樂者，天地之和也。禮者，天地之序也。和故百物皆化，序故群物皆別。化，猶生也。樂由天作，禮以地制。言法天地也。過制則亂，過作則暴。明於天地，然後能興禮樂也。[24]

此段引文的意涵，說明音樂是自然和諧的體現，禮是天地自然井然有序的表現，因為禮樂和諧有秩序，才使得天地萬物能夠生生不息。樂是取象於天時循環變化的原則而製作的；禮則是取法於土地生養萬物，各有所宜的原則而製作的。《荀子・樂論》說：「故樂在宗廟之中，群臣上下同聽之，則莫不和敬；閨門之內，父子兄弟同聽之，則莫不和親；鄉里族長之中，長少同聽之，則莫不和順。」[25]由此可知，古聖先賢洞徹天地間陰陽調和，萬物得以孳生的原理，在宗廟中聆聽音樂，可以促進君臣上下感情的融洽而互相尊敬；在宗族鄉里中聆聽音樂，就會使長幼感情和諧而互相依順；在家門之內聆聽音樂，可以增進父子感情和睦而互相親愛。可見音樂能夠融洽倫理親情與君仁臣忠的情義，推而廣之，使萬民親和歸順，這是古聖先王立樂的宗旨之所在。孔子、荀子二位儒家代表，將「禮」、「樂」相提並論，認為二者可以相輔相成，進而營造井然有序、和諧融洽的祥和社會，使得國家富強，人民安居樂業，共享太平盛世。

23　〔漢〕鄭玄注、〔唐〕孔穎達等正義：《禮記正義・樂記》卷39，頁700。
24　〔漢〕鄭玄注、〔唐〕孔穎達等正義：《禮記正義・樂記》卷37，頁669。
25　〔清〕王先謙：《荀子集解》卷14，頁628。

（二）美善人格的彰顯

孔子注重禮樂教育，認為禮樂之美，最基本的就是在修養「文質彬彬，然後君子。」的高雅氣質。文質彬彬，正說明孔子將規範品德的禮教與修養心性的樂教，作為教化人民的指標。《禮記・樂記》說：「禮以道其志，樂以和其聲」[26]，就是用禮來引導人民的行言行舉止，使他們能夠克己復禮；用音樂來調和心性，以培養人民具有和順高雅的氣質，就是這個道理。茲舉《禮記・樂記》所述為例：

> 故聽其《雅》、《頌》之聲，志意得廣焉；執其干戚，習其俯仰詘伸，容貌得莊焉；行其綴兆，要其節奏，行列得正焉，進退得齊焉。故樂者，天地之命，中和之紀，人情之所不能免也。[27]

此段引文，論述先王創作音樂體現了天地間中和的條理，可以感動人心，使人心性和善。人們聽到《雅》、《頌》之類的音樂，可以使心胸變得寬大；拿著干戚的舞具，練習著俯、仰、屈、伸等舞姿，會使人的儀態變得端莊，舉止合乎規範，可見音樂教育是維持社會和諧關係的綱紀。干戚羽旄表達了禮樂形式之美，欣賞音樂並不只是為了滿足耳目之歡，更重要的是要體會禮樂文明，可以引領人心向善的旨趣。唯有融合美與善，可以達到「中和」境界的音樂，才能達到美善人格的教育目標。孟子說：「仁言，不如仁聲之入人深也，善政，不如善教之得民也。善政，民畏之；善教，民愛之。」（《孟子・盡心上》）趙歧加以注解說：「仁聲，樂聲，雅頌也。」說明君王施行政令法度，不如音樂教化可以收到潛移默化、感動人心的功效，這的確是中

26　〔漢〕鄭玄注、〔唐〕孔穎達等正義：《禮記正義・樂記》卷37，頁663。
27　〔漢〕鄭玄注、〔唐〕孔穎達等正義：《禮記正義・樂記》卷39，頁701。

肯的言論。孔子說：「人而不仁，如禮何？人而不仁，如樂何？」
（《論語・八佾》）就是把仁愛作為引領人心向善的禮樂教育目標，因
此，要涵養完美人格，最終必須透過音樂教育的陶冶來完成。

（三）政治教化的表徵

　　《國語・周語下》說：「夫政象樂，樂從和，和從平。」的確，
唯有掌握「禮樂」的道德規範，君仁臣忠、父慈子孝、兄友弟恭、夫
義婦聽、長惠幼順等倫常義行，定可以早日付之實現。《荀子・樂
論》也說：「樂者，聖人之所樂也。而可以善民心，其感人深，其移
風易俗。故先王導之以禮樂，而民和睦。」[28]說明透過禮樂教化的薰
陶，可以化性起偽，使人的理智、情感得到平衡暢達的發展；音樂感
人至深，沁人心脾，可以收到移風易俗，導正社會不良風氣的功效。
可見禮樂教化是君王感化人心，化民成俗，樹立德範，使人民和睦相
處的基石。茲舉《禮記・樂記》所述為例：

> 凡音者，生人心者也。情動於中，故形於聲。聲成文，謂之
> 音。是故，治世之音安以樂，其政和。亂世之音怨以怒，其政
> 乖。亡國之音哀以思，其民困。聲音之道，與政通矣。[29]

說明太平盛世的音樂安祥而愉快，反映出政治的安和；亂世的音樂怨
歎而忿恨，反映出政治的乖舛；國家滅亡的音樂悲哀而愁思，反映出
人民的流離困苦。
　　由此可見音樂的興起，一方面有教化人民的功效，一方面也可以
了解社會風氣與施政之得失，為政者對於樂教的推展，豈能不慎。

---

28 〔清〕王先謙：《荀子集解》卷14，頁630。
29 〔漢〕鄭玄注、〔唐〕孔穎達等正義：《禮記正義・樂記》卷37，頁663。

《左傳》記載「季札觀樂」就是顯例。先秦諸子之中，儒家最重視禮樂制度，所以論禮樂制度也最為詳備。《荀子·樂論》說：「樂也者，和之不可變者也；禮也者，理之不可易者也。樂合同，禮別異。禮樂之統，管乎人心矣！窮本極變，樂之情也；著誠去偽，禮之經也。」[30]荀子認為禮樂教化是經邦濟世不可或缺的利器，樂動於內，可以調和人的心性；禮動於外，可以整飭人的行為。有禮而無樂，那麼生活容易流於枯寂而無趣；有樂而無禮，又會流為邪淫放蕩，二者必需要相輔相成，透過禮樂教化的薰陶，可以陶冶人們的情性，以修養完美的人格。

四 儒家樂教思想的時代意義

在先秦諸子之中，儒家最重視禮樂制度，孔子提出「以樂修身，以樂治國」的樂教理想，對後代有深遠的影響。《禮記·樂記》說：「是故先王之制禮樂也，非以極口腹耳目之欲也，將以教民平好惡而反人道之正也。」[31]荀子也說：「樂者，聖人之所樂也，而可以善民心，其感人深，其移風易俗，故先王導之以禮樂而民和睦。」[32]（《荀子·樂論》）都是強調音樂具有感動人心、怡情養性、潛移默化、移風易俗的教化作用，所以聖明的君王注重樂教的推展。茲述儒家樂教思想的時代意義，如下：

（一）推展禮樂教化

孔子繼承周公制禮作樂的精神，替人民定倫常，使人民日常生活

---

30 〔清〕王先謙：《荀子集解》卷14，頁632。
31 〔漢〕鄭玄注、〔唐〕孔穎達等正義：《禮記正義·樂記》卷37，頁665。
32 〔清〕王先謙：《荀子集解》卷14，頁630。

有道揆法守，以化民成俗，因此提出「以禮化民」、「以樂教民」的政治理想目標。在《論語》中，子路請教孔子成人的條件為何？孔子回答說：「若臧武仲之知，公綽之不欲，卞莊之勇，冉求之藝，文之以禮樂，亦可以為成人矣！」（《論語‧憲問》）由此可知，美善音樂的薰陶，在修養美善的人格上，具有舉足輕重的地位。《禮記‧樂記》說：「禮以道其志，樂以和其聲」，[33]指出聖人洞悉天地間自然的變化，所以制禮作樂來化育人民，經由禮教的培育，引導人民能夠克己復禮，言行循規蹈矩；施行樂教的陶冶，以培養人民溫和美善的氣質。推展禮樂教化的功效，可以使社會人心純美和諧，社會秩序井然有序，可見孔子的禮樂教育思想，是人們德性修養的根源，也是傳統倫理道德的磐石。

　　《禮記‧樂記》說：「禮樂不可斯須去身。……故樂也者，動於內者也；禮也者，動於外者也。樂極和，禮極順，內和而外順，則民瞻其顏色而弗與爭也，望其容貌而民不生易慢焉。」[34]強調禮樂教化的重要，人生於世，不可以片刻離開禮文樂教。古代的聖王對於音樂極為重視，強調至美的音樂深植人心，使人心性溫和善良；至善的禮儀，使人儀態恭敬謙順。而內心和暢而外貌恭順的人，便可以廣結善緣，受到別人的尊敬。可見要修養完美的人格，就必須透過禮樂的陶冶來完成。因此《孝經‧廣要道章》說：「安上治民，莫善於禮；移風易俗，莫善於樂。」[35]正說明禮樂教化與國家的興衰治亂休戚相關，孔子所謂的「樂」，不是一般的世俗音樂，而是西周時期以詩入乎樂，以樂行乎禮，結合詩、樂以行乎禮教的「雅樂」，以「樂而不

33　〔漢〕鄭玄注、〔唐〕孔穎達等正義：《禮記正義‧樂記》卷37，頁663。

34　〔漢〕鄭玄注、〔唐〕孔穎達等正義：《禮記正義‧樂記》卷39，頁698-699。

35　〔唐〕元宗明皇帝注、〔宋〕邢昺疏：《孝經正義‧廣要道章》（臺北：藝文印書館，1998年）卷6，頁43。

淫，哀而不傷」為美，亦即以無過猶不及之「中和」為美，孔子即是
欲藉中和之樂，使人心獲得教化薰陶，由此以培養與喚醒人們的道德
心，以達成對倫理、社會及政治的教化目的。[36]在資訊科技發達的二
十一世紀，盱衡寰宇，坊間流行的音樂，雅俗參半，我們應該學習孔
子辨別雅音與鄭聲，落實孔子提倡樂教化以陶冶人心，進而建立純正
和樂的社會風氣。

（二）提升仁愛風氣

孔子認為音樂的真諦，就是儒家的仁愛思想，也是一切德行的根
源。「仁」字從人二，正表示人與人的關係，達到圓滿和諧的境界。
孔子體認人的本質是「仁」，以「仁」做道德實踐的根源，希望建構
一個「君君、臣臣、父父、子子」（《論語・顏淵》）充滿仁愛風氣的
國家，要達成這個理想目標，首要之途，就是人人體現具有「仁德、
中和」內涵的禮樂制度，而不是徒具形式、流於繁文縟節的世俗禮
樂。孔子認為人應該靠著仁心的自覺，找到人生價值的內在根源，而
通過內省默識、遷善改過的功夫以自立自強。《禮記・儒行》說：「禮
節者，仁之貌也……歌樂者，仁之和也。」[37]正說明仁愛是禮樂教化
的表徵，更是塑造良好的道德人格，建設和諧完善國家的圭臬。

《禮記・樂記》說：「樂也者，聖人之所樂也，而可以善民心，
其感人深，其移風易俗，故先王著其教焉。」[38]正說明了從禮樂教化
的推廣與流行，可以觀察民風的淳厚與澆薄，所以古代的聖君特別重
視樂教，企盼提升社會仁愛的風氣。《禮記・樂記》說：「仁近於樂，

---

36 參見李美燕：〈「和」與「德」——柏拉圖與孔子的樂教思想之比較〉，《藝術評論》
　　第20期（2010年12月），頁137。

37 〔漢〕鄭玄注、〔唐〕孔穎達等正義：《禮記正義・儒行》卷59，頁979。

38 〔漢〕鄭玄注、〔唐〕孔穎達等正義：《禮記正義・樂記》卷38，頁678。

義近於禮。」[39]孔子積極提倡樂教，正因為在仁中有樂，在樂中有仁的緣故。樂的本質與仁的本質，二者可以兼容並蓄，道德可以充實藝術的內容，藝術也可助長、安定道德的力量。音樂的根本目的，就在表現與陶冶人類的情性，使人與人之間互敬互愛，進而樹立高尚的人格，這是孔子最高遠的音樂哲學。[40]所以古之聖王透過雅樂的教化薰陶，以喚起仁心之呈現，使人有和諧圓滿的人生，進而向外推拓一己之道德關懷，由親親、仁民而愛萬物，達到人與天地萬物和諧為一的最高境界。[41]可見，禮樂教化是道德教育的根本，人民之喜、怒、哀、樂、敬、愛諸種心理變化，經常受到音樂教育的薰陶與感化，所以「上行之，則民從之」[42]（《禮記‧樂記》）可見提升仁愛風氣，是推展音樂教育不可以偏廢的人文教育目標。

（三）落實人文關懷

人文精神是中華文化的支柱，也是維繫倫理道德的基石。人文一詞，最早見於《周易‧賁卦‧彖傳》，所謂：「觀于人文，以化成天下。」[43]《尚書‧舜典》說：「帝曰：契，百姓不親，五品不遜，汝作司徒，敬敷五教，在寬。」[44]《孟子‧滕文公上》上說：「人之有道也，飽食煖衣，逸居而無教，則近於禽獸。聖人有憂之，使契為司徒，教以人倫，父子有親、君臣有義、夫婦有別、長幼有序、朋友有

39　〔漢〕鄭玄注、〔唐〕孔穎達等正義：《禮記正義‧樂記》卷37，頁671。

40　參見謝淑熙：《道貫古今──孔子禮樂觀所蘊含之教育思想》（臺北：秀威資訊科技公司，2005年），頁156-157。

41　參見李美燕：〈「和」與「德」──柏拉圖與孔子的樂教思想之比較〉，頁137。

42　〔漢〕鄭玄注、〔唐〕孔穎達等正義：《禮記正義‧樂記》卷39，頁692。

43　引自〔魏〕王弼、〔晉〕韓康伯注、〔唐〕孔穎達等正義：《周易正義‧賁卦‧彖傳》卷3，頁62。

44　《尚書‧舜典》傳：「五品：謂五常（即五倫）。遜，順也。布五常之教在寬，所以得人心。」

信。」又說:「夏曰校,殷曰序,周曰庠,學則三代共之,皆所以明人倫也。」足以證明自至聖先師孔子以來,歷代的思想家,都特別重視「以人為本」的教育思想,認為人而無教,則行為近於禽獸。孔子雖然注重人倫道德的實踐,但也不忽略藝術的涵養,並且注重音樂內容之美善。

根據《論語‧八佾》的記載,孔子認為上古時虞舜時所制定的《韶》樂,音調極為優美,內容又能感動人心,稱得上是「盡美盡善」,周武王時所制定的《武》樂,音調旋律亦佳,但在意境上歌頌武王武功,充滿肅殺之氣,「盡美」不「盡善」。從舜的德行事功來肯定《韶》樂的盡善盡美,可見孔子重視音樂的政治教化功能,他將審美追求擴展到倫理道德與政治理想上。德國哲學家黑格爾(Georg Wilhelm Friedrich Hegel, 1770-1831)說:「樂的內容不只包括精神洋溢的情感,而且更包含內容的精華或寓有較高教義的內容。」[45]孔子把藝術的盡美,和道德的盡善(仁),融和在一起,這是因為音樂的本質,與仁的本質,本有其自然相通相融之處。[46]所以《禮記‧樂記》說:「樂者,天地之和也。」[47]說明音樂是人心自然和諧的表現,也是落實人文關懷的基石。如果「樂教」與「禮教」相輔相成,可以落實人文關懷,端正社會人心,對於安邦定國裨益良多。

五 結論

曾國藩(1811-1872)說:「風俗之厚薄奚自乎?一二人心之所

---

45 參見黑格爾著、朱光潛譯:《美學》(北京:商務印書館,1978年)第三卷,上冊,頁352。

46 參見徐復觀:《中國藝術精神》第一章〈由音樂探索孔子的藝術精神〉,頁15。

47 〔漢〕鄭玄注、〔唐〕孔穎達等正義:《禮記正義‧樂記》卷37,頁669。

嚮。」盱衡臺灣社會的發展，功利之風猖獗，價值體系低俗，暴戾之氣甚囂塵上，主因在於人們的心靈，沉淪在功利與物欲中，遠離了文化的源頭活水。今日臺灣的病原，在於喪失了維繫社會安定的文化價值。雖然在大眾傳播媒體，經常介紹種種有關文化的各項活動，但是臺灣社會上普遍欠缺的，乃是文化的主流意識，因此我們必須認真思考，如何建構一套幫助我們走向未來的文化價值系統。文化的傳承，胥賴教育。展開歷史的長卷，可知中國數千年的教育思想，實以儒家的倫理道德思想為主流。梁啟超（1873-1929）先生曾說：「中國民族之所以存在，因為中國文化存在，而中國文化離不了儒家，若把儒家抽出，中國文化恐怕沒有多少東西了。」[48]洵非虛言，也彰顯了儒家思想，不僅是我們精神生活的全部，而且是我們修齊治平的準繩。

　　根據美國教育家豪爾‧迦納博士（Dr. Howard Gardner）在一九八三年出版了《智力架構》（*Frames of mind*）一書，提出多元智慧論，認為人類具有語文智能、邏輯數學智能、空間智能、肢體——動覺智能、音樂智能、人際智能、內省智能、自然觀察者智慧等八項智慧。而我國儒家的「六經」之教，正與美國教育家所提的八項智能，有異曲同工之妙。儒家對於生活美感之教養，實以「禮樂美典」為主，由日常禮樂文化之實踐，培養士君子雍容之氣度，以及中正平和之心靈。《禮記‧樂記》說：「凡音者，生於人心者也。樂者通倫理者也。」[49]可見孔子以禮樂立教，對於培養仁德美善的人格修養是影響深遠的。孔子集三代學術思想的大成，奠定了儒家學說的理論基礎，而孔子的禮樂學說博大精深，深植於每一個人的思想與生活中，更是垂教萬世的金科玉律及為人處世的典範。儒家的樂教傳統，苞蘊宏富，源遠而流長，是當今學校教育不可以偏廢的人文教育目標。

---

48 參見梁啟超：《清代哲學概論》（天津：天津古籍出版社，2004年），頁106。
49 〔漢〕鄭玄注、〔唐〕孔穎達等正義：《禮記正義‧樂記》卷37，頁665。

參考文獻

一 古籍（依《四庫全書》分類法）

〔魏〕王弼、〔晉〕韓康伯注、〔唐〕孔穎達等正義：《周易正義》，臺
　　北：藝文印書館，1998年。

〔漢〕毛亨傳、鄭玄箋、〔唐〕孔穎達等正義：《毛詩正義》，臺北：
　　藝文印書館，1998年。

〔漢〕鄭玄注、〔唐〕孔穎達等正義：《禮記正義》，臺北：藝文印書
　　館，1998年。

〔晉〕杜預注、〔晉〕孔穎達等正義：《春秋左傳正義》，臺北：藝文
　　印書館，1998年。

〔漢〕趙岐注、舊題宋・孫奭疏：《孟子注疏》，臺北：藝文印書館，
　　1998。

〔漢〕司馬遷：《史記》，臺北：鼎文書局，1987年。

〔魏〕何晏集解、〔宋〕邢昺疏：《論語注疏》，臺北：藝文印書館，
　　1998年。

〔唐〕元宗明皇帝注、〔宋〕邢昺疏：《孝經正義》，臺北：藝文印書
　　館，1998年。

〔宋〕朱熹：《四書章句集註》，臺北：鵝湖出版社，1998年。

〔清〕王先謙：《荀子集解》，臺北：藝文印書館，1973年。

二 現代專著（依作者姓氏筆畫排序）

王夢鷗：《禮記今註今譯》，臺北：臺灣商務印書館，1972年。

黑格爾著、朱光潛譯：《美學》，北京：商務印書館，1978年。

林素玟《禮記人文美學探究》，臺北：文津出版社，2001年。

林義正：《孔子學說探微》，臺北：東大圖書司，1987年。

周　何：《古禮今談》，臺北：國文天地雜誌社，1992年。

高　明：《孔學管窺》，臺北：廣文書局，1972年。

高　明：《禮學新探》，香港：香港中文大學，1963年。

梁啟超：《清代哲學概論》，天津：古籍出版社，2004年。

徐復觀：《中國藝術精神》，臺北：臺灣學生書局，1981年。

張蕙慧：《儒家樂教思想研究》，臺北：文史哲出版社，1985年。

張蕙慧：《中國古代樂教思想論集》，臺北：文津出版社，1991年。

彭　林：《中國古代禮儀文明》，北京：中華書局，2004年。

駱承烈：《孔學研究》，濟南：齊魯書社，2002年。

三　期刊論文

李美燕：〈「和」與「德」──柏拉圖與孔子的樂教思想之比較〉，《藝術評論》第20期（2010年12月）。

孫星群：〈禮樂中和與中道和諧──中國先秦與古代希臘音樂美學思想比較〉，《音樂藝術》第2期（1992年）。

鍾　昱：〈試比教較《樂記》與《理想國》的音樂觀〉，《音樂探索》第1期（2003年）。

四　碩博士論文

林玫伶：《孔子美育思想研究》，臺北：臺灣師範大學教育研究所碩士論文，1995年。

林素玫：《禮記人文美學研究》，臺北：臺灣師範大學國文研究所博士論文，1998年。

謝淑熙：《孔子禮樂觀所蘊含之教育思想研究》，臺北：臺灣師範大學國文研究所碩士論文，2004年。

第四章
《禮記‧仲尼燕居》禮學思想析論[*]

一　前言

　　中華文化，經緯萬端，源遠流長，孔子猶如一顆慧星，在歷史道統的傳承、禮樂教化的推展上，深廣而永恆，成為人們「內在人格世界的醒豁」及「普遍人間善化」的典範，並且將禮樂的本質統攝於內心的仁德，來教育弟子。[1]儒家的禮教，可以培育人具有恭、儉、莊、敬的美德，這是為人處世、立身於世的根本。維繫人倫關係的禮制，雖然會隨著時代的變遷而改異，但是某些必須共同遵守的行為準則和道德規範，卻不會隨朝代的更迭而改弦易轍，仍然是人人必須遵守的。因此《禮記‧坊記》說：「禮者，因人之情，而為之節文，以為民坊者也。」[2]可見禮是順應人的常情而制定的節文，用作為人民言談舉止的規範。而禮的節文為末，其根本在仁。禮的內在基礎就是「仁義」，人的生命要安頓於仁義之中，才能進入道德理性的理想世界，進而培養美善的人格。

　　孔穎達《禮記正義》引鄭玄《目錄》說：「名曰〈仲尼燕居〉者，善其不倦，燕居猶使三子侍之，言及於禮。著其字，言事可法。

---

[*]　本文刊登於二○二一年六月二十八日《孔孟月刊》第五十九卷第九、十期。

1　參見蔡仁厚：《孔孟荀哲學》第二章〈孔子對文化的貢獻〉（臺北：臺灣學生書局，1984年），頁42。

2　引自〔漢〕鄭玄注、〔唐〕孔穎達等正義：《禮記正義‧坊記》（臺北：藝文印書館，1998年）卷51，頁863。

退朝而處曰燕居。此於《別錄》屬《通論》。」此之一篇，是仲尼燕居，子張、子貢、言游三子侍側，孔子為說禮事，各依文解之。」吳澄《禮記纂言》：「取篇首四字為名。」這是一種很正確的說法。[3]全篇所敘述的是「禮」，而不是「仲尼燕居」。本篇名「仲尼燕居」，下篇稱「孔子閒居」，前人或以為時人所記者稱「仲尼」；弟子所記者稱「孔子」。鄭玄復謂：「退朝曰燕居，退燕曰閒居」。今按：兩篇之中，莫非弟子問答之辭，既難分孰為弟子所記。[4]〈仲尼燕居〉一篇篇首云：「仲尼燕居，子張、子貢、子游侍，縱言至於禮。」可見孔子以「有教無類，誨人不倦」的精神，引領莘莘學子進德修業。平日與弟子談話，泛論諸事，漸談到禮。並希望弟子將禮推廣到普天下，人人能克己復禮，一方面為實現仁政德治的理想，進而培養德才兼備的治世能人；另一方面是教人立身處世之道，即倫理道德思想，以加強自我修養。

二　〈仲尼燕居〉中孔門弟子志行略述

從《論語》中，可以見到孔子與弟子們的嘉言與懿行，禮儀或行為規範的學習，是孔子指導學生德行修養的重要一環。孔門之學，最講求的是做人的道理，以德行為本、知識為次。孟子說：「頌其詩，讀其書，不知其人，可乎？是以論其世也。是尚友也。」（《孟子·萬章下》）的確，知人論世，是讀書第一要事。知人，是對人的生命情性、才識性能有相應的品鑑與恰當的論斷；論世，必須通達事理，才能掌握時代之脈動，衡情度理，辨義於微。[5]此實為中肯之言。〈仲尼

3　參見高明：《禮學新探》（香港：香港中文大學，1963年），頁53。
4　參見王夢鷗：《禮記今註今譯》（臺北：臺灣商務印書館，1972年），頁659。
5　參見蔡仁厚：《論語人物論》〈自序〉（臺北：臺灣商務印書館，1996年），頁3。

燕居〉一文中，子張、子貢、子游，隨侍在側，向孔子請教禮。茲依據《論語》所述，略述子張、子貢、子游的人格型範如下：

（一）子張

子張（西元前503年-？）姓顓孫，名師，子張是他的字；少孔子四十八歲。《史記弟子列傳》記載是春秋陳國人。子張志高意廣，在孔門弟子中，氣象獨稱闊大，度量特顯寬弘。[6] 從《論語‧子張》上所述，可以了解他的言行：

> 子張曰：「執德不弘，信道不篤，焉能為有？焉能為亡？」
> 子張曰：「君子尊賢而容眾，嘉善而矜不能。」
> 子張曰：「士見危致命，見得思義，祭思敬，喪思哀，其可已矣。」[7]

子張主張將自己堅守的道德加以弘揚，強調實踐力行的重要。君子要尊重賢人，包容眾人；讚揚善人，同情弱者。孔子對讀書人的要求之一便是要能行仁義，而子張所言：「見危致命，見得思義」，指的便是君子遇到危難，需要自己犧牲生命的時候，他可以毫不猶豫，勇於奉獻，以虔誠的心意祭祀祖先，居喪時內心悲哀。由此可見，子張是位才高志廣、懂得敬祖知禮的人。

（二）子貢

子貢（西元前520-西元前446年），姓端木，名賜，字子貢，春秋

6　同上註。參見蔡仁厚著：《孔門弟子志行考述》（臺北：臺灣商務印書館，2001年），頁109。

7　引自〔宋〕朱熹：《論語集注》（臺北：鵝湖出版社，1998年）卷10，頁188。

末年衛國人。[8]在孔門四科十哲中以言語聞名。孔子曾稱其為「瑚璉之器」（《論語‧公冶長》）。萬仞宮牆典故（《論語‧子張》），出自子貢稱讚孔夫子的學問高深莫測。

　　子貢利口巧辭，善於雄辯，才華洋溢，辦事通達，在《左傳》中有詳實的記載。子貢另一面的長才是善於貨殖，孔子說：「賜貨殖焉，億則屢中。」（《論語‧先進》）說明子貢才識明敏，經商致富，對市場行情判斷準確。從《論語》的記載，可以了解他的言行舉止：

> 子貢曰：「如有博施於民而能濟眾，何如？可謂仁乎？」子曰：「何事於仁！必也聖乎！堯舜其猶病諸！夫仁者，己欲立而立人，己欲達而達人。能近取譬，可謂仁之方也已。」（《論語‧雍也》）[9]
> 子貢問曰：「有一言而可以終身行之者乎？」子曰：「其恕乎！己所不欲，勿施於人。」（《論語‧衛靈公》）[10]

孔子教導子貢求仁道的方法，孔子回答此乃聖者之事，能推己及人即是仁者的胸懷，努力於實踐恕道，便是求得仁道的方法。孔子以恕道教子貢，處事要推己及人，忠恕為儒門心法，孔教一貫之旨。而「恕」道就是勉勵弟子要積極的廣結善緣，設身處地為別人想一想，這是人際關係上最重要的一環。這段文句正意味著子貢為學將至成熟，所以孔子提出「恕」道的精神，處處將心比心，必能使人人和平共處，社會風氣敦厚純善。

8　參見蔡仁厚著：《孔門弟子志行考述》，頁78。

9　引自〔宋〕朱熹：《論語集注》卷6，頁91-92。

10　引自〔宋〕朱熹：《論語集注》卷8，頁166。

（三）子游

子游姓言名偃（西元前506年-西元前443年），子游是他的字。《史記‧弟子列傳》記載是吳人。在孔門四科十哲中，子游與子夏同列「文學」科。文學指《詩》、《書》、《禮》、《樂》文章而言。子游之學，以習禮自見，更重要的是他能行禮樂之教。[11] 從《論語》上所述，可以了解他的言行：

> 子之武城，聞弦歌聲。夫子莞爾而笑曰：「割雞焉用牛刀。」
> 子游對曰：「昔者偃也聞諸夫子曰：君子學道則愛人，小人學道則易使也。」子曰：「二三子，偃之言是也。前言戲之耳。」（《論語‧陽貨》）[12]
> 子游問孝。子曰：「今之孝者，是謂能養，至於犬馬，皆能有養；不敬，何以別乎？」（《論語‧為政》）[13]

子游擔任武城的首長，用禮樂教化百姓，境內到處有弦歌之聲，孔子對此一方面是惋惜子游大材小用，一方面是對子游能行禮樂表示欣慰與讚賞，這也是孔子說：「君子學道則愛人，小人學道則易使。」（《論語‧陽貨》）的表現。子游問孝，孔子論孝重在一個「敬」字，強調要以恭敬的心態侍奉父母，才合乎孝順父母的真諦。

---

11 參見蔡仁厚著：《孔門弟子志行考述》，頁90。
12 引自〔宋〕朱熹：《論語集注》卷9，頁176。
13 引自〔宋〕朱熹：《論語集注》卷1，頁56。

三 〈仲尼燕居〉中之禮學思想

周文禮儀三百,威儀三千,堪稱人文富盛,而周文禮樂,築基於宗法封建。為了維繫周朝的禮文制度,首要之途,就是要重振周文的精神,復活周文的生命。因此孔子「刪《詩》、《書》、訂《禮》、《樂》,贊《周易》,修《春秋》」,以《詩》、《書》、《禮》、《樂》為教材,並對《詩》、《樂》加以訂正,而賦予禮以新的意義。在文獻上孔子奠定中國文化的基礎,並且藉此來推行他的禮文教化。[14]可見孔子強調禮教的重要。茲條列〈仲尼燕居〉一文中,孔子的禮學思想如下:

(一) 禮是道德行為的準則

孔子以禮做為言行對錯的標準,教導學生以倫理道德思想為立身處世的圭臬。從個人到國家,都應該講求禮讓。所以《論語・里仁》說:「能以禮讓為國乎,何有?不能以禮讓為國,如禮何?」說明為政者要以身作則,以謙恭禮讓的態度來待人處事,全國人民在潛移默化下,能夠培養禮讓的美德,蔚成敦厚良善的社會風氣。茲引〈仲尼燕居〉所述為例:

> 子曰:「禮也者,理也;樂也者,節也。君子無理不動,無節不作。不能《詩》,於禮繆;不能樂,於禮素;薄於德,於禮虛。制度在禮,文為在禮,行之,其在人乎!」[15]

---

14 參見徐復觀:《中國人性論史──先秦篇》(臺北:臺灣商務印書館,1990年),頁76。

15 引自〔漢〕鄭玄注、〔唐〕孔穎達等正義:《禮記正義・仲尼燕居》(臺北:藝文印書館,1998年)卷50,頁854。

孔子說明禮就是道理的意思；樂就是節制的意思。沒有道理與沒有節制的事，君子不去做，詩歌、音樂、禮節三者必須相輔相成，才能彰顯詩歌的柔美、音樂的和諧、禮節的莊嚴。一切制度都在禮的範疇，各種文飾行為也是由禮來規定。這一切範疇與規定，都要由人去身體力行。孔子傳承周公制禮作樂的精神，並且為禮樂深植人心奠下根基。孔子對這種現象有深入的了解，所以大聲疾呼：「禮云禮云，玉帛云乎哉？樂云樂云，鐘鼓云乎哉？」（《論語‧陽貨》），孔子繼承周公人文富盛時代的《詩》、《書》、《禮》、《樂》，而把《詩》、《書》、《禮》、《樂》推廣到民間的就是孔子。孔子以「文、行、忠、信」（《論語‧述而》）教導學生，認為知識與德行必須相輔相成，所以《論語‧雍也》說：「博學於文，約之以禮，亦可以弗畔矣夫！」經由《詩》、《書》、《禮》、《樂》的潤澤陶養，可以使人們悠遊其中，培育恭儉莊敬的人格風範，進而達到移風易俗的地步。

（二）禮是施政治國的圭臬

　　禮在古代是指一切的文化傳統，當然涵蓋倫理、政治、宗教等三個層面。《中庸》說：「雖有其位，苟無其德，不敢作禮樂焉；雖有其德，苟無其位，亦不敢作禮樂焉。」說明禮樂的興起，是由「德位相稱」的聖王所制定。所以孔子說：「為政以德，譬如北辰，居其所而眾星共之。」（《論語‧為政》）孔子認為最好的治國的方式，就是用道德的感化與禮教的薰陶，比用嚴苛的政令與刑罰，更能引導人民改過遷善。茲引〈仲尼燕居〉所述為例：

　　　　子曰：「明乎郊社之義、嘗禘之禮，治國其如指諸掌而已乎！是故以之居處有禮，故長幼辨也。以之閨門之內有禮，故三族和也。以之朝廷有禮，故官爵序也。以之田獵有禮，故戎事閑

也。以之軍旅有禮，故武功成也。」[16]

我國古代聖君以仁愛之心完成祭祀天地與秋嘗夏禘的各項禮儀，因此孔子強調明白了祭天祭地的禮儀，秋嘗夏禘的禮儀，那麼治理國家，就像在指著自己的手掌給別人看那樣容易。推而廣之，居家處事有禮，長幼尊卑的次序就可以分辨清楚；家族內部有禮，宗親就可以和睦相處；在朝廷上有朝廷之禮，百官的爵位就井然有序；田獵時有田獵之禮，軍事演習就熟練了；軍隊裡有軍隊之禮，就能建立戰功。可見禮可以引導人民的善行，為政者如果想要教化民心，就要推行導正社會風氣的禮教為目標。因此〈仲尼燕居〉說：「禮者何也？即事之治也。君子有其事，必有其治。治國而無禮，譬猶瞽之無相與？」[17]強調治理國家假如沒有禮，就好像盲人沒有扶助的人，茫然不知所措。為政者要使社會安定，必須使禮讓的美德，蔚成良好的社會風氣。《禮記・經解》也說：「故禮之教化也微，其止邪也於未形，使人日徙善遠罪而不自知也，是以先王隆之也。」[18]這不也是在說明禮教的重要，是施政治國的圭臬。

（三）禮是待人接物的良方

孔子認為人們的言行應該以禮為規範，對於個人而言，不僅具有指導之作用，也具有節制之作用。指導的作用，在使人們的言談舉止能夠循規蹈矩；節制的作用，在使人們的行為不逾越規範。所以《論語・泰伯》說：「恭而無禮則勞，慎而無禮則葸，勇而無禮則亂，直而無禮則絞。」恭敬、謹慎、勇敢、正直，都是正人君子應該具備的

---

16 引自〔漢〕鄭玄注、〔唐〕孔穎達等正義：《禮記正義・仲尼燕居》卷50，頁853。
17 引自〔漢〕鄭玄注、〔唐〕孔穎達等正義：《禮記正義・仲尼燕居》卷50，頁853。
18 引自〔漢〕鄭玄注、〔唐〕孔穎達等正義：《禮記正義・經解》卷50，頁847。

美德，如果不以禮來節制之，就不免流於勞累、畏懼、作亂、急切等缺失。注重禮教，可以教導學生立身處世，能夠安分守己，培養恭儉莊敬的美德。茲引〈仲尼燕居〉所述為例：

> 仲尼燕居，子張、子貢、言游侍，縱言至於禮。子曰：「居！女三人者，吾語女禮，使女以禮周流無不遍也。」子貢越席而對曰：「敢問何如？」子曰：「敬而不中禮，謂之野；恭而不中禮謂之給；勇而不中禮，謂之逆。」子曰：給奪慈仁。……子曰：「禮乎禮！夫禮所以制中也。」[19]

孔子在家休息，子張、子貢、子游三位弟子陪侍左右。孔子對他們說明禮的真諦為何？並且教導他們如何把禮推廣普及到各處。如果態度恭敬，但卻不合乎禮的要求，那就是粗野的表現；如果外表恭順，但卻不合乎禮的要求，那就是花言巧語的表現；雖然勇敢但卻不合乎禮的要求，那就是粗暴的表現。接著孔子又指出：「花言巧語只是給人仁慈的假象。」並且強調：「唯有禮才是個人行為的標準，使人的行為做到恰到好處。」可見孔子教導學生德行修養的重要一環，就是以禮作為待人接物的良方，在周旋揖讓之間所顯示的謙恭與從容的禮儀，讓我們能夠見賢思齊，修養高尚的品德，以陶冶身心改變氣質，所以孔子說：「不學禮，無以立。」（《論語‧季氏》）。禮是順應著人的常情而制定的禮節儀文，因此，只要人人懂得克己復禮之道，定能化暴戾為祥和，使社會風氣更加淳厚，人心更加善良。

---

19 引自〔漢〕鄭玄注、〔唐〕孔穎達等正義：《禮記正義‧仲尼燕居》卷50，頁852。

四 〈仲尼燕居〉禮學思想的時代意義

從《禮記‧仲尼燕居》一文中，我們可以看出孔子教導學生學禮，便是以禮做為言行對錯的標準，教導學生以倫理道德思想為立身處世的圭臬。因此孔子說：「導之以德，齊之以禮，有恥且格。」（《論語‧為政》）子夏也說：「君子敬而無失，與人恭而有禮。」（《論語‧顏淵》）說明國君的言談舉止要謙恭有禮，在上行下效的推廣下，使禮讓的美德，蔚成良好的社會風氣，使舉國上下和睦相處，社會安定平和。所以《禮記‧經解》說：「故禮之教化也微，其止邪也於未形，使人日徙善遠罪而不自知也，是以先王隆之也。」[20]由此可見，禮教是倫常道德的表現，也是社會和諧的表徵。茲述孔子禮學思想的時代意義如下：

（一）因材施教的體現

因材施教，可以掌握學生的動向；循循善誘，可以使教材、教法生動活潑化，以引發學生的學習興趣。「因材施教」是孔子的教育主張，由於弟子的才性不同，因此分別給予個別教育。諸如弟子的問孝、問政、問仁，孔子的答案皆隨時變通解答；在〈仲尼燕居〉一文中，子張、子貢、子游三位弟子陪侍左右，孔子為他們講論的禮學思想，這就是「因材施教」的實例。正是因為孔子博學廣聞，本著有教無類的教育理念及因材施教的教育方針，不僅注重傳統文化的傳授，更加注重道德節操的塑造，再加上對學生有問必答、有惑必解、毫無隱瞞的教育作風，令人敬佩。在《論語‧為政》說：「學而不思則罔，思而不學則殆。」《中庸》也說：「博學、審問、慎思、明辨、篤

---

20 引自〔漢〕鄭玄注、〔唐〕孔穎達等正義：《禮記正義‧經解》卷50，頁847。

行，五者缺一不可。」這是勉勵學生求學時務必學思並重。因此每位
教師要突破傳統注入式教學法的瓶頸，運用創造思考教學法，來提升
學生對問題的思辨能力。

　　發問技巧與思考教學有密切的關係，因為發問之後，學生作答須
運用心智去尋求答案，這也就是《論語‧述而》所說的：「不憤不
啟，不悱不發，舉一隅，不以三隅反，則不復也。」啟發教學法最早
創始於孔子，孔子教學的最重要原則，就是啟發教學。他主張在教學
的過程中，特別要重視培養學生們獨立思考的能力，和自動自發的研
究精神，反對填鴨式的教學方法，以及完全依賴教師注入的被動學習
方法。在教學的過程中，要學者自動自發的深思其意，然後才啟發
之，如此才能心領神會，學有心得。美國教育家杜威（John Dewey,
1859-1952）也說：「教育的任務在於發現各人的特長，並且訓練他儘
量發展他的特長，因為這種發展最能和諧地滿足社會的需要。」由老
師作為思考的啟蒙者，帶領學生進入經典的世界中，來開啟儒家的禮
樂教化內涵，使學生涵泳在經典的生活世界中，來點燃自己的生命，
照亮個人的未來。

（二）禮文樂教的彰顯

　　在中國，孔孟的禮樂的教化，不只是我們中華民族的德性生活的
來源，而且也成為我們日常生活的常軌，如倫常、喪祭之禮等。我們
今天想要傳承儒家聖賢學問的統緒，必須深切注意到如何再使其轉為
文制的建立。因為人生於世，要理解的知識浩如煙海，不能只懂得科
學知識、具備民主政治的素養，就稱得上是有道德的知識分子。因為
科學知識、民主政治不是文制。所謂文制，依據牟宗三先生的解釋，
就是指人類日常生活的常軌，如果沒有客觀的文制作為道道揆法守，
在社會上及人們的日用倫常之間，是非善惡的判斷標準，就會有混亂

的現象產生。[21]《禮記》闡述儒家倫理道德，是由「五倫」：君臣有義、父子有親、夫婦有別、長幼有序、朋友有信來確立人在社會中所處的地位。這五種倫理關係可以說涵蓋了人們所有的人際關係，使人情儀節井然有序，社會人心敦睦和諧，才能實現國泰民安、天下太平的理想目標。

中國文化所以能持續五千年而不墜者，是因為我們的祖先發明人類共生存共進化的真理「道德」。歷代聖賢相傳，到了孔子就整理古代文化成為有系統的思想，到了孟子更加以充實而發揚光大。孔孟學說的中心觀念是人性的發揚和人格的完成，是實踐倫理和社會道德，中華民族實因此教澤而發榮滋長。[22]在二十一世紀知識經濟發達的時代裡，我們應該如何彰顯儒家的人文精神和人文智慧呢？首先就是要再創禮樂文明，提升人們的文化素養，培育人與人之間情感的互動，其次就是要發揚儒家人文精神的宗旨：「己所不欲，勿施於人」、「仁、義、禮、智、信」、「敬業樂群」等倫常道德，來建構現代國家、社會、家庭、人我之間，都具有良好的倫理關係，進而達到「親親仁民，仁民愛物」的理想境界。

（三）生命教育的提升

孔子繼承周公制禮作樂的精神，替人民定倫常，使人民日常生活有道揆法守，化民成俗。孔子教育學生的宗旨，是教導學生修己治人之方與經邦濟世之道，從古籍經典中，學習先聖先賢的嘉言懿行，可以砥礪德性，增長見聞。人生活在大千世界裡，就得學習社會生活的

---

21 牟宗三：《道德的理想主義》〈人文主義的基本精神〉（臺北：臺灣學生書局，1985年），頁153。

22 謝淑熙：《道貫古今──孔子禮樂觀所蘊含之教育思想》（臺北：秀威資訊公司，2005年），頁145。

規範。孔門教育的四大綱領：文、行、忠、信（《論語‧述而》），可以說是教育的中心目標，涵蘊了君子立身行事，待人治世的準則。可見，儒家注重道德教育，崇尚教育的倫理價值。《禮記》以「仁」釋禮，表述了新的學術思想和時代的先進文化；禮學蘊涵了儒家學者對時代憂患敏感而深切的體驗，以及他們欲消除時代憂患的強烈責任意識。〈仲尼燕居〉記述孔子為弟子講述禮樂政教之道，主要說明禮對社會政教所具有的指導作用；是孔門弟子的言行雜事，也反映了儒家論「禮」的生活實踐。

　　《禮記‧儒行》說：「禮節者，仁之貌也；言談者，仁之文也；歌樂者，仁之和也。」[23]正說明仁德是禮樂教化的表徵，更是塑造良好人際關係，建設和諧完善國家的目標。孔子認為一個人具有「謙恭、謹慎、勇敢、正直」美好的德行，如果不以禮節儀文來規範他的行為，在應對進退上就會有所缺失，可見禮是立身之大道，修己之準則，提升人際關係之原動力。《禮記‧曲禮》也說：「夫禮者，所以定親疏，決嫌疑，別同異，明是非也。」[24]說明禮是用來制定人與人親疏的關係，判斷事情的是非善惡，分辨物類的同異，使人民的行為有準則，不會無所適從。由此可見，《禮記》的生命教育思想，是引導人們禮教思想的規範、倫理道德的體現，進而提升到仁道精神的彰顯。

五　結論

　　文化的傳承，胥賴教育。展閱歷史的長卷，可知中國數千年的教育思想，實以儒家的倫理道德思想為主流。孔子集三代學術思想的大成，奠定了儒家學說的理論基礎，而孔子的禮樂學說博大精深，深植

23 引自〔漢〕鄭玄注、〔唐〕孔穎達等正義：《禮記正義‧儒行》卷59，頁979。
24 引自〔漢〕鄭玄注、〔唐〕孔穎達等正義：《禮記正義‧曲禮》卷1，頁14。

於每一個人的思想與生活中，更是垂教萬世的金科玉律及為人處世的典範。在我國的傳統社會中，師生之間大都有極和諧的關係，更可見到古代學生對老師的推崇與尊敬。例如至聖先師孔子，以學而不厭，誨人不倦的精神，有教無類，因材施教的方法，化育了三千名學子，造就了七十二位賢才。顏回曾經讚美孔子說：「仰之彌高，鑽之彌堅，瞻之在前，忽焉在後。夫子循循然善誘人，博我以文，約我以禮。」（《論語·子罕》）可見學生們對孔子的推崇與敬愛，而「循循善誘」也成為現代為人師表所遵循的的教育方法；孔子死後，子貢盧墓而居六年，這就是「一日為師，終身為父」的表現。

美國教育家杜威說：「教育即生活」強調學習是生活的體驗，道德實踐的表徵。成長中的青少年，其人格與行為的發展，乃現代社會特性的反映。所以為人師表者教學應該著重創造力的啟發，經驗的學習以及情意的陶冶，其最終的目的，是達到個人自我之實現，使個人更富有人性化，以增進良好的人際關係，也就是要豁顯孔子禮樂教育的最終目標。孔子說：「人能弘道，非道弘人。」（《論語·衛靈公》），因此當前各級學校的國文教育不應該墨守成規，應該推陳出新，發揚傳統文化的精華，運用科際整合的方式，讓古典文學與現代文學兩者相輔相成，為國文教育開拓新天地。在因應未來更具開放性與多元化的社會發展趨勢，我們應該加強國文教學，尤其是儒家禮樂思想的教育，引領學生開啟儒家思想的堂奧，培育學生具有恭儉莊敬、廣博易良的氣質，進而提升學生的人文素養。

參考文獻

一　古籍（依《四庫全書》分類法）

〔漢〕鄭玄注、〔唐〕孔穎達等正義：《禮記正義》，臺北：藝文印書
　　　館，1998年。

〔漢〕趙岐注、舊題〔宋〕孫奭疏：《孟子注疏》，臺北：藝文印書
　　　館，1998年。

〔漢〕司馬遷：《史記》，臺北：鼎文書局，1987年。

〔宋〕朱熹：《四書章句集註》，臺北：鵝湖出版社，1998年。

〔清〕孫希旦：《禮記集解》，臺北：蘭臺書局，1971年。

〔清〕劉寶楠：《論語正義》，臺北：文史哲出版社，1990年。

二　現代專著（依作者姓氏筆畫排序）

王夢鷗：《禮記今註今譯》，臺北：臺灣商務印書館，1972年。

牟宗三：《道德的理想主義》，臺北：臺灣學生書局，1985年。

高　明：《禮學新探》，香港：香港中文大學，1963年。

徐復觀：《中國人性論史——先秦篇》，臺北：臺灣商務印書館，1990
　　　年。

蔡仁厚：《論語人物論》，臺北：臺灣商務印書館，1996年。

蔡仁厚：《孔門弟子志行考述》，臺北：臺灣商務印書館，2001年。

蔡仁厚《孔孟荀哲學》，臺北：臺灣學生書局，1984年。

謝淑熙：《道貫古今——孔子禮樂觀所蘊含之教育思想》，臺北：秀威
　　　資訊公司，2005年。

第五章
《禮記‧內則》的人文關懷*

一　前言

　　《漢書‧藝文志》記載：「《禮古經》五十六卷，經（十七）七十篇，后氏、戴氏。記百三十一篇，七十子後學所記也。」[1]因此先聖先賢，不憚其煩，而言之諄諄，戴聖大力整理，最後僅存四十九篇，名為《小戴記》。從《禮記》一書觀之，此乃我國古時儒家闡述禮法制度之著作，為七十子後學之書，又多存禮家舊籍，可知孔門之經義，又可考古代之典章，實為可貴。[2]所以《禮記‧經解》說：「夫禮禁亂之所由生，猶坊止水之所自來也，故以舊坊為無所用而壞之者，必有水敗，以舊禮為無所用而去之者，必有亂患。」[3]說明禮義的設立，猶如防波堤一樣，是為了防止社會秩序的混亂與風氣的敗壞。禮原於風俗民情，最可考見當時社會現狀，因此今日談古禮，當以言義理為正宗。我國的古禮，與民間的風俗民情息息相關，因此涵泳於儒家論禮之經典，一則可以擷取亙古不變的禮義，作為人們日常生活之典範，以匡正社會風氣；一則以嘉言懿行來淨化人類的心靈，以提昇現代人類的人文素養。

---

* 本文刊登於二〇一八年八月二十八日《孔孟月刊》第五十六卷第十一、十二期。
1 引自《漢書‧藝文志》（臺北：鼎文書局，1987年）卷30，頁1709。
2 參見呂思勉：《經子解題》〈儀禮、禮記、大戴禮記、周禮〉（臺北：臺灣商務印書館，1972年），頁41。
3 引自〔漢〕鄭玄注、〔唐〕孔穎達等正義：《禮記正義‧經解》卷50，頁847。

孔穎達《禮記正義》引鄭玄《目錄》說：「名曰〈內則〉者，以其記男女居室事父母舅姑之法，此於《別錄》屬《子法》。以閨門之內，軌儀可則，故曰〈內則〉。」[4]全篇所言，可約分為四部分：一內則，二養老，三食譜，四育幼。「內則」部分，依其適用對象來分，又有四種。第一言「子」「婦」服事父母舅姑的禮節，第二為舅姑對待子婦的禮，第三是家庭通禮，第四是夫婦之禮。「養老」部分，顯然是〈王制〉的複簡，而「食譜」部分，其文又以《儀禮・公食大夫禮》，《周禮・天官・酒人庖食醫人》諸職，以及〈少儀〉中文句時相雷同，可參考以上各篇。只有「育幼」部分，是說的子法。[5]〈內則〉篇首云：「后王命冢宰，降德于眾兆民。」[6]可見儒家的教育思想，政治領袖是應該以德化民，以禮教民，而教化是應該由家庭生活著手，所以這篇講家庭生活的法則。[7]由上述諸說，可知〈內則〉一篇除了詳述子女侍奉長輩之儀節外，還記載了家庭內部父子、男女所應遵行的規則，以及對古代飲食烹飪的詳細描述，可見以倫理為本位的中國社會中，家庭的重要性。

二　《禮記・內則》的人文關懷

儒家文化的核心是孝道，《論語・學而》說：「孝悌也者，其為仁之本與？」孔子認為「仁」是孝悌的根本，孝悌是維繫人倫社會的基準。孟子也說：「人之有道也，飽食煖衣，逸居而無教，則近於禽獸。聖人有憂之，使契為司徒，教以人倫，父子有親、君臣有義、夫

4　引自〔漢〕鄭玄注、〔唐〕孔穎達等正義：《禮記正義・內則》卷27，頁517。
5　參見王夢鷗：《禮記今註今譯》（臺北：臺灣商務印書館，1972年），頁357。
6　引自〔漢〕鄭玄注、〔唐〕孔穎達等正義：《禮記正義・內則》卷27，頁517。
7　參見高明：《禮學新探》（香港：香港中文大學，1963年），頁43。

婦有別、長幼有序、朋友有信。」（《孟子‧滕文公上》），說明先聖先王，都特別重視人倫道德教育，以父慈子孝、君仁臣忠、夫義婦聽、長惠幼順、兄友弟恭的人文思想，來化育莘莘學子，使他們能夠明禮義、知廉恥，在風行草偃下，蔚為純厚善良的的社會風尚。茲將全篇中論述孝順的嘉言及人文關懷，條分縷析於下：

（一）孝道文化的彰顯

孔子說：「夫孝，天之經，地之義，而民之行。」（《孝經》）孝，是天地的常道，是人民行為的準則。儒家認為孝道是各種道德的根本，從孝順父母開始，到治國安邦，從君主到平民都離不開孝道。因此《禮記‧內則》說：

> 昧爽而朝，慈以旨甘，日出而退，各從其事，日入而夕，慈以旨甘。[8]
> 以適父母舅姑之所，及所，下氣怡聲，問衣燠寒，疾痛苛癢，而敬抑搔之。出入，則或先或後，而敬扶持之。進盥，少者奉盤，長者奉水，請沃盥，盥卒授巾。問所欲而敬進之，柔色以溫之，饘酏、酒醴、芼羹、菽麥、蕡稻、黍粱、秫唯所欲，棗、栗、飴、蜜以甘之，堇、荁、枌、榆免槁薧瀡滫以滑之，脂膏以膏之，父母舅姑必嘗之而後退。[9]

上述引文說明，古代男子與婦女事奉父母舅姑的繁文縟禮，清晨即起，梳洗完畢，穿戴整齊，立刻向父母請安問好。到了父母舅姑的居

8　引自〔漢〕鄭玄注、〔唐〕孔穎達等正義：《禮記正義‧內則》卷27，頁518。

9　同上註。

處，要噓寒問暖，烹煮營養美食，小心服侍，孝敬父母舅姑。孔子
說：「今之孝者，是謂能養。至於犬馬，皆能有養，不敬，何以別
乎？」（《論語・為政》）強調孝養父母重在對父母恭敬的態度，而不
只是物質上的供養而已。《禮記・內則》又說：

> 子婦孝者、敬者，父母舅姑之命，勿逆勿怠。若飲食之，雖不
> 者，必嘗而待；加之衣服，雖不欲，必服而待；加之事，人待
> 之，己雖弗欲，姑與之，而姑使之，而後復之。[10]
> 父母有過，下氣怡色，柔聲以諫。諫若不入，起敬起孝，說則
> 復諫；不說，與其得罪於鄉黨州閭，寧孰諫。父母怒、不說，
> 而撻之流血，不敢疾怨，起敬起孝。[11]

上述引文說明，古代男子與婦女孝敬父母舅姑，要善體親心，不能
違逆怠慢。對父母舅姑賜予的食物、給予的衣服，要欣然接受。交辦
的事務，要盡力去完成。父母有過失，要以和顏悅色且恭順的態度，
聲音輕柔的勸諫。孔子說：「事父母幾諫，見志不從，又敬不違，勞
而不怨。」（《論語・里仁》）強調事奉父母，如果父母有過錯，要委
婉地勸說。即使父母不願聽從，還是要對他們恭敬不違，雖然勞心但
不會憎怨。「仁者，人也，親親為大。」（《中庸》），仁與親親二者，
為倫常之首。為人子女要體會父母的心意，親愛自己的父母，就是最
大的仁。

---

10 引自〔漢〕鄭玄注、〔唐〕孔穎達等正義：《禮記正義・內則》卷27，頁520。
11 引自〔漢〕鄭玄注、〔唐〕孔穎達等正義：《禮記正義・內則》卷27，頁521。

（二）飲食文化的體現

　　《漢書‧酈食其傳》：「王者以民為天，而民以食為天。」[12]飲食是人類維繫生命的重要憑藉，而人類的飲食習慣，是因地制宜的。飲食文化包括人類對食物的選擇、處理、保存、烹調與食用方式等。我國源遠流長的飲食文化，不僅展現人類的生活方式，既滿足了人們的物質生活，也豐富了人們的精神生活，更蘊涵了社會、經濟與文化的意涵。《周禮‧天官‧冢宰》說：「膳夫掌王之食飲膳羞，以養王及後世子。」[13]而《禮記‧內則》詳實的記載關於飲食的規定，它對周代人吃的食物，主食、副食、飲料的名稱與搭配，以及各種飯食的烹煮、菜餚的製作都有詳實的記載。茲引《禮記‧內則》所述為例：

> 飯：黍，稷，稻，粱，白黍，黃粱，稰，穛。
> 膳：膷，臐，膮，醢，牛炙。醢，牛胾。
> 醢，牛膾。羊炙，羊胾，醢，豕炙。
> 醢，豕胾，芥醬，魚膾。雉，兔，鶉，鷃。
> 飲：重醴，稻醴清糟，黍醴清糟，粱醴清糟，
> 　　或以酏為醴，黍酏，漿，水，醷，濫。
> 酒：清、白。[14]

上述引文說明，古代人們主食所用的穀物有：黍、麥、稻、粱、白黍、黃粱等六種。肉食方面：一般有牛肉羹、羊肉羹、豬肉羹、烤牛

---

12 引自〔漢〕班固、〔唐〕顏師古注：《漢書‧酈食其傳》（臺北：鼎文書局，1987年）卷43，頁2108。

13 引自〔漢〕鄭玄注、〔唐〕賈公彥疏：《周禮注疏‧天官‧冢宰》（臺北：藝文印書館，1998年）卷4，頁57。

14 引自〔漢〕鄭玄注、〔唐〕孔穎達等正義：《禮記正義‧內則》卷27，頁523。

肉等四種。飲料有六種：一是重醴，即清糟兼有的甜酒。這種重醴，
有用稻釀製的，有用黍釀製的，有用粱釀製的。二是稀粥，用黍煮的
稀粥。三是漿，四是水，五是梅漿，六是涼粥。酒有兩大類：清酒和
白酒。由此可見古代人們的膳食，內容包羅萬象，不但講究材料的搭
配，更注重營養與健康的均衡。《禮記・內則》又說：

> 凡食齊視春時，羹齊視夏時，醬齊視秋時，飲齊視冬時。
> 凡和，春多酸，夏多苦，秋多辛，冬多鹹，調以滑甘。
> 牛宜稌，羊宜黍，豕宜稷，犬宜粱，雁宜麥，魚宜菰。
> 春宜羔豚膳膏薌，夏宜腒鱐膳膏臊，秋宜犢麛膳膏腥，
> 冬宜鮮羽膳膏膻。[15]

上述引文說明，古代人們依據食物的性質，來調和食物的溫熱涼寒。
凡是飯食一類，要像春天那樣的溫和；凡是羹食一類，要像夏天那樣
的赤熱；凡是醬類，要像秋天那樣的溫涼；凡是飲料一類，要像冬天
那樣的寒涼。食品的調味，春季多用酸味，夏季多用苦味，秋季多用
辛辣，冬季多重鹹味。但無論哪個季節，都要配入甘甜柔滑的食物，以
適合年長者的腸胃。主食和肉類的搭配也要注意使二者氣味相宜，具
體地說就是：牛肉配稻，羊肉配黍，豬肉配稷，狗肉配粱，鵝配麥子，
魚配雕胡米。春天適合吃小羊小豬，用牛油來烹調；夏天適合吃乾魚
乾肉，用狗油來烹調；秋天適合吃小牛小鹿，用豬油來烹調；冬天適
合吃魚鵝，用羊油來烹調。《禮記・禮運》說：「夫禮之初，始諸飲
食。」[16]可見禮，最初產生於人們的飲食活動。飲食文化是隨著人類
社會的出現而產生，又隨著人類物質文化和精神文化的發展而豐富的。

---

15 引自〔漢〕鄭玄注、〔唐〕孔穎達等正義：《禮記正義・內則》卷27，頁523。
16 引自〔漢〕鄭玄注、〔唐〕孔穎達等正義：《禮記正義・禮運》卷21，頁416。

（三）家庭教育的圭臬

　　家庭是每一個人成長的搖籃，更是終身學習教育的最佳場所。幼兒教育是每個人成長的基礎，《說文》：「教，上所施，下所效也；育，養者使做善也。」說明教育的本意即是導之以正，彰顯人性良善的過程，教育的義涵就是教養子女，使他們表現善良的行為。根據最新的研究發現，零到六歲是人格發展的關鍵期，直接影響到孩子長大後健全人格的發展。《周易‧乾傳‧蒙卦‧象傳》說：「蒙以養正，聖功也。」[17]強調要用循循善誘的教育方式開發孩童的天賦，使孩子們接受新事物，明白事理，能夠健康成長，成為有用的人。茲引《禮記‧內則》所述為例：

> 子能食食，教以右手；能言，男「唯」女「俞」；男鞶革，女鞶絲。[18]

上述引文說明，幼兒會自己吃飯了，就要教他使用右手。幼兒會說話了，就要教他們學習答話的技巧，男孩答「唯」，女孩答「俞」。身上帶的佩囊，男孩的以皮革製成，表示長大將從事勇武之事；女孩的以絲帛製成，表示長大將從事女紅之事。對成長中的幼童的教育，要適時地給予正確、正面的內容和方法來教導，這是我國古代指導學前兒童家庭教育的準則。《顏氏家訓》提到：「當及嬰稚，識人顏色，知人喜怒，便加教誨。」[19]因為習慣成自然，少成若天性。時過然後學，

---

17 引自〔魏〕王弼、〔晉〕韓康伯注、〔唐〕孔穎達等正義：《周易正義》（臺北：藝文印書館，1998年）卷1，頁23。

18 引自〔漢〕鄭玄注、〔唐〕孔穎達等正義：《禮記正義‧內則》卷28，頁538。

19 引自《顏氏家訓‧序致》，中國哲學書電子化計劃https://ctext.org/yan-shi-jia-xun/xu-zhi/zh

則勤苦而難成。《禮記・內則》又說：

> 六年，教之數與方名。七年，男女不同席，不共食。八年，出
> 入門戶及即席飲食，必後長者，始教之讓。九年，教之數日。
> 十年，出就外傅，居宿於外，學書計，衣不帛襦褲，禮帥初，
> 朝夕學幼儀，請肄簡諒。十有三年，學樂，誦詩，舞勺，成童
> 舞象，學射御。[20]

上述引文說明，到了六歲，要教他辨識數字和東南西北的方位。到了
七歲，開始分別男女，男孩和女孩，不同席吃飯。到了八歲，開始教
導他們敬讓長者的禮節，出入門戶，坐桌吃飯，一定要讓長者在前。
到了九歲，要教他們知道天干地支和朔望。到了十歲，就男女異教，
女孩留在家裏，而男孩則要離家出外求學，跟隨老師學習識字和算
術。早晚學習灑掃進退的禮節，並且要勤習書策，學習以誠待人。到
了十三歲，開始學習樂器，誦讀詩歌，學習文舞。到了十五歲，要學
習舞藝，學習射箭和駕車。《禮記・曲禮上》說：「人生十年曰幼，
學。」東漢鄭玄註：「名曰幼，時始可學也。」[21]意即十歲才是入學的
時間，十歲前為幼年，屬學齡前，以家庭教導為主。這個階段的孩子
理解力有限而模倣力強，但對孩子日後的成長又十分關鍵。王陽明
〈訓蒙大意〉說：「今教童子，必使其趨向鼓舞，中心喜悅，則其進
自不能已。」[22]德國教育家福祿貝爾（Friedrich Wilhelm August
Fröbel, 1782-1852）說：「教育無他，愛與榜樣而已。」因此父母教養
子女，除了要以身作則外，更應該多充實自我的知能，肩負起培育民

---

20 引自〔漢〕鄭玄注、〔唐〕孔穎達等正義：《禮記正義・內則》卷28，頁538。
21 引自〔漢〕鄭玄注、〔唐〕孔穎達等正義：《禮記正義・曲禮上》卷1，頁16。
22 引自《王陽明全集》〈傳習錄〉（上海古籍出版社，2011年）卷2，語錄二，頁87-88。

族幼苗的重責大任，培養子女從小就具有終身學習的理念，以增進生活知能，進而開創海闊天空的未來。

三　《禮記‧內則》對現代教育的啟示

《顏氏家訓》在開宗明義〈序致〉篇上說：「夫聖賢之書，教人誠孝，慎言檢跡，立身揚名，亦已備矣。」[23]肯定了聖賢典籍的教化功能，閱讀完《禮記‧內則》篇，可以了解我國傳統的家法，在以倫理為本位的中國社會中，已有兩千多年的歷史了。全篇詳述侍奉父母舅姑的作法，在家庭內部父子有親、夫婦有別、長幼有序的禮儀規範，並詳述教育子女從幼兒到成年，終身學習的準則。以及對古代飲食烹飪技巧、菜餚的製作都有詳細的記載，堪稱中國古代第一部食經。在人文精神沒落與社會價值觀偏頗的今日，值得大家認真研讀此篇，以弘揚儒家倫理道德與傳統的飲食文化。茲述《禮記‧內則》全文內容對現代教育之啟示，如下：

（一）重視孝親敬老美德

《周易‧序卦》上說：「有天地然後有萬物，有萬物然後有男女，有男女然後有夫婦，有夫婦然後有父子，有父子然後有君臣，有君臣然後有上下，有上下然後禮義有所錯。」[24]說明中國之倫理制度，建立於父子血緣親情，而導源於夫婦之結合，以家庭倫理制度為基礎，然後推展於社會國家，而維繫此種倫常關係的原動力，就是

---

23 引自《顏氏家訓‧序致》，中國哲學書電子化計劃 https://ctext.org/yan-shi-jia-xun/xu-zhi/zh

24 引自〔魏〕王弼、〔晉〕韓康伯注、〔唐〕孔穎達等正義：《周易正義‧序卦》，頁188。

禮。禮最大的作用在於規範家庭倫理，區分親疏內外之別，使家庭中
「父子有親，夫婦有別，長幼有序」，推展至社會使「君臣有義，朋
友有信」，來凝聚族群力量，進而建立一個人人敬老，人人愛幼，到
處充滿溫馨和諧的理想社會。茲引《禮記・內則》所述為例：

> 曾子曰：孝子之養老也，樂其心，不違其志，樂其耳目，安其
> 寢處，以其飲食忠養之。孝子之身終，終身也者，非終父母之
> 身，終其身也。是故父母之所愛亦愛之，父母之所敬亦敬之，
> 至於犬馬亦然，而況於人乎？[25]

上述引文說明，孝子孝親養老，善體父母的心意，使父母內心快樂，
使他們生活起居安適，在飲食方面，盡心周到的侍候，直到孝子死而
後已。不但父母在世時如此，即使父母過世，仍然不改變孝親敬老的
美德，並且愛父母之所愛，這就是：「大孝終身慕父母。」（《孟子・
萬章上》）的義涵，也是孔子教導孟懿子為孝之道：「生，事之以禮，
死，葬之以禮，祭之以禮」（《論語・顏淵》）的真諦。孔子說：「夫
孝，德之本也，教之所由生也」。（《孝經》）孝是一切倫理道德的根本
和基礎，教育就是從這裏開始的。

　　孔子希望建構一個「君君、臣臣、父父、子子」（《論語・顏
淵》）五倫和諧充滿仁愛風氣的國家，孟子也說：「人之有道也，飽食
煖衣，逸居而無教，則近於禽獸。聖人有憂之，使契為司徒，教以人
倫，父子有親、君臣有義、夫婦有別、長幼有序、朋友有信。」（《孟
子・滕文公上》），說明先聖先王，都特別重視人倫道德教育，以父慈
子孝、君仁臣忠、夫義婦聽、長惠幼順、兄友弟恭的人文思想，化育

---

25 引自〔漢〕鄭玄注、〔唐〕孔穎達等正義：《禮記正義・內則》卷28，頁531。

莘莘學子，使他們能夠明禮義、知廉恥，在風行草偃下，蔚為純厚善良的的社會風尚。孔子說：「君子篤於親，則民興於仁。」（《論語‧泰伯》），又說：「夫仁者，己欲立而立人，己欲達而達人。」（《論語‧雍也》），孔子說明在上位的人能夠以仁心厚待親屬，上行下效，那麼民間也會興起仁愛的風氣。這樣，人人都謹守自己的分際，盡到了為人的道理，也就是人人都呈現了圓滿的人格。

（二）落實終身學習教育

　　《禮記‧學記》說：「君子如欲化民成俗，其必由學乎？玉不琢，不成器；人不學，不知道。是故古之王者，建國君民，教學為先。」[26]說明良師的教導，益友的切磋，對於學生的進德修業有莫大的助益。孔子自述：「吾十有五而志於學，三十而立，四十而不惑，五十而知天命，六十而耳順，七十而從心所欲，不踰矩。」（《論語‧為政》）孔子在為學的態度上，展現出不斷地學習與力求上進的態度，可說是「終身學習」的最佳典範。茲引《禮記‧內則》所述為例：

> 二十而冠，始學禮，可以衣裘帛，舞大夏，惇行孝弟，博學不教，內而不出。三十而有室，始理男事，博學無方，孫友視志。四十始仕，方物出謀發慮，道合則服從，不可則去。五十命為大夫，服官政。七十致事。凡男拜，尚左手。[27]

上述引文說明，我國古代男子到了二十歲，舉行加冠禮，就要開始學習五禮，已經成年了，就要篤行孝悌之道，廣泛地學習各種知識，虛心求教，積善成德，以增進自我的知能。到了三十歲，娶妻成家，開

---

26 引自〔漢〕鄭玄注、〔唐〕孔穎達等正義：《禮記正義‧學記》卷36，頁648。
27 引自〔漢〕鄭玄注、〔唐〕孔穎達等正義：《禮記正義‧內則》卷28，頁538。

始受田服役，學無常師，態度謙遜，廣泛學習，以確立遠大志向。到了四十歲學成志定，開始做官，謀事策劃都要再三斟酌權衡事宜，如果志同道合就任職做事，否則就掛冠求去。到了五十歲，受命為大夫，參與邦國大事。到了七十歲，年老體衰，就該告老退休。從「幼而學、弱冠、三十有室、四十強而仕、五十服官政」一系列日新又新的學習階段，到學有所成，並肩負「學而優則仕」（《論語‧子張》）任重道遠的使命，強調古代男子終身學習的重要。

古代學校教育，教導學生為學的原則包含：博學篤志（《論語‧子張》）、「親師擇友」（《論語‧述而》）、「見賢思齊」（《論語‧里仁》）、「以文會友、以友輔仁」（《論語‧子路》）等要項。學校教育的目的，在培育學生成為智德兼備的人才，除了達到「己立、己達」（《論語‧雍也》）的成效之外，更應關懷社會「立人、達人」（《論語‧雍也》）；《大學》八條目：「格物、致知、誠意、正心、修身、齊家、治國、平天下。」從一個人內在的德智修養，到外發的事業完成，構成一貫不斷開展的過程。在資訊科技文明日新月異的現代，學習資源豐富，如果不博觀約取，勤勉力學，將趕不上時代的進步而被淘汰。因此《禮記‧內則》所述終身學習的精神，值得大家毖勉惕厲，以開創自己光明的前程。

（三）推展中華美食文化

中國的飲食文化，伴隨著時代的變遷，人類物質文明和精神文明的與時推移，不斷拓展多樣的食物品類，開發精緻的烹飪技巧，既滿足了人們的物質生活，也豐富了人們的精神生活。飲食文化不僅是人類生存的手段，更蘊含著深刻的人生哲理。因此，推展中華美食文化，對於中國文化的傳承和弘揚，具有深遠的影響力。在周代《周

禮‧天官》記載：「珍用八物」、「八珍之齊」[28]。茲引《禮記‧內則》二段所述為證：

> 淳熬煎醢，加于陸稻上，沃之以膏曰淳熬。淳毋煎醢，加於黍食上，沃之以膏曰淳毋。[29]
> 擣珍：取牛羊麋鹿麇之肉必脄，每物與牛若一捶，反側之，去其餌，熟出之，去其餌，柔其肉。漬：取牛肉必新殺者，薄切之，必絕其理；湛諸美酒，期朝而食之以醢若醯醷。[30]

上述引文說明，八珍之一的淳熬，「淳」在這裡是沃的意思，指拌入動物油，「熬」是煎的意思，指煎肉醬，因此稱為「淳熬」。其做法是把煎過的肉醬攤在稻米飯上，再澆上油，這種飯食、肉醬、油脂的味道滲入米飯之中，不需另以菜餚佐食，這就是淳熬，有點像現代人愛吃的蓋飯。擣珍是八珍之五，其做法是：以牛肉、羊肉、麋肉、鹿肉、璋肉作原料，一定要取其嫩美的里脊肉部分，牛肉一份，羊肉、麋肉、鹿肉、璋肉也各取同樣的一等份，將它們攪拌在一起，反復捶打，去掉筋鍵，煮熟以後出鍋，去掉肉膜，吃時再用醋和肉醬調味就行了。《禮記、內則》對這八種食品的原料、調料、烹製工藝乃至炊具及注意事項都有具體詳實的記載，保存了兩千多年前這一道食物的珍貴資料。

中國傳統飲食文化是中華民族幾千年來智慧的結晶，是中國民族

---

28 據注文是指《禮記》所列：「淳熬（肉醬與肉油澆米飯）、淳毋（肉醬與肉油澆黃米飯）、炮豚（煨烤炸燉乳豬）、炮羊（煨烤炸燉羔羊）、擣珍（燒牛、羊、鹿里脊肉）、漬珍（酒糟沾生牛羊肉）、熬珍（類似五香牛肉乾）和肝膋（烤網油包狗肝，膋音同遼）八種食品（或者認為是八種烹調方法）。」百度百科https://baike.baidu.com/item/

29 引自〔漢〕鄭玄注、〔唐〕孔穎達等正義：《禮記正義‧內則》卷28，頁532。

30 同上註。

文化積累的成果,其中蘊含大量的人生哲理。例如《禮記·內則》記載:「肉曰脫之,魚曰作之,棗曰新之,栗曰撰之,桃曰膽之,柤梨曰攢之。」[31]說明吃肉要剔骨去筋,所以叫做「脫」。吃魚要刮去鱗片,所以叫做「作」。棗子易沾塵土,吃時要擦淨,所以叫做「新」。栗子好生蟲,吃時要挑撿,所以叫做「選」。桃子多毛,吃時要拭去其毛,所以叫做「撣」。吃山楂、梨子時要去掉其核,所以叫做「鑽」。可見中華飲食文化的內在品質,選料、烹調、配料名稱可以說是出神入化,雅俗共賞。就像一個取之不盡的寶藏,值得我們深究鑑賞,讓傳統中華美食文化風華再現。

四　結論

英國詩人威廉·勃萊克(William Blake, 1757-1827)的一首詩:「一花一世界,一沙一天國,君掌盛無邊,剎那含永劫。」這首詩說明從宇宙洪荒,天地玄黃至科技文明發達的現代,一切生滅象徵永恆,無盡的歷史,永遠傳承著瑰麗的文化。中華民族五千多年的悠久歷史,源遠而流長,載浮著古聖先賢的智慧結晶,孕育了亮麗璀璨的中華文化;中國文化的主流向以儒家思想為中心,儒家文化的核心是「仁」,仁具體表現為「孝、悌、忠、信」等美德,其中儒家視「孝悌」為「仁」的根本,代表了中華民族高深的人生智慧。展閱《禮記·內則》一文,建構了為人子媳侍奉父母、公婆應對進退的儀節;積累學前兒童教育的經驗、教育子女終身學習的圭臬;對傳統美食具體詳實的記載,創造出享有盛譽的中國烹飪技藝。在探索經典古籍的過程中,讓我們感受到「發現的歡喜」,體驗到把行為規範和道德品

---

31 引自〔漢〕鄭玄注、〔唐〕孔穎達等正義:《禮記正義·內則》卷28,頁529。

質的教育放在首位，是我國傳統家庭教育的特色。

　　《詩・大雅・烝民》說：「天生烝民，有物有則，民之秉彝，好是懿德。」[32]說明中國從古以來，上天生下眾民，萬事萬物都有依循的準則，人民所秉持的一個意識趨向，都喜歡這美好的品德，也就是禮教的本源。朱熹在《詩集傳》中加以解釋說：「烝，眾也。則，法。秉，執。彝，常。懿，美。……言天生眾民，是物必有是則。……如視之明，聽之聰，貌之恭，言之順，君臣有義，父子有親之類是也。是乃民所執之常性，故其情無不好此美德者。……昔孔子讀詩至此而贊之曰：『為此詩者，其知道乎？故有物必有則，民之秉彝也，故好是懿德。』」[33]朱熹這段話，是從儒家思想發展而來，包括「君臣、父子、夫婦、長幼、朋友」五倫之道，以及「仁、義、禮、智、信」五行之美德。孔子稱讚作這首詩的人，能夠深切體會人世間日用倫常的道理，教化人民執守常道，並且喜歡這種美德，進而培養美善的人格。因此各級學校應該加強國文、歷史、公民與道德方面的課程，使學生由認知層次，提升為篤實踐履，以培養健全的人格，進而成為明禮義、知廉恥、孝順父母、尊敬師長、友愛同學的好學生。

---

32 引自〔漢〕毛亨傳、鄭玄箋、〔唐〕孔穎達等正義：《毛詩正義》，頁76。
33 引自〔宋〕朱熹集註：《詩集傳》（臺北：臺灣中華書局，1973年）卷18，頁214。

參考文獻

一　古籍（依《四庫全書》分類法）

〔魏〕王弼、〔晉〕韓康伯注、〔唐〕孔穎達等正義：《周易正義》，臺北：藝文印書館，1998年。

〔漢〕毛亨傳、鄭玄箋、〔唐〕孔穎達等正義：《毛詩正義》，臺北：藝文印書館，1998年。

〔漢〕鄭玄注、〔唐〕賈公彥疏：《周禮注疏》，臺北：藝文印書館，1998年。

〔漢〕鄭玄注、〔唐〕賈公彥疏：《儀禮注疏》，臺北：藝文印書館，1998年。

〔漢〕鄭玄注、〔唐〕孔穎達等正義：《禮記正義》，臺北：藝文印書館，1998年。

〔漢〕趙岐注、舊題宋·孫奭疏：《孟子注疏》，臺北：藝文印書館，1998年。

〔漢〕司馬遷：《史記》，臺北：鼎文書局，1987年。

〔漢〕班固、〔唐〕顏師古注：《漢書》，臺北：鼎文書局，1987年。

〔魏〕何晏集解、宋·邢昺疏：《論語注疏》，臺北：藝文印書館，1998年。

〔宋〕朱熹：《四書章句集註》，臺北：鵝湖出版社，1998年。

〔宋〕朱熹集註：《詩集傳》，臺北：臺灣中華書局，1973年。

〔明〕王守仁：《王陽明全集》，上海古籍出版社，2011年。

〔清〕皮錫瑞：《經學通論》，臺北：學海出版社，1985年。

二　現代專著（依作者姓氏筆畫排序）

王夢鷗：《禮記今註今譯》，臺北：臺灣商務印書館，1972年。

高　明：《禮學新探》，香港：香港中文大學，1963年。

周　何：《古禮今談》，臺北：國文天地雜誌社，1992年。

呂思勉：《經子解題》，臺北：臺灣商務印書館，1972年。

彭　林：《中國古代禮儀文明》，北京：中華書局，2004年。

駱承烈：《孔學研究》，濟南：齊魯書社，2002年。

三　數位資源

百度百科，https://baike.baidu.com/item/

中國哲學書電子化計劃，https://ctext.org/yan-shi-jia-xun/xu-zhi/zh

第六章
《禮記‧坊記》中的人文蘊涵[*]

一　前言

　　橫邁古今，跨越西東，學習的天空，是無限的寬廣，兩千多年前，孔子以「有教無類，誨人不倦」的精神，引領莘莘學子，成就七十二高徒，更樹立了以儒家思想為主流的中華文化。孔子教育學生目的：一方面為實現仁政德治的理想，進而培養德才兼備的治世能人；另一方面是教人立身處世之道，即倫理道德思想，以加強自我修養。曾國藩說：「風俗之厚薄悉自乎，自乎一二人心之所嚮。」（〈原才〉）社會的動亂，都是由於人類彼此之間不懂得「敬人者，人恆敬之；愛人者，人恆愛之」（《孟子‧離婁下》）的道理，所以發揮誠敬之美德，消除爾虞我詐之行為，是儒家推行禮樂教化的宗旨。《禮記‧曲禮》說：「道德仁義，非禮不成；教訓正俗，非禮不備；分爭辯訟，非禮不決。」[1]彰顯了禮教是維繫倫理道德的磐石，凝聚公平正義的根本，更是端正社會風氣的指針。

　　孔子說：「安上治民，莫善於禮。」[2]（《禮記‧經解》），強調禮是順應人的常情而制定的節文，可以作為人民言談舉止的規範。《中庸》說：「仁者，人也。親親為大。義者，宜也，尊賢為大。親親之

---

[*]　本文刊登於二〇二一年八月二十八日《孔孟月刊》第五十五卷第十一、十二期。

[1]　引自〔漢〕鄭玄注、〔唐〕孔穎達等正義：《禮記正義‧曲禮上》（臺北：藝文印書館，1998年）卷1，頁14。

[2]　引自〔漢〕鄭玄注、〔唐〕孔穎達等正義：《禮記正義‧經解》卷50，頁846。

殺，尊賢之等，禮所生也。」[3]說明「仁」就是人性情感的表現，其中以親愛自己的親人最為重要；義就是合宜規矩的行為，其中以尊重賢良最為重要；禮就是從親愛親人，尊賢容眾中產生。可見禮是合情合理的節文，而仁是人與人相處所產生的真切之情，普遍存在每一個人的生命之中。雖然古禮之繁文縟節不可行於後世，而其蘊涵的義理，卻是放諸四海而皆準。從古禮中，可以考見當時的社會現狀，本文希望藉由探究《禮記‧坊記》一文中，所蘊涵人文關懷的章節加以闡釋，一則可以擷取亙古不變的禮義，作為人們日常生活的典範，以匡正社會風氣；一則以嘉言懿行來淨化人類的心靈，以提昇現代人的人文素養。

二　《禮記‧坊記》內容述略

中華文化源遠流長，博大精深，而其所以能夠歷久彌新，維繫五千年而不墜的主因，乃是由於數千年來中華民族一貫地篤守著禮教精神，作為建立群己關係和維持社會秩序的緣故。《禮記‧禮運》說：「夫禮，先王以承天之道，以治人之情。故失之者死，得之者生。《詩》曰：『相鼠有體，人而無禮；人而無禮，胡不遄死？』」[4]說明禮本是先聖先王順應自然規律，來約束人民生活行為的法則，人民的行為合乎禮義規範，做事才會有條有理。可見古代聖君重視禮教的重要，使人民能在戒慎恐懼中，懂得敬天法祖，無忝爾所生，以恭儉莊敬的態度來建立良好的社會秩序。《禮記‧樂記》說：「樂者，天地之和也；

3　引自〔宋〕朱熹《四書章句集註‧中庸》：「人，指人身而言。具此身生理，自然便有惻怛慈愛之意，深體味之可見。宜者，分別事理，各有所宜也。禮，則節文斯二者而已。」，頁28。

4　引自〔漢〕鄭玄注、〔唐〕孔穎達等正義：《禮記正義‧禮運》卷21，頁414。

禮者，天地之序也。和故百物皆化，序故群物皆別。」[5]說明音樂是自然和諧的表現，禮是自然秩序的表現，因為和諧所以能夠化育萬物，因為有秩序，才能彰顯現出祥和的社會。由此可見，仁德是禮樂教化的表徵，更是陶養良好的道德人格，建設富強康樂國家的圭臬。

〈坊記〉是《禮記》一書中的第三十篇，孔穎達《禮記正義》引鄭玄《目錄》說：「名〈坊記〉者，以其記六藝之義，所以坊人之失者也。此於《別錄》屬《通論》。子言之：「君子之道，闢則坊與？坊民之所不足者也。民所不足，謂仁義之道也。失道則放闢邪侈也。……故君子禮以坊德，刑以坊淫，命以坊欲。」[6]本篇的內容，首先是孔子說明禮有規範人們行為的作用，涵蓋孝敬父母，謙恭辭讓的道理，推而廣之，延伸到防止人民爭奪利益而忘記道義、防止人民貪淫好色。清代王夫之《禮記章句》說：「此篇與〈表記〉相為表裡。坊者治人之道；表者，脩己之道。脩己治人之實，禮而已矣。性之所由失者，習遷之也。坊習之流，則反歸於善；而情慾之發，皆合乎天理自然之則矣。習俗氾濫，以利其情欲者，為凡民之所樂趨，故坊之也不容不嚴，是以篇內多危急之辭，而疑於人之難以為善。然苟達其立言之旨，以與〈表記〉參觀之，則《易》所謂遏惡揚善、順天修命之理，於此著焉。」[7]王夫之闡述〈坊記〉立言的宗旨，坊是治人的道理，表是修己的方法，二篇相得益彰。坊，就是隄防。水有隄防，就不至於橫決氾濫；民有隄防，就不至於放辟邪侈。[8]可見〈坊記〉所記的君子之道，涵蓋了禮教、刑罰、政令，讓我們了解到孔子施政治國的理念，以及化育人民的用心良苦。

5　引自〔漢〕鄭玄注、〔唐〕孔穎達等正義：《禮記正義‧樂記》卷37，頁669。

6　引自〔漢〕鄭玄注、〔唐〕孔穎達等正義：《禮記正義‧疏》，頁11。

7　引自〔清〕王夫之：《禮記章句》卷30，頁1。收錄於《船山全書》第四冊，（長沙：嶽麓書社，1991年），頁1213。

8　參見高明：《禮學新探》（香港：香港中文大學，1963年），頁54。

三 《禮記‧坊記》中的人文關懷

〈坊記〉篇首說:「君子禮以坊德,刑以坊淫,命以坊欲。」[9]強調德禮與政刑二者對教化人民的重要,朱子說:「政者,為治之具。刑者,輔治之法。德禮則所以出治之本,而德又禮之本也。此其相為終始,雖不可以偏廢,然政刑能使民遠罪而已,德禮之效,則有以使民日遷善而不自知。故治民者不可徒恃其末,又當探其本也。」[10]（《論語集註‧為政》）對儒家而言,禮義之道是治國的綱領,而刑罰則是實行禮義之道的具體措施,二者有相輔相成的功效。茲將《禮記‧坊記》中重要的論禮嘉言及人文關懷,條分縷析於下:

（一）倫常道德之規範

《周易‧序卦》說:「有天地然後有萬物,有萬物然後有男女,有男女然後有夫婦,有夫婦然後有父子,有父子然後有君臣,有君臣然後有上下,有上下然後禮義有所錯。」[11]說明中國的倫理制度,建立於父子血緣親情,而導源於夫婦的結合,以家庭倫理制度為基礎,然後推展於社會國家,而維繫此種倫常關係的原動力,就是禮。禮最大的作用在於規範家庭倫理,區分親疏有內外之別,使家庭中「父子有親,夫婦有別,長幼有序」,推展至社會使「君臣有義,朋友有信」,來凝聚族群力量,進而建立一個人人明禮知恥、講道德仁義、明辨是非善惡的國家。茲舉〈坊記〉所述,說明如下:

---

9 引自〔漢〕鄭玄注、〔唐〕孔穎達等正義:《禮記正義‧坊記》卷51,頁863。
10 引自〔宋〕朱熹:《論語集註‧為政》卷1,頁54。
11 引自〔魏〕王弼、〔晉〕韓康伯、〔唐〕孔穎達等正義:《周易正義‧序卦》(臺北:藝文印書館,1998年),頁188。

子云：「夫禮，坊民所淫，章民之別，使民無嫌，以為民紀者
也。」故男女無媒不交，無幣不相見，恐男女之無別也。以此
坊民，民猶有自獻其身。《詩》云：「伐柯如之何？匪斧不克；
取妻如之何？匪媒不得；蓺麻如之何？橫從其畝；取妻如之
何？必告父母。」[12]

孔子說明禮有防止人們貪淫好色的作用，強調男女有別與避免嫌疑，
成為人們應遵守的紀律。所以，《詩經》上強調男女之間沒有媒妁之
言，娶妻的儀式是無法辦成的，不下聘禮就不得相見，就是擔心男女
無別才做出這種規定。《禮記‧曲禮上》也說：「男女非有行媒，不相
知名。非受幣，不交不親。故日月以告君，齊戒以告鬼神，為酒食以
召鄉黨僚友，以厚其別也。」[13]可見男女結合之前，要先舉行婚禮，告
知鄉親朋友，儀式敬慎隆重而光明正大，主要就是防止男女關係不正
常，表彰人類的倫常道德。在科技文明發達的二十一世紀，青年男女
結婚，也是要經由雙方父母的同意，在親友的祝福下，完成終身大事。
可見婚禮之設定，是亙古不變的倫常道德，也是文明進步的現象。

（二）施政治國之樞機

《禮記‧經解》說：「發號出令而民說，謂之和；上下相親，謂
之仁。」[14]說明國君施政要獲得民心，使人民相親相愛，讓國家充滿
仁愛的風氣，要達成這個理想目標，首要之途，就是人人體現具有
「仁德、中和」內涵的禮樂制度，而不是徒具形式、流於繁文縟節的
世俗禮樂。《禮記‧經解》又說：「禮之教化也微，其止邪也於未形，

---

12 引自〔漢〕鄭玄注、〔唐〕孔穎達等正義：《禮記正義‧坊記》卷51，頁871。
13 引自〔漢〕鄭玄注、〔唐〕孔穎達等正義：《禮記正義‧曲禮上》卷2，頁37。
14 引自〔漢〕鄭玄注、〔唐〕孔穎達等正義：《禮記正義‧經解》卷50，頁846。

使人日徙善遠罪而不自知也，是以先王隆之也。」[15]說明禮的教化，不是立竿見影的，對邪惡的行為有防患未然的功效，同時可以使人在潛移默化中改邪歸正，所以聖明的君王沒有不重視禮教的。茲舉〈坊記〉所述，說明如下：

> 子言之：「君子之道，辟則坊與，坊民之所不足者也。」大為之坊，民猶逾之。
> 子云：「上酌民言，則下天上施；上不酌民言，則犯也；下不天上施，則亂也。」
> 故君子信讓以蒞百姓，則民之報禮重。《詩》云：「先民有言，詢于芻蕘。」[16]

孔子強調自古聖君，經常有「民之所欲，常在我心」的理念，因此能夠聽取人民的意見，用誠信謙讓的態度來對待人民，人民感念國君的仁政德惠，並且把國家的政令看作是上天的施惠，因此不敢為非作歹。所以《禮記・坊記》說：「有國家者，貴人而賤祿，則民興讓；尚技而賤車，則民興藝。君子約言，小人先言。」[17]說明國君應該選賢與能，尊重有道德有才能的人，在上行下效的原則下，蔚成風尚，人人能夠學習技藝，務本踏實，謹言慎行，而不會信口開河。禮是人倫制度的規範，孔子希望建構一個「君君、臣臣、父父、子子」（《論語・顏淵》）充滿仁愛風氣的國家。盱衡目前的社會現況，政治領導者，推動各項政令法規，都應該以民意為依歸，如此國家才能夠富強，人民生活才能安樂。

---

15 引自〔漢〕鄭玄注、〔唐〕孔穎達等正義：《禮記正義・經解》卷50，頁847。
16 引自〔漢〕鄭玄注、〔唐〕孔穎達等正義：《禮記正義・坊記》卷51，頁866。
17 同上註。

（三）生命禮儀之傳承

　　《禮記·祭統》說：「凡治人之道，莫急於禮。禮有五經，莫重於祭。夫祭者，非物自外至者也，自中出生於心也；心怵而奉之以禮。是故，唯賢者能盡祭之義。」[18]說明祭祀鬼神之禮，是發自人們內心的感念，也就是孝心的表現，這種回歸於生命根源「報本返始」的精神，是儒家極為深遠懿美的生命表現。[19]先秦時的禮樂活動內容，大都與當時的祭祀息息相關，然而祭禮的活動內容卻隨著社會文化的演進，而日趨複雜。茲舉〈坊記〉所述，說明如下：

> 子云：「七日戒，三日齊，承一人焉以為尸，過之者趨走，以教敬也。」醴酒在室，醍酒在堂，澄酒在下，示民不淫也。尸飲三，眾賓飲一，示民有上下也。因其酒肉，聚其宗族，以教民睦也。故堂上觀乎室，堂下觀乎上。《詩》云：「禮儀卒度，笑語卒獲。」[20]

古代凡是大小祭禮，必先齋，用以敬事天神人鬼，齋有尊敬的意涵。孔子說明祭祀禮儀之功能，在發揮人們仁民愛物的天性，由親愛親人，推而上之，及於尊重先祖，由尊重先祖，擴而充之，至於尊敬宗族，繼而團結族人，使宗廟莊嚴完備，復由維護宗廟的莊嚴完備，推衍至重社稷、愛百姓，使得人人能安居樂業，最後一切終歸於禮樂和諧，政清俗美。所以《禮記·禮運》說：「禮義也者，人之大端也。所以講信修睦，而固人之肌膚之會、筋骸之束也。所以養生送死、事鬼

---

18 引自〔漢〕鄭玄注、〔唐〕孔穎達等正義：《禮記正義·祭統》卷49，頁830。
19 參見蔡仁厚著：《孔子的生命境界——儒學的反思與開展》貳、〈詩、禮、樂與文化生命〉（臺北：臺灣學生書局，1998年），頁27。
20 引自〔漢〕鄭玄注、〔唐〕孔穎達等正義：《禮記正義·坊記》卷51，頁869。

神之大端也。」[21]可見禮義是每個人立身處世的基石，是維繫人倫道德的原動力，進而使人們能講信修睦，在養生送死方面，都能夠做到「生，事之以禮；死，葬之以禮，祭之以禮。」(《論語・為政》)的理想目標。目前在臺灣每年四月五日的清明節，家家戶戶都會去祭拜祖先，這也是慎終追遠，緬懷祖先德澤的表現。可見祭禮能順應人情事故與自然的變化，更是影響社會人心縣長久遠的倫理道德。

（四）孝親尊親之彰顯

孔子闡釋孝道的真諦，為人子女事奉父母盡孝道，不僅僅是在飲食起居的「贍養」，重要的是要有恭敬的態度，要以和顏悅色來承歡膝下，使父母能夠頤養天年。所以孔子說：「仁者，人也；親親為大。義者，宜也；尊賢為大。親親之殺，尊賢之等，禮所生也。」[22]（《中庸》)說明仁是人性的表現，其中以親愛自己的親人最為重要；而義就是合宜的行為，其中以尊重賢人最為重要。親愛自己的親族，有親疏的差別；尊重賢人，也有高下的等級，禮就是由此而產生，孔子論禮的基本觀點，是在講孝。並確切的指出孝悌之道，是彰顯仁心的最初表現，也是人的真實生命、真性情的流露。茲舉〈坊記〉所述，說明如下：

> 子云：「君子弛其親之過，而敬其美。」
>
> 《論語》曰：「三年無改於父道，可謂孝矣。」《高宗》云：「三年其惟不言，言乃讙。」
>
> 子云：「從命不忿，微諫不倦，勞而不怨，可謂孝矣。」

---

21 引自〔漢〕鄭玄注、〔唐〕孔穎達等正義：《禮記正義・禮運》卷22，頁439。
22 引自〔宋〕朱熹：《四書章句集註・中庸》（臺北：鵝湖出版社，1998年），頁28。

《詩》云：「孝子不匱。」[23]

孔子所說的「禮」，是規範人倫道德的根本。強調要做一個有教養、有道德的人，就應該從孝敬父母做起。《大戴禮記‧曾子立孝》說：「君子之孝也，忠愛以敬；反是，亂也。」說明孝養父母的關鍵，在於心存敬愛之心，即使是粗茶淡飯，父母也會感到溫暖。孝敬父母的方法具體而微，例如、「居喪三年當中，能夠實踐父親生前的嘉言懿德，並加以發揚光大」、「能夠聽從父母的教導，用委婉的言辭來規勸父母的過失而毫無怨言，辛勤的照顧父母而不抱怨」等。所以《禮記‧冠義》說：「故孝弟忠順之行立，而后可以為人，可以為人，而后可以治人也。」[24]說明禮教苞蘊宏富，從孝敬父母做起，擴及齊家、治國，乃至於移風易俗，教化人民，可說是無所不至。在擾攘的紅塵裡，父母對子女付出的關愛，是無怨無悔的偉大情懷。為人父母的茹苦含辛，換來子女的茁壯成長。「百善孝為先」，為人子女的確應該及時行孝，以免「樹欲靜而風不止，子欲養而親不在」（《韓詩外傳》卷九）的時候，才後悔莫及，就為時已晚了。

（五）進德修業之圭臬

荀子說：「禮起於何也？曰：人，人生而有欲，欲而不得，則不能無求，求而無度量分界，則不能不爭，爭則亂，亂則窮。先王惡其亂也，故制禮義以分之，以養人之欲，以給人之求，使欲必不窮乎物，物必不屈於欲，兩者相持而長，是禮之所起也。」[25]說明人生於世，本來就有無窮盡的慾望，社會的紛爭與禍亂，由此而產生，因此

---

23 引自〔漢〕鄭玄注、〔唐〕孔穎達等正義：《禮記正義‧坊記》卷51，頁867。

24 引自〔漢〕鄭玄注、〔唐〕孔穎達等正義：《禮記正義‧冠義》卷61，頁998。

25 引自〔清〕王先謙：《荀子集解‧禮論》（臺北：藝文印書館，1946年），頁583。

古代的聖君制定了禮義，來調理人們對物欲的追求。《禮記·曲禮》
說：「富貴而知好禮，則不驕不淫；貧賤而知好禮，則志不懾。」[26]這
是勸勉人要知禮明禮，要富而好禮，要安貧樂道。茲舉〈坊記〉所
述，說明如下：

> 子云：「小人貧斯約，富斯驕；約斯盜，驕斯亂。」禮者，因
> 人之情而為之節文，以為民坊者也。故聖人之制富貴也使民富
> 不足以驕，貧不至於約，貴不慊於上，故亂益亡。
> 子云：「貧而好樂，富而好禮，眾而以寧者，天下其幾矣。
> 《詩》云：『民之貪亂，寧為荼毒。』」故制：國不過千乘，都
> 城不過百雉，家富不過百乘。以此坊民，諸侯猶有畔者。[27]

孔子指出小人遇到貧窮就會胡作非為，一旦富貴就會驕橫無禮，因此
聖人制定了一套禮制，使人們能順應人生中富、貴、貧、賤四種人生
狀態的變化，即使貧窮也能樂天安命，富貴而能謙恭有禮。人人安守
本分，犯上作亂的事也逐漸消弭，社會的祥和指日可待。可見古代的
聖君為制止人們貪得無厭的追求財貨，因此制定禮義來控制人們的欲
望，作為防止人們越軌的堤防。孔子說：「富與貴，是人之所欲也，
不以其道得之，不處也；貧與賤，是人之所惡也，不以其道得之，不
去也。」（《論語·里仁》）說明人人要戒奢以儉，不可以唯利是圖。
遇到財物要通過正當的途徑去獲取，因為君子愛財，要取之有道。在
物質文明發達的的現代，人人對金錢取捨的態度，要學習陳光憲教授
所說：「中國古錢外圓內方的意涵，勸人們在取予之間要規矩，必須

---

26 引自〔漢〕鄭玄注、〔唐〕孔穎達等正義：《禮記正義·曲禮上》卷1，頁16。
27 引自〔漢〕鄭玄注、〔唐〕孔穎達等正義：《禮記正義·坊記》卷51，頁863-864。

守正不阿，讓金錢流通無阻。」[28]所以人人要培養要淡泊名利的襟懷，進而體現孟子所說：「富貴不能淫，貧賤不能移。」(《孟子‧滕文公下》)的高尚氣節。

四　結語

展讀《禮記‧坊記》篇章，文筆凝練，是借孔子論禮的學說，闡述政治教化、孝道倫理、貧富貴賤、婚姻禮儀等儒家思想。孟子說：「上無禮，下無學，賊民興，喪無日矣。」(《孟子‧離婁上》)可見聖人制禮，非故為是繁文縟節，實所以禁亂止邪，[29]強調禮教是提昇人文素養的準繩。司馬遷在《禮書》篇首即對《禮》大加贊美：「洋洋美德乎！宰制萬物，役使群眾，豈人力也哉！余至大行禮官，觀三代損益，乃知緣人情而制禮，依人性而作儀，其所由來尚矣。人道經緯萬端，規矩無所不貫，誘進以仁義，束縛以刑罰，故德厚者位尊，祿重者寵榮，所以總一海內而整齊萬民也。」[30]說明禮的教化是廣大充實，影響社會人心深遠的一種美德，禮能順應自然發展的情況，主宰萬物的生長，順應人情事故的變遷，引導人們遵循禮法而能克己復禮，共謀社會國家的長治久安。

德國哲學家黑格爾（Georg Wilhelm Friedrich Hegel, 1770-1831）說：「經典是永恆的，因為它會不斷激起讀者心靈中的理念典型。」這的確是深中肯綮的言論。限於篇幅，本文只能擇要記述五點發人深省的經典哲理，可作為後世修身、齊家、治國、平天下的借鏡。二千多年之後的今日，我們重新閱讀《禮記‧坊記》的篇章，古聖先賢的

---

28 參見陳光憲：《學習才會贏》(臺北：富春文化公司，2010年)，頁92。

29 引自〔清〕皮錫瑞：《經學通論》(北京：中華書局，1954年)，頁82。

30 引自〔漢〕司馬遷：《史記‧禮書》(臺北：鼎文書局，1987年)卷23，頁1157-1158。

智慧結晶，化為字字珠璣的名言佳句，全篇發人深省的題材，可以開拓學生的新視野，陶冶其閱讀品味，這也是經典閱讀教學的重要目標。在老師循循善誘中，學生經由閱讀經典嘉言，領悟到智慧的成熟、生命意義的持續開展，乃至孝順父母、尊敬長輩、慎終追遠等倫理道德的闡揚。要將儒家所推行的「禮義之道」，落實在日常生活中，以陶鑄學生的人文素養，可見從個人的修身養性到安邦定國，都要依循禮節而循規蹈矩，如此社會秩序定能和諧安寧。

參考文獻

一　古籍（依《四庫全書》分類法）

〔漢〕鄭玄注、〔唐〕孔穎達等正義：《禮記正義》，臺北：藝文印書館，1998年。

〔漢〕趙岐注、舊題〔宋〕孫奭疏：《孟子注疏》，臺北：藝文印書館，1998年。

〔漢〕司馬遷：《史記》，臺北：鼎文書局，1987年。

〔魏〕王弼、〔晉〕韓康伯注、〔唐〕孔穎達等正義：《周易正義》，臺北：藝文印書館，1998年。

〔宋〕朱熹：《四書章句集註》，臺北：鵝湖出版社，1998年。

〔清〕孫希旦：《禮記集解》，臺北：蘭臺書局，1971年。

〔清〕劉寶楠：《論語正義》，臺北：文史哲出版社，1990年。

〔清〕王先謙：《荀子集解》，臺北：藝文印書館，1946年。

〔清〕王夫之：《船山全書》第四冊，長沙：嶽麓書社，1991年。

〔清〕皮錫瑞著：《經學通論》，北京：中華書局，1954年。

二　現代專著（依作者姓氏筆畫排序）

王夢鷗：《禮記今註今譯》，臺北：臺灣商務印書館，1972年。

牟宗三：《道德的理想主義》，臺北：臺灣學生書局，1985年。

呂思勉：《經子解題》，臺北：臺灣商務印書館，人人文庫，1972年4月臺二版。

高　明：《禮學新探》，香港：香港中文大學，1963年。

陳光憲：《學習才會贏》，臺北：富春文化公司，2010年。

蔡仁厚：《孔子的生命境界──儒學的反思與開展》，臺北：臺灣學生
　　書局，1998年。

蔡仁厚《孔孟荀哲學》，臺北：臺灣學生書局，1984年。

謝淑熙：《道貫古今──孔子禮樂觀所蘊含之教育思想》，臺北：秀威
　　資訊公司，2005年。

第七章
《禮記・表記》人文思想詮釋*

一　前言

　　自孔子以來的歷代先哲，都重視「以人為本」的教育思想。人文一詞，最早見於《周易・賁卦・彖傳》所說：「文明以止，人文也。觀乎天文，以察時變；觀乎人文，以化成天下。」[1]說明觀察日月星辰的運轉，就可以明瞭時序的變化；觀察人類文明的進展，就能夠推行教化來化民成俗，使人人知所依歸，知所遵循，從而使天下昌明。人文精神是中華文化的支柱，也是維繫倫理道德的基石。孔子點醒了、拯救了禮崩樂壞的周代文明，將它賦予鮮活的精神和嶄新的生命，並且加以發揚光大，這就是「仁」的精神。「仁」字從人二，正表示人與人的關係所達到的最圓滿的境界。《中庸》說：「仁者，人也。親親為大。義者，宜也，尊賢為大。親親之殺，尊賢之等，禮所生也。」[2]說明「仁」就是人性情感的表現，其中以親愛自己的親人最為重要；義就是合宜規矩的行為，其中以尊重賢良最為重要；禮就是從親愛親人，尊賢容眾中產生。可見孔子的「仁學」是中華人文精

---

* 本文刊登於二〇二一年十月二十八日《孔孟月刊》第六十卷第一、二期。

1　引自〔魏〕王弼、〔晉〕韓康伯注、〔唐〕孔穎達等正義：《周易正義・賁卦・彖傳》：「觀天之文，則時變可知也；觀人之文，則化成可為也。」（臺北：藝文印書館，1998年），頁62。

2　引自〔宋〕朱熹《四書章句集註・中庸》：「人，指人身而言。具此身生理，自然便有惻怛慈愛之意，深體味之可見。宜者，分別事理，各有所宜也。禮，則節文斯二者而已。」（臺北：鵝湖出版社，1998年），頁28。

神的核心，是人文主義的價值理想，這一切不僅是協和萬邦、民族共存、文化交流的指導原則，而且也顯示了「人與天地萬物為一體」的智慧。

《禮記·表記》說：「仁者，天下之表也；義者，天下之制也；報者，天下之利也。」[3]說明「仁」是天下共同遵守的規範，「義」是評斷天下世事是否得宜的正理，「報」講求禮尚往來的人際關係。《禮記·表記》一文彰顯孔子強調仁、義、報三者對教化人民的重要，讓我們了解到孔子施政治國的理念，以及化育人民的用心良苦。《孟子·滕文公上》說：「人之有道也，飽食煖衣，逸居而無教，則近於禽獸。聖人有憂之，使契為司徒，教以人倫，父子有親、君臣有義、夫婦有別、長幼有序、朋友有信。」又說：「夏曰校，殷曰序，周曰庠，學則三代共之，皆所以明人倫也。」足以證明自至聖先師孔子以來，歷代的思想家，都特別重視「以人為本」的教育思想，認為人而無教，則行為近於禽獸。本文希望藉由探究《禮記·表記》一文中，所蘊涵人文關懷的章節加以闡釋，一則可以了解仁義的教化無所不在，是君子立身行事，待人治事的準則；一則可以學習社會生活的規範，以提升人們的人文素養與倫理道德。

二　《禮記·表記》內容述略

〈表記〉是《禮記》一書中的第三十二篇，孔穎達《禮記正義》引鄭玄《目錄》說：「名〈表記〉者，以其記君子之德，見於儀表。此於《別錄》屬《通論》。」[4]孫希旦（1736-1784）《禮記集解》說：

3　引自〔漢〕鄭玄注、〔唐〕孔穎達等正義：《禮記正義·表記》（臺北：藝文印書館，1998年）卷54，頁909。

4　引自〔漢〕鄭玄注、〔唐〕孔穎達等正義：《禮記正義·表記》卷54，頁908。

「此篇凡分為八支：自首章至第九章為第一支，言君子持身莊敬恭信之道，而言敬之義為詳。自第十章至第十六章為第二支，兼明仁、義、報三者之道。自第十七章至第二十三章為第三支，專明仁道。自第二十四章至第二十七章為第四支，專明義道。自第二十八章至第三十三章為第五支，以虞、夏、殷、周之治，明凱弟君子之義。自第三十四章至第四十五章為第六支，明事君之道。自第四十六章至第五十章為第七支，明言行之要。自第五十一章至第五十五章為第八支，明卜筮之重。」[5]本篇的內容，依次為君子行為的根本，仁與義的相互關係，仁的要素，義的要素，虞、夏、殷、周的政教得失、事君之道、言行之道及卜筮八項。[6]由此可知，孔子說明仁義有規範人們行為的作用，涵蓋經邦濟世、修己治人的道理。

　　清代王夫之（1619-1692）《禮記章句》說：「表者，植木為標，以測高下淺深之度者也。凡為坊者，必先立表，以為之則。表雖無與於坊，而為坊之所自出，是坊本而表末也。以禮坊民，民猶踰之。既不可以坊為無意而廢之，亦不可以更峻其防而束民不堪，則惟反躬自治，以正其表。斯正已之盡，而物可得正矣。故三代禮坊民，而踰之也率在末君失得之世，則知表之為重，而亦不可咎坊之徒勞矣。」[7]王夫之說明〈表記〉立言的宗旨，以禮坊民，民猶踰之，更深入探討君子應該反躬自治，以正其表，堪稱是深切中肯的推論。王夫之又說：「坊者治人之道；表者，脩己之道。脩己治人之實，禮而已矣。性之所由失者，習遷之也。坊習之流，則反歸於善；而情慾之發，皆合乎天理自然之則矣。」[8]（《禮記章句》）由此可見，坊是治人的道

5　引自〔清〕孫希旦：《禮記集解》（臺北：文史哲出版社，1990年），頁1297。

6　參見高明：《禮學新探》（香港：香港中文大學，1963年），頁56。

7　引自〔清〕王夫之：《禮記章句》卷30，頁1。收錄於《船山全書》第四冊，（長沙：嶽麓書社，1991年），頁1317。

8　引自〔清〕王夫之：《禮記章句》卷30，頁1。收錄於《船山全書》第四冊，頁1213。

理，表是修己的方法，可見二篇相得益彰，皆是修己治民的良方，詳加閱讀可以達到相輔相成的功效。

三 《禮記・表記》仁義道德的體現

孔子說：「志於道，據於德，依於仁，游於藝。」（《論語・述而》），這章是孔子提出教育弟子的四個條目，將本於心的仁德，表現在與人相處之道上，廣泛的愛眾人。並且學習六藝（禮、樂、射、御、書、數）之道，悠遊涵泳於六藝之中，用詩、書、禮、樂來興發心志，穩立人生，成就美好德行，這就是所謂的人文教化。孟子說：「仁，人之安宅也；義，人之正路也。曠安宅而弗居，舍正路而弗由，哀哉！」（《孟子・告子上》）這是孟子深戒學者應該居仁由義，以修養完美的品德。聖明之國君為政治國時也應該具備仁義道德，來經邦濟世。茲將《禮記・表記》中闡述仁義道德的思想及體現，條分縷析於下：

（一）君子待人接物之原則

顏淵問仁。子曰：「克己復禮為仁。一日克己復禮，天下歸仁焉。為仁由己而由人乎哉？」顏淵曰：「請問其目。」子曰：「非禮勿視，非禮勿聽，非禮勿言，非禮勿動。」顏淵曰：「回雖不敏，請事斯語矣！」（《論語・顏淵》）可見克己復禮就是控制自身情欲，使自己的言談舉止合乎禮的表現，這就是君子日常待人接物的原則。茲舉〈表記〉所述為例：

> 子曰：「君子不失足於人，不失色於人，不失口於人，是故君子貌足畏也，色足憚也，言足信也。〈甫刑〉曰：『敬忌而罔有

擇言在躬。』」[9]

子曰：「君子慎以辟禍，篤以不掩，恭以遠恥。」[10]

子曰：「君子莊敬日強，安肆日偷。君子不以一日使其躬儳焉，如不終日。」[11]

上述引文，說明君子謹言慎行，態度恭敬，彬彬有禮，合乎孔子所說：「色思溫，貌思恭，言思忠。」（《論語・季氏》）三項要用心思慮的事情，所以君子的容貌神色要溫和，儀態舉止要謙恭，言談話語令人信服，這就是君子待人接物需要謹記的三個原則。君子積善成德，端莊恭敬，待人寬厚，避災遠禍，因此道德日益顯著；如果安樂放肆，就會苟且偷安，如同小人的傲慢無禮而惶惶不可終日。所以《禮記・冠義》說：「凡人之所以為人者，禮義也。禮義之始，在於正容體、齊顏色、順辭令。容體正，顏色齊，辭令順，而后禮義備。以正君臣、親父子、和長幼。君臣正，父子親，長幼和，而后禮義立。」[12]說明了先王制定禮義，成為人民行為的規範。其根本是由君臣、父子、長幼尊卑之間應遵守的禮儀所產生，推而廣之，蘊涵人們平日與人周旋曲折的禮儀，使人民的言行舉止，能循規蹈矩，態度端莊合宜，說話恭順有禮，成為光明磊落的謙謙君子。

（二）仁義倫理道德的彰顯

孔子說：「君子篤於親，則民興於仁。」（《論語・泰伯》），又說：「夫仁者，己欲立而立人，己欲達而達人。」（《論語・雍也》），

9　引自〔漢〕鄭玄注、〔唐〕孔穎達等正義：《禮記正義・表記》卷54，頁908。

10　同上註。

11　引自〔漢〕鄭玄注、〔唐〕孔穎達等正義：《禮記正義・表記》卷54，頁908-909。

12　引自〔漢〕鄭玄注、〔唐〕孔穎達等正義：《禮記正義・冠義》卷61，頁998。

說明在上位的人能夠以仁心厚待親屬，上行下效，那麼民間也會興起
仁愛的風氣。孔子的人生理想是「願老者安之，朋友信之，少者懷
之。」（《論語・公冶長》），蘊涵著繼往開來的歷史使命感。所以仁的
真諦，在於人人有兼善天下的襟懷，自己想立身行道，也期盼其他人
也能夠力行仁道。茲舉〈表記〉所述為例：

> 子言之：「仁者，天下之表也；義者，天下之制也；報者，天
> 下之利也。」子曰：「以德報德，則民有所勸；以怨報怨，則
> 民有所懲。」[13]
> 子曰：「恭近禮，儉近仁，信近情，敬讓以行此，雖有過，其
> 不甚矣。夫恭寡過，情可信，儉易容也；以此失之者，不亦鮮
> 乎？」[14]
> 子曰：「仁之難成久矣，惟君子能之。是故君子不以其所能者
> 病人，不以人之所不能者愧人。是故聖人之制行也，不制以
> 己，使民有所勸勉愧恥，以行其言。禮以節之，信以結之，容
> 貌以文之，衣服以移之，朋友以極之，欲民之有壹也。」[15]

上述引文，孔子說明仁是普天下人應該共同遵守的規範；義是裁決天
下事物的標準；禮尚往來是古代人們交往的基本原則，可以增進人與
人之間的互動關係。孔子主張：「以直報怨，以德報德。」（《論語・
憲問》），因為以恩德回報給對自己有恩德的人，大家就會互相勉勵而
友好相處。以怨恨回報別人對自己的怨恨，這樣就會兩敗俱傷。態度
恭敬謙遜，待人誠懇信實，生活簡約樸實節儉，合乎倫理道德的準

---

13 引自〔漢〕鄭玄注、〔唐〕孔穎達等正義：《禮記正義・表記》卷54，頁909。
14 引自〔漢〕鄭玄注、〔唐〕孔穎達等正義：《禮記正義・表記》卷54，頁911。
15 引自〔漢〕鄭玄注、〔唐〕孔穎達等正義：《禮記正義・表記》卷54，頁912。

則。《禮記‧儒行》說：「禮節者，仁之貌也。」[16]正說明仁德是禮樂教化的表徵，更是塑造良好人際關係，建設和諧完善國家的規範。因此聖人在制定行為標準時，用禮來約束人民的行為，用誠信來引導人民，用和顏悅色來改變人們的心性，用合宜的衣服來改變人們的氣質，用朋友的勸勉來鼓勵人們向善，這都是希望人民能夠培養良好的生活習慣，提升人民的道德修養。孔子繼承周公制禮作樂的精神，替人民定倫常，使人民日常生活有道揆法守，以化民成俗。可見儒家的理想政治目標是統治者應該「以禮化民」、「以樂教民」。所以孔子說：「恭儉莊敬，禮教也；廣博易良，樂教也。」[17]（《禮記‧經解》）正說明為政者施政應該「樂節禮樂」、「文之以禮樂」來化民成俗，以導正不良的社會風氣。

（三）國君施政治國的理念

《禮記‧冠義》說：「故孝弟忠順之行立，而后可以為人，可以為人，而后可以治人也。」又說：「故聖人之所以治人七情，修十義，講信修睦，尚辭讓，去爭奪，舍禮何以治之？」[18]說明禮所以脩治人情仁義、崇尚辭讓謙恭、去除爭奪紛爭，所以人人行事必以禮為準繩，然後才能完成修身、齊家的目標。自天子以至於庶人，從個人的修身養性擴及齊家、治國，乃至移風易俗，教化人民，禮教的功效可說是無所不至。茲舉〈表記〉所述為例：

> 子言之：「君子之所謂仁者其難乎！《詩》云：『凱弟君子，民之父母。』凱以強教之；弟以說安之。樂而毋荒，有禮而親，

---

16 引自〔漢〕鄭玄注、〔唐〕孔穎達等正義：《禮記正義‧儒行》卷59，頁980。
17 引自〔漢〕鄭玄注、〔唐〕孔穎達等正義：《禮記正義‧經解》卷50，頁845。
18 引自〔漢〕鄭玄注、〔唐〕孔穎達等正義：《禮記正義‧冠義》卷61，頁999。

　　威莊而安，孝慈而敬。使民有父之尊，有母之親。如此而後可
　　以為民父母矣，非至德其孰能如此乎？」[19]
　　子言之曰：「後世雖有作者，虞帝弗可及也已矣。……子民如
　　父母，有憯怛之愛，有忠利之教；親而尊，安而敬，威而愛，
　　富而有禮，惠而能散；其君子尊仁畏義，恥費輕實，忠而不
　　犯，義而順，文而靜，寬而有辨。」[20]

上述引文，說明快樂和易的的君子要成為「民之父母」，就要重視禮
樂教化，成為人民的表率。教導人民自強不息，快樂而不荒廢事業，
彬彬有禮而相親相愛，威嚴莊重而不失安寧，孝順慈愛而不失恭敬，
使人民像尊敬父親一樣的尊敬君王，像親愛母親一樣的親近君王，有
這樣仁愛人民的作為，然後才可以成為民眾的父母。看待人民，猶如
父母愛護子女，教化人民能夠崇尚仁德，謹守禮義，淡泊名利，忠君
愛國，文雅穩重，寬容有分寸。所以《禮記・禮運》說：「故禮義也
者，人之大端也，所以講信脩睦而固人之肌膚之會，筋骸之束
也。……故聖王脩義之柄、禮之序，以治人情。故人情者，聖王之田
也。脩禮以耕之，陳義以種之，講學以耨之，本仁以聚之，播樂以安
之。」[21]說明講信修睦、相親相愛的禮儀節文是仁義社會的基礎，唯
有聖明的君王施政時會強調禮教的重要。《禮記・經解》也說：「禮之
教化也微，其止邪也於未形，使人日徙善遠罪而不自知也，是以先王
隆之也。」[22]強調禮的教化，不是立竿見影的，對邪惡的行為有防患
未然的功效，同時可以使人在潛移默化中改邪歸正，所以聖明的君王
治國，沒有不重視禮教的。

---

19 引自〔漢〕鄭玄注、〔唐〕孔穎達等正義：《禮記正義・表記》卷54，頁914。
20 引自〔漢〕鄭玄注、〔唐〕孔穎達等正義：《禮記正義・表記》卷54，頁916。
21 引自〔漢〕鄭玄注、〔唐〕孔穎達等正義：《禮記正義・禮運》卷22，頁439。
22 引自〔漢〕鄭玄注、〔唐〕孔穎達等正義：《禮記正義・經解》卷50，頁847。

（四）社會群體和諧的表現

　　《禮記‧經解》說：「發號出令而民說，謂之和；上下相親，謂之仁。」[23]說明國君施政要獲得民心，使人民相親愛，讓國家充滿仁愛的風氣，要達成這個理想目標，首要之途，就是人人體現具有「仁德、中和」內涵的禮樂制度，而不是徒具形式、流於繁文縟節的世俗禮樂。《禮記‧禮運》說：「故聖人耐以天下為一家，以中國為一人。」[24]足證有仁愛的精神，定可以使四海之內，皆兄弟也，是社會群體和諧的表現，也是安邦定國的基石。茲舉〈表記〉所述為例：

　　　　子曰：「君子不以辭盡人。故天下有道，則行有枝葉；天下無道，則辭有枝葉。……故君子之接如水，小人之接如醴；君子淡以成，小人甘以壞。」
　　　　子曰：「君子不以口譽人，則民作忠。故君子問人之寒，則衣之；問人之飢，則食之；稱人之美，則爵之。」[25]
　　　　子曰：「口惠而實不至，怨菑及其身。是故君子與其有諾責也，寧有已怨。國風曰：『言笑晏晏，信誓旦旦，不思其反；反是不思，亦已焉哉！』」[26]
　　　　子曰：「君子不以色親人；情疏而貌親，在小人則穿窬之盜也與？」子曰：「情慾信，辭欲巧。」[27]

---

23 引自〔漢〕鄭玄注、〔唐〕孔穎達等正義：《禮記正義‧經解》卷50，頁846。
24 引自〔漢〕鄭玄注、〔唐〕孔穎達等正義：《禮記正義‧禮運》：「耐，古能字，傳書世異，古字時有存者，則亦有今誤矣。」卷22，頁431。
25 引自〔漢〕鄭玄注、〔唐〕孔穎達等正義：《禮記正義‧表記》卷54，頁919。
26 同上註。
27 引自〔漢〕鄭玄注、〔唐〕孔穎達等正義：《禮記正義‧表記》卷54，頁920。

上述引文，說明做人要真誠不虛偽，君子立足於世，言行舉止要一
致，不要以花言巧語來譁眾取寵，所以孔子說：「巧言令色，鮮矣
仁。」(《論語‧學而》)又說：「君子欲訥於言而敏於行。」(《論語‧
里仁》)強調言行相符，恪守諾言，內心真誠，是做人信實應遵循的
準則。孔子強調君子不根據言辭評價一個人的好壞，所以在天下有道
的太平盛世，人們注重實際的行動；在天下無道的衰亂之世，人們崇
尚華而不實的空談。君子的交情雖然像水一樣淡薄，但彼此之間能相
輔相成；小人之交雖然像甜酒一樣甘甜，但時日一久卻會因利益衝突
而友情決裂。誠如《周易‧繫辭上》所說：「言行者，君子之樞機。樞
機之發，榮辱之主也。言行，君子之所以動天地也，可不慎乎？」[28]
因為一言既出，駟馬難追，在言語上，不可以信口開河。所以《禮
記‧曲禮上》說：「毋不敬，儼若思，安定辭。安民哉！」[29]說明君王
言行舉止均須合禮合宜，敬謹恭敬，不可以輕浮躁進，無論平日獨處
一室，或待人接物，一定要謹言慎行，以莊敬謙和的態度來克己復
禮，不可以自以為是，人民在仁君良好政教的潛移默化下，自然會樹
立純善的社會風氣，使暴戾之氣消弭於無形。《禮記‧曲禮上》又
說：「禮，不妄說人，不辭費。」[30]的確誠敬的心，對個人之進德修業
裨益良多，大家應該身體力行之。

(五)占卜祭祀禮儀的規範

　　卜筮是中國古代歷史悠久，能揭示國家與個人未來吉凶禍福、稽
疑決策的準繩。在我國先秦古籍中均有卜筮的記載，《周易‧繫辭

---

28 引自〔魏〕王弼、〔晉〕韓康伯注、〔唐〕孔穎達等正義：《周易正義‧賁卦‧象傳》
　　(臺北：藝文印書館，1993年)，頁151。
29 引自〔漢〕鄭玄注、〔唐〕孔穎達等正義：《禮記正義‧曲禮上》卷1，頁12。
30 引自〔漢〕鄭玄注、〔唐〕孔穎達等正義：《禮記正義‧曲禮上》卷1，頁14。

上》說：「是故易有太極，是生兩儀，兩儀生四象，四象生八卦，八卦定吉凶，吉凶生大業。……探賾索隱，鉤深致遠，以定天下之吉凶，成天下之亹亹者，莫大乎蓍龜。」[31]說明《周易》中所記載的卜筮文化，用占筮之蓍策，六爻之變化，蘊藏以往之經驗，可以推知未來，而告知人民以趨吉避凶之道。探索繁雜幽隱之事理，判定天下之吉凶，成就偉大之事業。《禮記‧月令》上說：「孟冬之月，命大史釁龜筴占兆，審卦吉凶。」[32]說明上古人們根據神靈的啟示，以趨吉避凶的事例。茲舉〈表記〉所述為例：

> 子言之：「昔三代明王皆事天地之神明，無非卜筮之用，不敢以其私，褻事上帝。是故不犯日月，不違卜筮。卜筮不相襲也。大事有時日；小事無時日，有筮。外事用剛日，內事用柔日。不違龜筮。」[33]
> 子曰：「君子敬則用祭器。是以不廢日月，不違龜筮，以敬事其君長，是以上不瀆於民，下不褻於上。」[34]

上述引文，說明從前夏、商、周三代的聖明君王，都奉事天地和眾多神明，祭祀的一切活動都由卜筮來決定，不敢放縱私意而冒瀆上帝，所以不會沖犯不吉利的日子，不會違背占卜的指示。用了龜卜，就不可再用筮，用了筮，就不可再用龜卜，二者不相重複。君王用卜筮，擇吉而祭祀，使人民敬鬼神而畏法令。內事指宗廟之祭；外事指用兵之事，各有固定的日子。由於不違背卜筮的指示，所以祭祀所用的

---

31 引自〔魏〕王弼、〔晉〕韓康伯注、〔唐〕孔穎達等正義：《周易正義‧繫辭上》卷7，頁157。
32 引自〔漢〕鄭玄注、〔唐〕孔穎達等正義：《禮記正義‧月令》卷17，頁341。
33 引自〔漢〕鄭玄注、〔唐〕孔穎達等正義：《禮記正義‧表記》卷54，頁920。
34 引自〔漢〕鄭玄注、〔唐〕孔穎達等正義：《禮記正義‧表記》卷54，頁922。

犧牲、禮樂、集盛，適合於於鬼神，又是百姓所願意的。所以臣下晉見君王要選擇個吉利的日子，不違背龜筮的指示，以敬事其君王。因此君王仁愛百姓，百姓尊敬君王，舉國上下和樂融融。《禮記‧曲禮上》記載：「龜為卜，策為筮。卜筮者，先聖王之所以使民信時日，敬鬼神畏法令也。」[35]強調古時卜用龜甲，筮用蓍草，來預卜事情的吉凶。卜筮之源流，從統治者定天下安危禍福之憑藉，上行下效，卜筮之術，迅速發展至民間，可見「卜筮」是古代人君稽疑決策國家大事之重要法門，人民趨吉避凶、造福遠禍、安身立命之圭臬。

四　結論

　　中國文化所以能持續五千年而不墜者，是因為我們的祖先發明人類共生存共進化的真理「道德」。歷代聖賢相傳，到了孔子乃整理古代文化成為有系統的儒家思想，到了孟子更加以充實而發揚光大。孔孟學說的中心觀念是人性的發揚和人格的完成，是實踐倫理和社會道德，中華民族實因此教澤而發榮滋長。中華民族的倫理觀念，在三代以前就已形成。《禮記‧表記》中有關於仁義道德的體現，植根於血緣的宗法社會，立足於人倫道德之間，是維繫民族命脈之磐石，更是端正社會風氣之指針，而在字裡行間所蘊含的的文化意涵，值得後學努力鑽研並且身體力行之。《禮記‧曲禮上》說：「道德仁義，非禮不成；教訓正俗，非禮不備；分爭辨訟，非禮不決；居臣上下，父子兄弟，非禮不定；宦學事師，非禮不親；班朝治軍，涖官行法，非禮威嚴不行；禱祠祭祀，供給鬼神，非禮不誠不莊。」[36]可見《禮記》中所敘述的禮，不僅是一種倫理原則，而且也是社會道德的規範，禮不

---

35 引自〔漢〕鄭玄注、〔唐〕孔穎達等正義：《禮記正義‧曲禮上》卷3，頁61-62。
36 引自〔漢〕鄭玄注、〔唐〕孔穎達等正義：《禮記正義‧曲禮上》卷1，頁14。

僅是待人接物的準繩，更是安邦定國的基石。

　　孔孟學說是人文教育的基本，雖然歷經二千多年時代洪流的洗禮，落實在人間世中，仍是經世致用，永恆不移。在科技文明發達的二十一世紀，而人文素養日益低迷的今日，我們應該如何彰顯儒家的人文精神和人文智慧呢？首先就是要再創禮樂文明，開拓社會上的文化空間，培育人與人之間情感的互動，其次就是要發揚儒家人文精神的宗旨「己所不欲，勿施於人」、「仁、義、禮、智、信」、「敬業樂群」等德目，來建構現代國家、社會、家庭、工作和人我之間，都具有良好的倫理關係，進而達到「親親仁民，仁民愛物」的理想境界。儒家倫理以成德成善為目標，其道德取向以及家族取向之特色，與現代倫理之法律取向以及社會取向，實無本質之衝突。儒家「以禮為綱，以法為用」。禮義是立國的綱維，法刑則是推行公務的具體措施。禮與法的關係，本屬相輔為用，相需而成。透過「禮」的運行，讓人們可以樹立良好的人際關係，人民安居樂業，國家富強安康，社會和諧安定。

參考文獻

一　古籍（依《四庫全書》分類法）

〔魏〕王弼、〔晉〕韓康伯注、〔唐〕孔穎達等正義：《周易正義》，臺北：藝文印書館，1998年。

〔漢〕鄭玄注、〔唐〕孔穎達等正義：《禮記正義》，臺北：藝文印書館，1998年。

〔漢〕趙岐注、舊題宋·孫奭疏：《孟子注疏》，臺北：藝文印書館，1998。

〔魏〕何晏集解、〔宋〕邢昺疏：《論語注疏》，臺北：藝文印書館，1998年。

〔宋〕朱熹：《四書章句集註》，臺北：鵝湖出版社，1998年。

〔清〕王夫之：《船山全書》第四冊，長沙：嶽麓書社，1991年。

〔清〕劉寶楠：《論語正義》，臺北：文史哲出版社，1990年。

〔清〕孫希旦：《禮記集解》，臺北：文史哲出版社，1990年。

二　現代專著（依作者姓氏筆畫排序）

王夢鷗：《禮記今註今譯》，臺北：臺灣商務印書館，1972年。

周　何：《古禮今談》，臺北：國文天地雜誌社，1992年。

周　何：《禮學概論》，臺北：三民書局，1998年。

高　明：《孔學管窺》，臺北：廣文書局，1972年。

高　明：《禮學新探》，香港：香港中文大學，1963年。

彭　林：《中國古代禮儀文明》，北京：中華書局，2004年。

駱承烈：《孔學研究》，濟南：齊魯書社，2002年。

謝淑熙：《道貫古今──孔子禮樂觀所蘊含之教育思想》，臺北：秀威
　　資訊公司，2005年。

三　期刊論文

林素英：〈表記〉政治思想──結合郭店儒簡之討論〉，《漢學研究》
　　第27卷第1期（2009年3月）。

第八章
《禮記‧儒行》儒學思想人文蘊涵[*]

一　前言

　　中華文化源遠流長，而文化之傳承，胥賴教育。展閱我國漫長的教育史，可知在初期的學校教育，僅普及於貴族。教育的主要目的，在造就領袖人才，使他們熟悉領導技能，用以治理政事，統治國家。所以夏、商、周三代的教育，可以稱得上是執政者的養成教育。《孟子‧滕文公》說：「夏曰校，殷曰序，周曰庠，學則三代共之；皆以明人倫也。人倫明於上，小民親於下；有王者起，必來取法，是為王者師也。」[1]強調國家設立學校來教育世襲的貴族，並且請退休的卿大夫擔任老師，來教導他們知識和人倫道德。《史記‧孔子世家》記載：「孔子不仕，退而修《詩》、《書》、《禮》、《樂》，弟子彌眾，至自遠方，莫不受業焉。」[2]孔子生當「世道衰微，邪說暴行又作」的春秋時代，宮廷官府未能堅守學術，以致於不能世代相傳，而流散於民間。孔子揭櫫「有教無類」的教育理念，打破貴族教育的傳統，實踐無論貧富貴賤智愚賢不肖「自行束脩以上，吾未嘗無誨焉」的作法，打破「學在官府」的壟斷局面，於是教育對象從貴族逐漸普及到平民，擴大了學校教育的範圍。

---

[*]　本文刊登於二〇二一年十二月二十八日《孔孟月刊》第六十卷第三、四期。
[1]　引自〔宋〕朱熹《四書章句集註》〈孟子集注卷五〉（臺北：鵝湖出版社，1998年），頁255。
[2]　引自〔漢〕司馬遷：《史記》（臺北：鼎文書局，1987年）卷47，頁1914。

　　儒家是先秦時期由孔子創立的一個學術派別，儒學是儒家學派的理論觀點和思想體系。《漢書・藝文志》說：「儒家者流，蓋出於司徒之官，助人君順陰陽明教化者也。游文於六經之中，留意於仁義之際，祖堯舜，憲章文武，宗師仲尼，以重其言，於道最為高。」[3]孔子「刪詩書、訂禮樂、贊周易、修春秋」，不僅保存了上起唐虞、夏、商、周，下至春秋的歷史文獻，成為探索古代政治、經濟、軍事、文化、思想、社會風習等方面知識的專著，也是我國極富學術價值的瑰寶。儒家經典之一《禮記》中的〈儒行〉篇，是孔子論述儒者德行的言論，從各種不同角度，說明儒者的特立獨行與道德規範，是儒者的立身準則和處世圭臬。本論文以《禮記・儒行》儒學思想為探析的主軸，分別論述先秦儒學思想之源流與發展、《禮記・儒行》儒學思想之人文蘊涵，進而闡述《禮記・儒行》儒學思想對現代教育之啟示，期盼在資訊科技文明發達的時代，而人文思想低落，校園倫理日漸式微之際，各級學校就應該加強儒學經典教育思想，一則可以作為人們日常生活之典範，以匡正社會風氣；一則以嘉言懿行來淨化人類的心靈，以提升人們的人文素養與倫理道德。

二　《禮記・儒行》內容述略

　　《周禮》記載：「儒以道得民」，儒家「柔服」萬民，正是以囊括六藝、六經傳統的經典為基本內容的。《史記・太史公自序》引司馬談（西元前165年-西元前110年）〈論六家要旨〉說：「儒者以六藝為法。」又說：「列君臣父子之禮，序夫婦長幼之別，雖百家弗能易也。」[4]儒

3　引自〔漢〕班固、〔唐〕顏師古注：《漢書・藝文志》（臺北：鼎文書局，1987年）卷30，頁1728。

4　引自〔漢〕司馬遷：《史記》卷130，頁3290。

家孔孟之學，是順承中華民族文化的大流，以開顯文化理想，揭示生命方向，建立生活規範，是人們應該共同遵守的立身處世之道。[5]〈儒行〉是《家語》與《禮記》共有的一篇文獻，為《家語》第五篇，《禮記》第四十一篇。《正義》引鄭《目錄》說：「名曰『儒行』者，以其記有道德者所行也。儒之言優也，柔也；能安人，能服人。又儒者濡也，以先王之道能濡其身。此於《別論》屬《通論》。案下文云：『儒有過失，可微辨而不可面數』，『搏猛引重，不程勇力』，此皆剛猛得為儒者。但儒行不同，或以遜讓為儒，或以剛為儒，其與人交接常能優柔，故以『儒』表名。」[6]鄭玄（西元127-200年）以優柔說儒，能夠以先王之道濡其身。由此可見，儒者是位謹言慎行，遜讓與剛猛兼容並蓄，因此能安人，能服人。

歷代學者對〈儒行〉的作者和成篇的年代，各持己見，認為此篇是假託孔子之語，眾說紛紜。茲臚列各家之說法如下：

東漢鄭玄（西元127年-西元200年）認為〈儒行〉是孔子所作：

> 儒行之作，蓋孔子自衛初反魯之時也。哀公館孔子，見其服與士大夫異，又與庶人不同，疑為儒服而問之。[7]

宋代大儒程頤（1033-1107）以為：

> 〈儒行〉之篇，此書全無義理，如後世遊說之士所為誇大之說。觀孔子平日語言，有如是者否？[8]

5　參見蔡仁厚《儒學的常與變》肆〈關於中國文化基本教材〉（臺北：東大圖書公司，1990年），頁231。

6　引自〔漢〕鄭玄注、〔唐〕孔穎達等正義：《禮記正義》（臺北：藝文印書館，1998年）卷59，頁974。

7　同上註。

8　引自〔宋〕程顥、程頤著，王孝魚點校，《二程集》（北京：中華書局，1981年），頁177。

北宋學者呂大臨（1042-1090）於所著《禮記解》即說：

> 〈儒行〉者，魯哀公問孔子儒服，孔子不對，因問儒行，而孔
> 子歷言之。今考其書，言儒者之行，誠有是事也；謂孔子言
> 之，則可疑也。儒者之行，一出於義理，皆吾性分之所當為，
> 非以自多求勝於天下也。此篇之說，有誇大勝人之氣，少雍容
> 深厚之風，竊意末世儒者將以自尊其教，謂『孔子言之』，殊
> 可疑。」元代陳澔以為篇中「其過失可微辨不可面數也」一
> 句，乃「尚氣好勝之言，於義理未合。所貴於儒者，以見義必
> 為，聞過而改者也，何謂『可微辨不可面數』？[9]

清代王夫之（1619-1692）批評說：

> 〈儒行〉一篇，詞旨夸誕，略與東方朔、揚雄俳諧之言相
> 似。……於《戴記》四十九篇之中，獨為疵戾，而不足與《五
> 經》之教相為並列。[10]

由上述引文，可知歷代學者對〈儒行〉的時代與學派的評判，程、呂
師弟二人對〈儒行〉一篇的批評雖有程度輕重之異，但顯然都認為此
篇有悖於孔子的主張。朱熹曾對弟子說：「〈儒行〉、〈樂記〉非聖人之
書，乃戰國賢士為之。」[11]與呂大臨觀點較相近，仍肯定此篇為「戰
國賢士」之作。近代熊十力（1885-1968）先生也推測該篇「其七十

9 　引自〔宋〕呂大臨撰，《禮記解》，陳俊民輯校，《藍田呂氏遺著輯校》（北京：中華
　　書局，1993年），頁360。

10 引自〔清〕王夫之：《禮記章句》，收入《船山全書》第四冊（長沙：嶽麓書社，
　　1996年），頁1457。

11 引自〔宋〕黎靖德編，王星賢點校：《朱子語類》（臺北：文津出版社，1986年）卷
　　87，頁2225。

子後學當戰國之衰而作乎」[12]。宋、元、明、清各代學者，幾乎都承繼了呂大臨所作的評價，異口同聲地貶抑〈儒行〉的價值。獨排眾議、極力宣揚〈儒行〉的學者，在明清之際有黃道周（1585-1646），在民國初年便有章太炎（1869-1936）、熊十力（1885-1968）等。

　　南京師範大學文學院王鍔（1964-）教授在《禮記成書考》書中，同意鄭玄的觀點，認為《禮記‧儒行》是孔子的著作，當成篇於春秋末期、戰國前期。並提出五個論點，茲引述如下：

　　第一、〈儒行〉明確記載魯哀公與孔子的問答之辭，後人雖說「假托」，也沒有直接的證據。故呂大臨雖然懷疑，又說：「然考其言，不合於義理者殊寡，學者果踐其言，亦不愧於儒矣，此先儒所以存於篇也與？」呂氏所言，顯然是受宋代疑經思潮的影響。

　　第二、〈儒行〉所論儒者之行，與孔子晚年的時代亦相符合。孔子生活的時期，社會對儒者已經有不同的看法，故孔子對子夏說：「女為君子儒，無為小人儒。」（《論語‧雍也》）墨子的〈非儒〉、荀子的〈儒效〉篇，對「小人儒」、「俗儒」，均有評介。

　　第三、孔子的思想核心是「仁」，〈儒行〉將「仁」也視為儒者的優良品德，專門論述，這與孔子思想一致。

　　第四、《孔子家語‧儒行解》與〈儒行〉內容基本相同，證明〈儒行〉流傳有自。〈儒行解〉言「解」，顯然是據〈儒行〉為說。[13]

---

12 參見熊十力：《讀經示要》（臺北：明文書局，1984年），頁217。
13 參見王鍔：《禮記成書考》（北京：中華書局，2007年），頁48-52。

第五、孔子與魯哀公問答之詞，除〈儒行〉篇外，又見於《論
語‧為政》、《禮記‧哀公問》、《中庸》、《大戴禮記‧哀
公問五義》、《孔子三朝記》七篇、《荀子‧哀公》、《孔
子家語》等文獻，說明孔子與魯哀公的問答是有根據
的，並非向壁虛照，是真實的。[14]

綜上所述，王鍔教授認為：「〈儒行〉是孔子的著作，是由當時在場的
魯國史官記錄後，經孔門弟子整理而成，成篇於戰國前期。」[15]這顯
然是與鄭玄所謂「〈儒行〉之作，蓋孔子自衛返魯時」的說法相合。

三　《禮記‧儒行》儒學思想之人文關懷

《禮記‧儒行》記載孔子為魯哀公陳述儒者之行，兩人的對話從
「儒服」開端。孔子對哀公說「丘不知儒服」，轉而暢談「儒行」，臚
列十六種高尚品行，涵蓋儒者的自立、容貌、備豫、近人、特立、剛
毅、仕、憂思、寬裕、任舉、特立獨行、歸為、交友、尊讓等[16]。《禮
記‧儒行》說：「儒有忠信以為甲冑，禮義以為干櫓；戴仁而行，抱
義而處，雖有暴政，不更其所。」[17]強調忠信仁愛是儒者品德的根本
原則。儒家倫理學的實踐，是以內聖為根基，以外王為目標，內聖外
王是儒家人生的最高理想，而其本質是要體證道德的根源「仁道」。
茲將《禮記‧儒行》儒學思想之人文關懷，條分縷析於下：

---

14 參見王鍔：《禮記成書考》，頁52。
15 參見王鍔：《禮記成書考》，頁52。
16 參見王夢鷗：《禮記今註今譯》（臺北：臺灣商務印書館，1972年），頁777。
17 引自〔漢〕鄭玄注、〔唐〕孔穎達等正義：《禮記正義》卷59，頁976。

（一）美善人格的彰顯

　　《詩‧大雅‧烝民》說：「天生烝民，有物有則，民之秉彝，好是懿德。」[18]說明中國自古以來，上天生下眾民，萬事萬物都有依循的準則，人民所秉持的一個意識趨向，都喜歡這美好的品德，也就是禮教的本源。孔子稱讚作這首詩的人，能夠深切體會日用倫常的道理，教化人民執守常道，並且喜歡這種種美德。茲引《禮記‧儒行》所述為例：

> 儒有居處齊難，其坐起恭敬，言必先信，行必中正，道涂不爭險易之利，冬夏不爭陰陽之和，愛其死以有待也，養其身以有為也。其備豫有如此者。[19]
> 儒有忠信以為甲冑，禮義以為干櫓；戴仁而行，抱義而處，雖有暴政，不更其所。其自立有如此者。[20]

　　上述引文，說明儒者日常起居莊重恭敬，講話守信用，行為中正平和；行走在路上不與人爭道，冬天夏天不與人爭暖和涼快的舒適；愛惜生命以等待為國家效力的時機來臨，保養身體準備有所作為，這就是儒者謹言慎行的表現。儒者秉持忠信禮義來保護自己，無論行動或安居，都是謹守著仁義，即使受到暴政的迫害，也不改變自己的操守。孔子以「仁」立教，告訴人們「為仁由己」（《論語‧顏淵》），「我欲仁，斯仁至矣。」（《論語‧述而》）；孟子也說：「仁，人之安宅也；義，人之正路也。曠安宅而弗居，舍正路而弗由，哀哉！」

---

18 引自〔漢〕毛亨傳、鄭玄箋、〔唐〕孔穎達等正義：《毛詩正義》（臺北：藝文印書館，1998年），頁76。
19 引自〔漢〕鄭玄注、〔唐〕孔穎達等正義：《禮記正義》卷59，頁974。
20 引自〔漢〕鄭玄注、〔唐〕孔穎達等正義：《禮記正義》卷59，頁976。

（《孟子・告子上》）這是孟子深戒學者應該居仁由義，以修養完美的
品德。由此可知，儒者謹言慎行，從居仁由義上，來彰顯中和美善的
人格。我們研讀〈儒行〉，可以更深入的理解孔子對儒者德行的闡
釋，可以作為後世讀書人修身力行的圭臬。

（二）仁民愛物的德澤

一個能愛人的人，一定能夠在人群中，與人們維持良好的人際關
係。所以孔子說：「德之不修，學之不講，聞義不能徙，不善不能改，
是吾憂也。」（《論語・述而》）；孟子也說：「親親而仁民，仁民而愛
物。」（《孟子・盡心》）這是儒家倫理道德最偉大的思想，就是把小
我擴充到與天地萬物為一的境界，把仁愛的精神由父母之愛，推廣到
全人類，普及到天下的萬物。茲引《禮記・儒行》所述為例：

> 溫良者，仁之本也；敬慎者，仁之地也；寬裕者，仁之作也；
> 孫接者，仁之能也；禮節者，仁之貌也；言談者，仁之文也；
> 歌樂者，仁之和也；分散者，仁之施也；
> 儒皆兼此而有之，猶且不敢言仁也。其尊讓有如此者。[21]

上述引文，說明溫和善良是仁的根本，恭敬謹慎是仁的實質，寬宏大
量是仁的發揚，謙遜待人是仁的功能，禮節是仁外貌的彰顯，言談是
仁的文采，歌樂是仁和諧的表現，分財散物是仁的施與，儒者具備
上述種種美德，尚且不敢說自己的言談舉止合乎仁，這就是儒者尊重
謙讓美德的表現。可見仁德是塑造良好的道德人格，建設和諧完善國
家的基石。孔子說：「君子之道，在修己以安人，修己以安百姓。」

---

21 引自〔漢〕鄭玄注、〔唐〕孔穎達等正義：《禮記正義》卷59，頁979。

（《論語‧憲問》）孔子又說：「君子篤於親，則民興於仁。」（《論語‧泰伯》）說明在上位者能夠以仁心厚待人民，上行下效，那麼民間也會興起仁愛的風氣。所以仁的真諦，在於人人具有兼善天下的襟懷，自己想立身行道，也期盼其他人也能夠實行仁道。孔子的人生理想是「老者安之，朋友信之，少者懷之。」蘊含著繼往開來的歷史使命感。這正是中華文化精神的所在，也是中華民族所以悠久綿延的根基。

（三）尊賢容眾的體現

《大學》說：「所惡於上，毋以使下；所惡於下，毋以事上；所惡於前，毋以先後；所惡於後，毋以從前……此之謂絜矩之道。」說明在上位者懂得推己及人的恕道，就能夠以寬容的態度去仁民愛物。在上位者能夠以身作則，人民在耳濡目染下，也學習到「嚴以律己，寬以待人」的美德，上行下效的結果，定可以消弭社會的紛爭，使舉國上下和睦相處，國家富強安樂。茲引《禮記‧儒行》所述為例：

> 儒有內稱不辟親，外舉不辟怨，程功積事，推賢而進達之，不望其報；君得其志，苟利國家，不求富貴。其舉賢援能有如此者。[22]
> 儒有聞善以相告也，見善以相示也；爵位相先也，患難相死也；久相待也，遠相致也。其任舉有如此者。[23]

上述引文，說明儒者為國家舉薦賢才的方法，首先向政府舉薦能夠為國效命的人才，只要對方德才兼備能夠勝任，而不會因為與自己有親

22　引自〔漢〕鄭玄注、〔唐〕孔穎達等正義：《禮記正義》卷59，頁978。

23　同上註。

屬關係便不推薦，對外不會因為是仇家就不稱舉。只要對國家有利，在充分考量被推薦者的功績，積累事實，才向朝廷推薦賢能，使他得到重用，不期望對方的報答，從而達成國君任用賢才的心願。《禮記·禮運》說：「大道之行也，天下為公，選賢與能，講信修睦。」這是儒家所建構天下成為全民所共有，選舉賢能的人來治理社會國家，大家能夠講求信用，和睦相處的理想世界。儒者之間，聽到善事善言，就互相傳揚告知；能夠禮賢下士，患難與共，這就是儒者對待志同道合朋友的態度。子張說：「『君子尊賢而容眾，嘉善而矜不能。』我之大賢與，於人何所不容？我之不賢與，人將拒我，如之何其拒人也？」（《論語·子張》）強調君子尊敬賢人而且能夠容納眾人，讚美善人而且同情沒有才能的人。使人與人彼此之間相親相愛，而產生最圓滿和諧的關係，進而修養各人完美的人格，這就是儒者尊賢容眾的體現。

（四）博學篤志的表徵

子貢說：「學不厭，智也；教不倦，仁也。仁且智，夫子既聖矣。」（《孟子·公孫丑上》）說明孔子博學多能，以詩書禮樂教弟子，並且以誨人不倦的精神，化育三千學子。顏淵喟然歎曰：「夫子循循然善誘人，博我以文，約我以禮。」（《論語·子罕》）說明德化禮治是人文教養，可以開發人性自覺向善的根源，由仁的發心而產生義的判斷，就可以使人聞善能徙，改過遷善，也就是使天下人民有羞恥心，實踐善行，進而能修養美好的人格。茲引《禮記·儒行》所述為例：

> 儒有博學而不窮，篤行而不倦；幽居而不淫，上通而不困；禮之以和為貴，忠信之美，優游之法，舉賢而容眾，毀方而瓦

合。其寬裕有如此者。[24]

儒有上不臣天子，下不事諸侯；慎靜而尚寬，強毅以與人，博
學以知服；近文章砥厲廉隅；雖分國如錙銖，不臣不仕。其規
為有如此者。[25]

上述引文，說明儒者廣博學習而不休止，敦品勵學而不怠倦；隱居獨
處時不淫邪放縱，仕途通達時不會違禮犯忌；循禮而行，以和為貴，
本著忠信的美德，應用優柔的方式，推舉賢能而包容群眾，有如陶瓦
一般方圓隨時。這是儒者寬容大度的表現。孔子說：「博學於文，約
之以禮，亦可以弗畔矣夫！」（《論語‧雍也》）強調經由詩書禮樂的
潤澤陶養，可以使人們悠遊其中，培育恭儉莊敬的品格風範，進而達
到移風易俗的地步。儒者出仕為官，謹慎安詳而崇尚寬和，剛強堅毅
而善與人交，廣博學習而又知所當行，研讀聖賢書，以砥礪正直的品
格；即使把國家分封給他，也視為輕微小事而毫不動心。孔子說：
「君子之於天下也；無適也、無莫也、義之與比。」（《論語‧里
仁》），可見君子對於天下事物的處理態度，不固執己見，只求適宜合
理，與儒者規範自己的行為有異曲同工之處，值得大家學習。

（五）清廉高節的風範

《禮記‧曲禮》說：「臨財毋苟得，臨難毋苟免，很毋求勝，分
毋求多。」[26]強調淡泊名利的重要。孔子也說：「富與貴，是人之所欲
也，不以其道得之，不處也；貧與賤，是人之所惡也，不以其道得
之，不去也。」（《論語‧里仁》）說明人人要培養「淡泊名利」的襟

---

24 引自〔漢〕鄭玄注、〔唐〕孔穎達等正義：《禮記正義》卷59，頁977。
25 引自〔漢〕鄭玄注、〔唐〕孔穎達等正義：《禮記正義》卷59，頁974。
26 引自〔漢〕鄭玄注、〔唐〕孔穎達等正義：《禮記正義》卷1，頁12。

懷，不可以唯利是圖。君子愛財，取之有道，遇到財物不會隨便取得。茲引《禮記・儒行》所述為例：

> 儒有不寶金玉，而忠信以為寶；不祈土地，立義以為土地；不祈多積，多文以為富。難得而易祿也，易祿而難畜也，非時不見，不亦難得乎？非義不合，不亦難畜乎？先勞而後祿，不易祿乎？其近人有如此者。[27]
>
> 儒有委之以貨財，淹之以樂好，見利不虧其義；劫之以眾，沮之以兵，見死不更其守；鷙蟲攫搏不程勇者，引重鼎不程其力；往者不悔，來者不豫；過言不再，流言不極；不斷其威，不習其謀。其特立有如此者。[28]

上述引文，說明儒者不貪慕財富，為人忠信務實；不希求土地，重視品德道義；不企求積累財富，期勉自己要廣博學習，以充實文化知識；他們為人正直，堅持自己的信念，不在乎高官厚祿，這就是儒者待人接物的原則。孟子說：「君子所以異於人者，以其存心也，君子以仁存心，以禮存心，仁者愛人，有禮者敬人。」（《孟子・離婁下》）強調君子經常省思自己的德業修養，是否言行一致，以一顆真誠之心待人接物，久而久之，自然與人和睦相處，受到眾人的敬愛。儒者不貪慕財貨，不沉溺玩樂，不會見利而害義；不畏懼強權惡勢力，面對死亡不會改變操守；遭到猛獸攻擊，便挺身與之搏鬥，毫不考慮自己的安危；牽引重鼎，盡力而為，做事有始有終，不聽信流言；經常保持自己的威嚴，不重視權術謀略。儒者的特立獨行與孟子

---

27 引自〔漢〕鄭玄注、〔唐〕孔穎達等正義：《禮記正義》卷59，頁974。
28 引自〔漢〕鄭玄注、〔唐〕孔穎達等正義：《禮記正義》卷59，頁977。

所說：「富貴不能淫，貧賤不能移，威武不能屈。」(《孟子・滕文公下》) 的大丈夫，同樣具有清廉高節的風範。

綜合上述，可見在孔子心目中，一個想成為文質兼備的儒者，不僅要學識淵博，知書達禮，而且要能貫通古今，仁民愛物。在家中能夠孝順父母，友愛兄弟姊妹；在社會上是個講信修睦，見賢思齊的公民。如果能夠從政為官，一定能夠施展政治抱負，堅守仁道的尊嚴，為天下、國家、整個社會致上深厚的關懷，並且勤政愛民，誠如《大學》所說：「古之欲明明德於天下者，先治其國；欲治其國者，先齊其家；欲齊其家者，先脩其身；欲脩其身者，先正其心；欲正其心者，先誠其意；欲誠其意者，先致其知；致知在格物。」可見聖人教化人民的用心良苦。

四　《禮記・儒行》儒學思想的時代啟示

《禮記・儒行》記載孔子為魯哀公陳述儒者的特立獨行與待人處世之道，其內涵正合乎孔子學說「忠恕」的一貫之道，「盡己之謂忠，推己之謂恕」，也就是嚴於律己，寬以待人。例如：「儒有忠信以為甲胄，禮義以為干櫓」、「澡身而浴德」等，最後說「不慁君王，不累長上，不閔有司，故曰『儒』。今眾人之命儒也妄，常以儒相詬病」。哀公聽完孔子這番開示後，肅然起敬，「沒世不敢以儒為戲」。展讀《禮記・儒行》篇章，映入眼簾的是中國古代讀書人的行為準則，是儒者的典範，也是對君子儒的最完整、最確切的治世名言與處世格言的詮釋。茲列舉四點《禮記・儒行》值得讀書人省思的道德意識，如下：

（一）不忮不求的風骨

《詩經・邶風・雄雉》：「不忮不求，何用不臧？」[29]形容一個人淡泊名利，不做非分之事的處世態度。《禮記・儒行》篇中孔子通過對儒行的回答，描述了一個完美的儒者形象：「儒者不隕獲於貧賤，不充詘於富貴，不慁君王，不累長上，不閔有司，故曰儒。」[30]此種淡泊名利、忠誠信實的行徑，讓人想起《中庸》所描述的君子風範：「君子尊德性而道問學，致廣大而盡精微，極高明而道中庸，溫故而知新，敦厚以崇禮。」[31]這也就是孔子所說的「君子儒」的德範，中國的讀書人自古就有先天下之憂而憂，以天下為己任的使命感，也具有富貴於我如浮雲，視名利如敝屣的高尚情操，然後才能成為一個君子儒。這是中國古代讀書人的理想行為，也是值得我們學習的風骨。

（二）自我管理的要求

孟子說：「君子所以異於人者，以其存心也，君子以仁存心，以禮存心，仁者愛人，有禮者敬人。」（《孟子・離婁下》）強調君子經常省思自己的德業修養，以一顆真誠之心待人接物，久而久之，自然與人和睦相處，受到眾人的敬愛。《禮記・儒行》篇中孔子描述儒者形象：「儒有忠信以為甲冑，禮義以為干櫓；戴仁而行，抱義而處，雖有暴政，不更其所。」[32]可見儒者自我管理的要求，從古籍經典中，學習修己治人之方與經邦濟世之道。《周易・大畜・象傳》說：

---

29 引自〔漢〕毛亨傳、鄭玄箋、〔唐〕孔穎達等正義：《毛詩正義》（臺北：藝文印書館，1998年）卷2，頁87。

30 引自〔漢〕鄭玄注、〔唐〕孔穎達等正義：《禮記正義》卷59，頁977。

31 引自〔宋〕朱熹：《四書章句集註・中庸章句》（臺北：鵝湖出版社，1998年），頁35。

32 引自〔漢〕鄭玄注、〔唐〕孔穎達等正義：《禮記正義》卷59，頁976。

「君子以多識前言往行，以畜其德。」[33]此象辭在勉勵君子要記取前賢的嘉言懿行，來蓄積培養自己的美德。堅守自己的崗位，真誠的付出一己的力量，以造福社會人群。如果人人能夠「忠以律己」，體認自己應負的責任，「恕以待人」，以「自律自清」的良好習性，來淨化貪婪的社會人心，如此定可以與他人建立良好的互動關係。

（三）博文約禮的學養

孔子說：「博學於文，約之以禮，亦可以弗畔矣夫！」（《論語‧雍也》）孔門教育的四大綱領：「文、行、忠、信」（《論語‧述而》），首先教導學生「詩、書、易、禮、樂」六藝之文，是學問的基礎，也是致知的工夫。「行」的教化在使學生謹守禮義，循規蹈矩，提高道德素質，也是行為的履踐。可見，儒家注重道德教育，崇尚教育的倫理價值。《禮記‧儒行》孔子描述儒者形象：「儒有博學而不窮，篤行而不倦；幽居而不淫，上通而不困；禮之以和為貴，忠信之美，優游之法，舉賢而容眾，毀方而瓦合。」[34]可見儒者博學多聞，具有君子立身行事，待人治世的學養。孔子認為儒者的德範，在「修己以安人，修己以安百姓」。（《論語‧憲問》）一方面要求自己獨善其身，自強不息，建立一個成德的典範；一方面又期盼能兼善天下，為千秋萬世的後人樹立修身的標竿。

（四）恢宏大度的氣量

《中庸》說：「忠恕違道不遠，施諸己而不願，亦勿施於人。」[35]

---

33 引自〔魏〕王弼、〔晉〕韓康伯注、〔唐〕孔穎達等正義：《周易正義‧大畜‧象傳》卷3，頁68。

34 引自〔漢〕鄭玄注、〔唐〕孔穎達等正義：《禮記正義》卷59，頁977。

35 引自〔宋〕朱熹：《中庸章句》，頁23。

說明「忠」是提昇人類責任感的試金石;「恕」是化解社會動亂的一帖良藥。人人要以善感的心靈去欣賞大千世界的人、事、物,並且常懷著知足,感恩的心去敬愛他人。《禮記・儒行》孔子描述儒者的氣量:「儒有合志同方,營道同術;并立則樂,相下不厭;久不相見,聞流言不信;其行本方立義,同而進,不同而退。」[36]說明儒者氣量恢宏,有「安人服人」[37]的氣度。孟子說:「敬人者,人恆敬之;愛人者,人恆愛之。」(《孟子・離婁》)做人要有恢宏的氣度,氣度決定人生高度。能夠使人不會憎怨、怨尤或嫉妒他人。在浩瀚的天地之間,人人多一分寬容的愛心,多一分關懷的貼心,多一分自我要求的用心,多一分感恩的誠心,相互成長,相互扶持,相信社會的祥和,國家的強盛,定指日可待。

五 結語

　　文化的傳承,與時推移,文化的發展,承先啟後。展閱歷史的長卷,可知中國數千年的教育思想,實以儒家的倫理道德思想為主流。我們可以從《禮記・儒行》中,了解到儒家學說不僅具有完整的理論體系,而且提示了切實可行的為人治事的原則。掩卷之餘,君子儒的典型在夙昔,古聖先賢的智慧結晶,化為字字珠璣的名言佳句,恰如源遠流長的源頭活水,為中華文化的傳承,澎湃奔騰。蔡仁厚先生說:「不有前人之型範,何來流風餘韻?不有後學之繼踵,何來慧命相續?」因為教育最基本的功能之一,就是維護文化的鄉土,開發文化的鄉土。也只有在民族文化的鄉土上,我們才能得到文化的薰陶,

---

36 引自〔漢〕鄭玄注、〔唐〕孔穎達等正義:《禮記正義》卷59,頁979。

37 引自鄭玄解釋《禮記》中〈儒行〉這篇的篇題時說:「儒之言優也、柔也,能安人,能服人。」

才能獲得文化的教養。[38]這的確是深中肯綮的言論，目前要使青年學子了解中華文化，喚醒道德意識，就必須培養學生閱讀經典古籍的興趣，在古聖先賢的經典話語中，陶冶其閱讀品味。

　　孔子說：「人能弘道，非道弘人。」（《論語‧衛靈公》）儒家思想是中華文化的主流，自孔子、孟子建立了完整體系以後，迄今已歷兩千餘年。孔子集三代學術思想的大成，奠定了儒家學說的理論基礎。在世界文化史上，一直居於重要地位。梁啟超（1873-1929）先生說：「中國民族之所以存在，因為中國文化存在，而中國文化離不了儒家，若把儒家抽出，中國文化恐怕沒有多少東西了。」[39]這句話正說明了儒家思想，不僅是我們精神生活的全部，而且是我們修齊治平的準繩。在因應未來更具開放性與多元化的社會發展趨勢，各級學校的國文教育不應該墨守成規，應該推陳出新，落實儒家倫理道德教育，引領學生開啟儒家人文思想的堂奧，使學生由認知層次，提昇為篤實踐履，教導學生「修己善群，居仁由義」之理，進而成為一個「見利思義，博施濟眾」，愛國家、愛民族，合群服務，負責守紀，知書達禮的好青年。

---

38 蔡仁厚：《儒學思想的現代意義》壹〈生命的提昇與流通〉，頁329。
39 參考梁啟超：《清代哲學概論》（天津：天津古籍出版社，2004年），頁106。

參考文獻

一　古籍（依《四庫全書》分類法）

〔魏〕王弼、〔晉〕韓康伯注、〔唐〕孔穎達等正義：《周易正義》，臺
　　北：藝文印書館，1998年。

〔漢〕毛亨傳、鄭玄箋、〔唐〕孔穎達等正義：《毛詩正義》，臺北：
　　藝文印書館，1998年。

〔漢〕鄭玄注、〔唐〕孔穎達等正義：《禮記正義》，臺北：藝文印書
　　館，1998年。

〔魏〕何晏集解、〔宋〕邢昺疏：《論語注疏》，臺北：藝文印書館，
　　1998年。

〔漢〕趙岐注、舊題〔宋〕孫奭疏：《孟子注疏》，臺北：藝文印書
　　館，1998年。

〔宋〕朱熹：《四書章句集註》，臺北：鵝湖出版社，1998年。

〔宋〕呂大臨撰：《禮記解》，陳俊民輯校：《藍田呂氏遺著輯校》，北
　　京：中華書局，1993年。

〔清〕孫希旦：《禮記集解》，臺北：蘭臺書局，1971年。

〔清〕劉寶楠：《論語正義》，臺北：文史哲出版社，1990年。

〔漢〕司馬遷：《史記》：臺北，鼎文書局，1987年。

〔漢〕班固、唐·顏師古注：《漢書》，臺北：鼎文書局，1987年。

〔劉宋〕范曄撰、〔唐〕李賢等注：《後漢書》，臺北：鼎文書局，
　　1987年。

〔宋〕朱熹：《詩集傳》，臺北：臺灣中華書局，1973年。

〔宋〕黎靖德編，王星賢點校：《朱子語類》，臺北：文津出版社，
　　1986年。

〔清〕王夫之：《船山全書》，長沙：嶽麓書社，1996年。

二　現代專著（依作者姓氏筆畫排序）

王　鍔：《禮記成書考》，北京，中華書局，2007年。

王夢鷗：《禮記今註今譯》，臺北：臺灣商務印書館，1972年。

高　明：《禮學新探》，香港：香港中文大學，1963年。

高　明：《孔學管窺》，臺北：廣文書局，1972年。

徐復觀：《中國思想史論集續編》，臺北：時報出版公司，1982年。

蔡仁厚：《儒學的常與變》，臺北：東大圖書公司，1990年。

熊十力：《讀經示要》，臺北：明文書局，1984年。

梁啟超：《清代哲學概論》，天津：天津古籍出版社，2004年。

謝淑熙：《道貫古今──孔子禮樂觀所蘊含之教育思想》，臺北：秀威
　　　　資訊公司，2005年。

謝淑熙：《禮學思想的新探索》，臺北：萬卷樓圖書公司，2017年。

三　期刊論文（依作者姓氏筆畫排序）

孫致文：〈熊十力疏釋《禮記‧儒行》意義探析〉，《中央大學人文學
　　　　報》第53期（2013年1月）。

陳姝妤：〈論呂大臨道學視域中的《儒行》解讀〉，《東吳中文研究集
　　　　刊》第24期（2018年10月）。

第九章
《大學》融入經典閱讀教學析論*

一　前言

　　美國學校圖書館員學會（American Association of School Librarians，簡稱 AASL）曾於二〇〇七年提出「21世紀學習者應具備的準則」（Standards for the 21st Century Learner），指出學校課程應培養學生批判思考、獲取知識、應用知識、創造知識、分享知識以及參與社會發展的能力。提供教育領導者及圖書館員思考如何形塑學生的學習，AASL 認為二十一世紀的學習者應達到的四大標準為：一、使用各種科技工具取得各類型資料，以建立批判思考與選取知識的能力；二、會使用資訊並得出結論，做出明智的決定，在新形勢中懂得利用知識來創造新知識；三、能分享知識、道德並且積極參與民主社會；四、找尋個人有興趣的資訊，參與社群討論，以追求個人及審美能力的成長。[1]的確，要迎向二十一世紀的國際競爭，就要落實終身學習的教育目標，全面推展學習型組織，透過經典閱讀教學，以引領學生

---

* 本文發表於二〇二一年十二月十七日國立臺北教育大學舉辦的第二屆經典詮釋暨語文教育學術研討會。

1 陳伯璋等全方位的國民核心素養之教育研究，國科會專題研究成果報告，2007年。Definition and Selection of Competencies: Theoretical and Conceptual Foundations (2003). Summary of the final report "Key Competencies for a Successful Life and a Well-Functioning Society1" OECD/DeSeCo/Rychen/Nov 11, 2003. 網址：http://app.cepcastilleja.org/contenido/ccbb/saber_mas/ deseco/5_deseco_final_report.pdf，下載日期：2012年3月8日。

開啟古典文學的堂奧，在古聖賢哲的智慧結晶與經典話語中，開拓學
生的新視野，陶冶其閱讀品味，培養學生終身學習的能力。

　　南朝梁劉勰在《文心雕龍・宗經》說：「經也者，恆久之至道，
不刊之鴻教也。故象天地，效鬼神，參物序，制人紀，洞性靈之奧
區，極文章之骨髓者也。」說明經書取法於天地，證驗於鬼神，深究
事物的秩序，從而制訂出人類的綱紀；經典銘記了人世間，永恆不可
改易的偉大言論與智慧。目前臺灣各大學通識教育中心所推動的經典
教育融攝古今國文、心理學、社會學、哲學等等多元範疇，透過經典
作品生動有趣的題材、發人深省的主題、及深刻感人的意境，開拓學
生的新視野，陶冶其閱讀品味，並提昇其文化層次，進而培養學生終
身學習的能力。本文以《禮記・大學》教育思想為探析的主軸，分別
論述《禮記・大學》的緣起與發展、《禮記・大學》教育思想之人文
蘊涵，進而闡述《禮記・大學》教育思想對現代教育之啟示，期盼在
資訊科技文明發達的時代，而人文思想低落，校園倫理日漸式微之
際，各級學校就應該加強經典閱讀教學，一則可以作為人們日常生活
之典範，以匡正社會風氣；一則以嘉言懿行來淨化人類的心靈，以提
升人們的人文素養與倫理道德。

二　《大學》的緣起與發展

　　〈大學〉原本是《禮記》的一篇。《禮記》是孔子門下弟子，聽
孔子傳授有關禮的學問，因而筆記成書，或者更晚的孔門弟子，把這
些有關禮的學問蒐集起來的文獻。《禮記》本為一百三十一篇。漢戴
德刪取八十五篇，是為《大戴禮記》；戴聖刪取四十九篇，是為《小
戴禮記》。大、小戴《禮記》皆屬於今文經。孔壁所發現的書籍亦有
《禮記》；東漢鄭玄注解小戴《禮記》則以古文《禮記》為主，兼用今

古文。《禮記》的版本有古本、石經本、今本。現今講的大學為今本。《大學》說：「物有本末，事有終始，知所先後，則近道矣。」因此本文先闡明《大學》的緣起與發展，作為全文的發端。

（一）《大學》的緣起

1　古本《大學》

　　《大學》原本是《禮記》第四十二篇，即是今日所見到的《十三經注疏》本。《大學》一書以大學為名，其義何在？茲引孔穎達《禮記正義》所述為例：

> 案鄭《目錄》云：「名曰《大學》者，以其記博學，可以為政也。此於《別錄》屬《通論》。」此《大學》之篇，論學成之事，能治其國，章明其德於天下，卻本明德所由，先從誠意為始。[2]

由上述引文，可知這部書中記載的是從事政治的博大學問，所以名為《大學》。

2　石經本《大學》

　　《開成石經》，又稱唐石經，是唐代官方組織刊刻於碑石上的儒家十二部經典。始刻於唐文宗大和七年（西元833年），並於開成二年（西元837年）刊刻完成。茲引《舊唐書・文宗本紀》、《舊唐書・鄭覃傳》所述：

2　〔漢〕鄭玄注、〔唐〕孔穎達等正義：《禮記正義》（臺北：藝文印書館，1998年）卷60，頁983。

癸卯，宰臣判國子祭酒鄭覃進石壁九經一百六十卷。時上好
文，鄭覃以經義啟導，稍折文章之士，遂奏置五經博士，依後
漢蔡伯喈刊碑列于太學，創立石壁九經，諸儒校正訛謬。[3]

文宗即位……覃長於經學，稽古守正，帝尤重之。覃從容奏
曰：「經籍訛謬，博士相沿，難為改正。請召宿儒奧學，校定
六籍，準後漢故事，勒石於太學，永代作則，以正其闕。……
時太學勒石經，覃奏起居郎周墀、水部員外郎崔球、監
察御史張次宗、禮部員外郎溫業等校定九經文字，旋令
上石。」[4]

由上述引文，可知開成石經又稱唐石經，是用楷書刊刻的，與《禮
記》注疏中的《大學》，文字次序完全相同，這是《大學》的原本，
也稱古本。[5]

3　朱子改本《大學》

北宋司馬光（1019-1086）編撰《大學廣義》一卷，是《大學》
有單行本之始。程顥（1032-1085）、程頤（1033-1107）又編撰《大
學》，認為《大學》有錯簡，各以己意加以改定，這是《大學》有改
本之始。[6]南宋時朱熹私淑二程編撰《大學章句》，並與《論語》、《孟
子》、《中庸》合編為《四書》。茲引《大學章句》、〈大學章句序〉所
述：

3　〔後晉〕劉昫等：《舊唐書‧文宗本紀》（臺北：鼎文書局，1987年）卷17下，頁571。
4　〔後晉〕劉昫等：《舊唐書‧鄭覃傳》卷173，頁4490-4491。
5　高明：《禮學新探》（香港：香港中文大學，1963年），頁108。
6　高明：《禮學新探》，頁108。

河南程氏兩夫子出，而有以接乎孟氏之傳。實始尊信此篇而表
章之，既又為之次其簡編，發其歸趣，然後古者大學教人之
法、聖經賢傳之指，粲然復明於世。雖以熹之不敏，亦幸私淑
而與有聞焉。顧其為書猶頗放失，是以忘其固陋，采而輯之，
間亦竊附己意，補其闕略，以俟後之君子。[7]

朱熹在〈大學章句序〉中說明《大學》改本的由來，按照朱熹的看
法，《大學》是孔子及其弟子留下來的書，是儒學的入門讀物。朱熹
說：「大學之書，古之大學所以教人之法也。」強調《大學》的內容，
在闡述儒家的政治理論、道德修養，為建構理想政治、社會的基礎。

（二）《大學》的篇章

《禮記》書中原本的《大學》不分章節，在宋以前，只通行鄭玄
《注》、孔穎達《疏》的「注疏本」，如《開成石經》和宋刻《禮記注
疏》的《大學》，就是這種本子。[8]後來朱熹按其內容，將《大學》分
為經一章，傳十章。茲略述於下：

右經一章，蓋孔子之言，而曾子述之；其傳十章，則曾子之
意，而門人記之也。舊本頗有錯簡，今因程子所定，而更考經
文，別為序次如左。[9]
右傳之五章，蓋釋格物致知之義，而今亡矣。閒嘗竊取程子之
意，以補之曰：「所謂致知在格物者：言欲至吾之知，在即物

7　〔宋〕朱熹：《四書章句集註》〈大學章句〉（臺北：鵝湖出版社，1998年），頁2。

8　陳滿銘：〈學庸導讀〉，收錄自周何、田博元主編：《國學導讀叢編》上冊（臺北：
　　康橋出版公司，1979年），頁255

9　〔宋〕朱熹：《四書章句集註》〈大學章句〉，頁4。

而窮其理也，蓋人心之靈，莫不有知，而天下之物，莫不有理。惟於理有未窮，故其知有不盡也。是以大學始教，必使學者即凡天下之物。莫不因其已知之理，而益窮之，以求至乎其極。至於用力之久，而一旦豁然貫通焉，則眾物之表裏精粗無不到，而吾心之全體大用，無不明矣。此謂物格。此謂知之至也。」[10]

《大學》的篇章，經由明道一改，伊川二改，朱熹三改，將古本分為「經」一章，「傳」十章，並按「經」之「明明德」、「新民」、「止於至善」、「格物致知」、「誠意」、「正心」、「修身」、「齊家」、「治國」、「平天下」的論說次序，對「傳」文直接進行了調整。朱熹的說法大致確定了《大學》乃是根據孔、曾之意，而由曾子及其弟子先後記述而成，其時代約在戰國末期至西漢之間。後人對於《大學》章句改訂的內容，爭辯不休，卻無人懷疑朱熹關於大學作者的說法。

南京師範大學文學院王鍔教授在《禮記成書考》書中，同意朱熹的觀點，即《大學》有「經」、「傳」，「蓋孔子之言，而曾子述之；其傳十章，則曾子之意，而門人記之。」當成篇於戰國前期的作品。並引李學勤《從簡帛佚籍〈五行〉談到〈大學〉》[11]等文章利用馬王堆帛書〈五行〉篇和郭店楚簡《五行》進行論證，認為朱熹觀點是有道理的。茲引述三個論點如下[12]：

第一、朱熹將《大學》分為經、傳兩部分，經僅一章，傳有十

---

10 〔宋〕朱熹：《四書章句集註》〈大學章句〉，頁6。
11 李學勤：《從簡帛佚籍〈五行〉談到〈大學〉》，《孔子研究》（1998年第3期）；又收入《重寫學術史》，頁108-115。
12 王鍔：《禮記成書考》（北京：中華書局，2007年），頁59-61。

章，其中第五章《傳》即「格物致知」章是朱熹所補。朱熹這樣復原《大學》，不一定是理想的，但與《禮記》中原本相比，體例清楚，條理秩然。故《大學》與《中庸》、《論語》、《孟子》合編為《四書》以後，盛行八百餘年而不衰。

第二、朱熹認為《大學》是「聖經賢傳」，經本「孔子之言，而曾子述之」，傳則「曾子之意，而門人記之。」這種看法是有根據的。李學勤在《荊門郭店楚簡中的〈子思子〉》一文中說：「前人為什麼說《大學》是「聖經賢傳」，經的部分是孔子之言而曾子述之，傳的部分是曾子之意而其門人記之呢？這是由於傳文明記有「曾子曰」，而曾子的話又和整個傳文不能分割。按戰國時的著書通例，這是曾子門人記錄曾子的論點，和孟子著書有與其弟子的討論相同，所以《大學》的傳應該為曾子作品。[13]

第三、《大學》有經、傳的體例，與馬王堆帛書《五行》有經、傳或傳的體例完全一致；又《五行》有關「慎獨」的內容，亦與《大學》「故君子必慎其獨也」相通。《五行》是子思的作品，子思師承曾子，有相通之思想，也是情理之中的事。[14]

綜上所述，王鍔教授認為：「從思想來說，《大學》與《論語》等書記載曾子的言論，也相一致，《大學》確可認為是曾子的著作。成篇年

13　李學勤：〈郭店楚簡研究〉，《中國哲學》第20輯（瀋陽：遼寧教育出版社，2000年），頁75-80。

14　王鍔：《禮記成書考》，頁60。

代應該在戰國前期。」[15]此種論點顯然是與朱熹觀點相合。

（三）《大學》的發展

南宋的理學家朱熹取《禮記》中的《中庸》、《大學》兩篇單獨成書，與《論語》、《孟子》合為《四書》，宋寧宗時刻朱子《四書》於太學，元仁宗時又規定科場考試限用朱子《四書》，六百年來《四書》章句成為中國讀書人必讀的書。朱子的《大學章句》大略以程子為宗，兼採其他宋儒之說而加以折中。[16]宋、元以後，《大學》成為學校官定的教科書和科舉考試的必讀書，對中國古代教育產生了極大的影響。

南宋著名理學家真德秀（1178-1235），號西山，浦城人，是朱子學術思想最典型的秉承者，所編撰的《大學衍義》，共43卷，成書於紹定二年（1229）。為元、明、清三朝皇族學士必讀之書，被康熙皇帝稱為「力明正學」，其治國之道、民生之理想與廉政文化頗受後世君王所推崇。茲述《大學衍義》全文內容於下：

> 宋真德秀撰。德秀有《四書集編》，已著錄。是書因《大學》之義而推衍之。首曰帝王為治之序，帝王為學之本。次以四大綱，曰格物致知，曰正心誠意，曰修身，曰齊家，各系以目。格物致知之目四，曰明道術，辨人材，審治體，察民情；正心誠意之目二，曰崇敬畏，戒逸欲；修身之目二，曰謹言行，正威儀；齊家之目四，曰重妃匹，嚴內治，定國本，教戚屬。中惟修身一門無子目，其餘分子目四十有四，皆徵引經訓，參證史事，旁采先儒之論，以明法戒，而各以己意發明之。大旨在

---

15 王鍔：《禮記成書考》，頁60-62。
16 高明：《孔學管窺》〈學庸研究的回顧與前瞻〉（臺北：廣文書局，1972年），頁168。

於正君心，肅宮闈，抑權倖。蓋理宗雖浮慕道學之名，而內實多欲，權臣外戚，交煽為奸，卒之元氣凋弊，閱五十餘年而宋以亡。德秀此書，成於紹定二年，而進於端平元年。皆陰切時事以立言，先去其有妨於治平者以為治平之基，故《大學》八條目僅舉其六。然自古帝王正本澄源之道，實亦不外於此。若夫宰馭百職，綜理萬端，常變經權，因機而應，利弊情偽，隨事而求。其理雖相貫通，而為之有節次，行之有實際，非空談心性即可坐而致者。故邱濬又續補其闕也。[17]

《大學衍義》全書是依據《大學》八條目，援引儒家經典史事，並附上自己的見解加以解說。全書綱舉目張，以彰顯帝王修身、齊家、治國平天下之道理。全文以「帝王為治之序，帝王為學之本」為總綱，說明「明道術，辨人材，審治體，察民情」是帝王「格物致知」之條目；「崇敬畏，戒逸欲」是帝王「誠意正心」之條目；「謹言行，正威儀」是帝王「修身」之條目；「重妃匹，嚴內治，定國本，教戚屬」是帝王「齊家」之條目，能力行上述這四類道理，那麼治國平天下就指日可待了。《大學衍義補》明代邱濬（1418-1495）撰，是補充南宋理學家真德秀《大學衍義》的著作，增加了「治國平天下」的內容，有十二綱目：一正朝廷、二正百官、三固邦本、四制國用、五明禮樂、六秩祭祀、七敦教化、八備規制、九慎刑憲、十戒武備、十一馭遠方，十二成功化。[18]《大學衍義》與《大學衍義補》的相繼問世，提升了朱熹〈大學章句〉的研究價值。

---

17 〔清〕永瑢、紀昀等撰：武英殿本《四庫全書總目提要》，《大學衍義》四十三卷（兵部侍郎紀昀家藏本）（臺北：臺灣商務印書館，1983年），子部儒家類卷92，頁38。
18 高明：《孔學管窺》〈學庸研究的回顧與前瞻〉，頁170。

在朱熹《大學章句》大行天下之際，明代王守仁（號陽明，1472-1529）起而對之提出了異議。茲述王陽明〈大學古本序〉部分內容於下：

> 大學之要，誠意而已矣。誠意之功，格物而已矣。誠意之極，止至善而已矣。止至善之則，致知而已矣。……故致知者，誠意之本也；格物者，致知之實也。物格則知致意誠。而有以復其本體，是之謂止至善。聖人懼人之求之於外也，而反覆其辭。舊本析而聖人之意亡矣。是故不務於誠意而徒以格物者，謂之支；不事于格物而徒以誠意者，謂之虛；不本於致知而徒以格物誠意者，謂之妄。支與虛與妄，其於至善也遠矣。合之以敬而益綴，補之以傳而益離。吾懼學之日遠於至善也，去分章而復舊本，傍為之什，以引其義。[19]

〈大學古本序〉，是明代王陽明作於正德十三年戊寅（1518），時年四十七歲。王陽明遵循石經古本，批評朱熹對《大學》舊本的調整是「合之以敬而益綴，補之以傳而益離」，認為「舊本析而聖人之義亡矣」，因而「吾懼學之日遠於至善也，去分章而復舊本，傍為之什，以引其義，庶幾復見聖人之心，而求之者有其要。」所以王陽明在《傳習錄》說：「格物，如《孟子》『大人格君心』之『格』，是去其心之不正，以全其體之正。但意念所在，即要去其不正以全其正，即無時無處不是存天理，即是窮理。天理即是『明德』，窮理即是『明明德』。」[20]這就是專一用力於內，以求本心之誠，進而將本心之誠，

---

19 〔明〕王守仁：《王陽明全集》〈大學古本序戊寅〉（上海：上海古籍出版社，2015年）卷7，頁204-205。
20 〔明〕王守仁：《王陽明全集》卷1，頁4。

顯發推擴於外的工夫進路。其學說世稱「陽明學」，在中國、日本、朝鮮半島都有深遠的影響力。

綜合上述，可知《四書集註》備受歷代統治者的重視，宋以後，元、明、清三朝都以《四書集註》作為官學教科書和科舉考試的標準。自從王陽明傾力為古本《大學》作序與注釋之後，古本《大學》同樣在士林之中得到廣泛重視，成為繼朱熹《大學章句》之後，又一部影響深遠的《大學》版本，即《大學古本》。孔子說：「工欲善其事，必先利其器」（《論語・衛靈公》）從事學術研究，蒐集資料、掌握參考文獻，是不可或缺的工具。高明教授說：「我嘗取注疏本《大學》往復誦讀，潛心體味，深覺大學全文是完整的一篇，乃出自一人之手，並無所謂經、傳之分。」[21]的確，我們身處在學術自由的二十一世紀，對於古籍經典的版本，不可以墨守一種改本，應該回歸原典，讓《大學》的原本風華再現。

三　《大學》教育思想之人文蘊涵

《大學》全書圍繞著三綱領：「明明德、新民、止於至善」展開，層層推進，延伸到八條目：「格物、致知、誠意、正心、修身；在治人方面是齊家、治國、平天下。」次第分明，結構嚴密，苞韻宏富。儒家「內聖外王」的思想，在此彰顯無遺。修己是明德，治人則是新民，無論是明德修己，或是治人新民，都要做到止於至善的地步。從治學的「格物致知」、個人修為的「誠意正心」到「修身齊家」，推廣到「治國平天下」等觀點，修己治學之方與經邦濟世之道兼容並蓄，是值得研讀的經典。宋儒朱熹稱它為「四書之首」，是學習德性的入門著作。茲將《大學》教育思想之人文蘊涵，條分縷析於下：

---

21 高明：《禮學新探》〈大學辨〉，頁120、118。

（一）內聖：修己治學之方

《大學》是一部政治哲學，闡釋內聖外王的工夫。內聖就是指自身的管理與修養，由個人的「明明德」，包含「格物致知」、「誠意正心」等修身的基礎，以達到「止於至善」的最高境界。《孟子》說：「君子以仁存心，以禮存心，仁者愛人，有禮者敬人。」（《孟子‧離婁下》）說明君子經常省思自己的德業修養，言行一致，以真誠之心待人接物，與人和睦相處，受到眾人的敬愛。茲引《大學》所述為例：

1　博學篤志的典範

鄭玄《三禮目錄》記載：「大學者，以其記博學，可以為政也。」[22]《禮記‧學記》也說：「是故古之王者建國君民，教學為先。」[23]可見古代的國君治理國家，把教育視為當務之急，國君念茲在茲的就是如何教導人民學習知識，學校教育的重要由此可見。茲引《大學》所述為例：

> 古之欲明明德於天下者，先治其國；欲治其國者，先齊其家；欲齊其家者，先脩其身；欲脩其身者，先正其心；欲正其心者，先誠其意；欲誠其意者，先致其知，致知在格物。物格而後知至，知至而後意誠，意誠而後心正，心正而後身脩，身脩而後家齊，家齊而後國治，國治而後天下平。[24]

上述引文，說明古代儒家「垂世立教」，樹立了三綱領、八條目的的

---

22 引自〔漢〕鄭玄注、〔唐〕孔穎達等正義：《禮記正義‧大學》卷60，頁983。

23 〔漢〕鄭玄注、〔唐〕孔穎達等正義：《禮記正義》（臺北：藝文印書館，1998年）卷36，頁648。

24 〔宋〕朱熹：《四書章句集註》〈大學章句〉，頁3-4。

目標。《大學》教育教導學生要「格物致知」，首先要通過窮盡萬事萬物的道理，經由認知層次，提昇為篤實踐履，以培養健全的人格，進而發揮所學，以淑世治人，營造溫馨和諧的社會為最終目標。子夏說：「博學而篤志，切問而近思，仁在其中矣。」（《論語‧子張》）說明廣泛地學習並且篤守自己的志向，懇切地提問並且從淺近處去思索探究，仁道就蘊涵在其中。孔子說：「夫仁者，己欲立而立人，己欲達而達人。」（《論語‧雍也》），說明在上位的人能夠以仁心厚待親屬，上行下效，那麼民間也會興起仁愛的風氣。《大學》說：「自天子以至於庶人，壹是皆以脩身為本。」強調從一個人內在的德智修養，到外發的事業完成，每個人都要謹守自己的分際，以達到至善的聖賢為人生的指標。而終極目標是擔負起建國君民，化民成俗之重責大任。

2　美善人格的彰顯

　　我們中國自孔子以來的歷代先哲，都重視「以人為本」的教育思想。人文一詞，最早見於《周易‧賁卦‧象傳》：「觀乎人文，以化成天下」[25]，儒家重視教育的教化作用，因此主張以倫理道德來教化萬民。《詩經‧大雅‧文王》說：「周雖舊邦，其命維新。」[26]說明文王傳承周公制禮作樂的精神，企盼將這潛德幽光加以發揚光大，成為文化創造的動力，使人民有道揆法守，指點人民精神生活的途徑。茲引《大學》所述為例：

25　〔魏〕王弼、〔晉〕韓康伯注、〔唐〕孔穎達等正義：《周易正義‧賁卦‧象傳》（臺北：藝文印書館，1998年）卷3，頁62。

26　〔漢〕毛亨傳、鄭玄箋、〔唐〕孔穎達等正義：《毛詩正義‧大雅‧文王》（臺北：藝文印書館，1998年）卷16，頁33。

《詩》云：「邦畿千里，惟民所止。」《詩》云：「緡蠻黃鳥，
止於丘隅。」子曰：「於止，知其所止，可以人而不如鳥乎？」
《詩》云：「穆穆文王，於緝熙敬止！」為人君，止於仁；為
人臣，止於敬；為人子，止於孝；為人父，止於慈；與國人
交，止於信。[27]

上述引文，說明《詩經・大雅・文王》贊嘆文王品德高尚，為人光明
磊落，以「仁義、恭敬、孝順、慈愛、守信」的美善人格引導人民。
從個人的誠意正心做起，到教化全國人民，達到善群而致天下太平為
終止，可見文王以身作則的苦心孤詣。人類是社會的主體，萬物之靈
的人類有聰明睿智能夠組成社會，使人與人之間產生密切的關係。
《周易・大畜・象傳》說：「君子以多識前言往行，以畜其德。」[28]此
象辭在勉勵君子要記取前賢的嘉言懿行，來蓄積培養自己的美德。要
堅守自己的崗位，真誠的付出一己的力量，以造福社會人群。如果人
人能夠「忠以律己」，體認自己應負的責任，「恕以待人」，以「自律
自清」的良好習性，來淨化現代人貪婪的心靈，如此定可以與他人建
立良好的互動關係。一國之君能夠以仁心厚待親屬，上行下效，那麼
民間也會興起仁愛的風氣。

3　高尚品德的修養

孔子的教學理念中，最重視個人品德心性的修養，以及倫理道德
的實踐。顏淵問仁，孔子回答說：「克己復禮為仁。」（《論語・顏
淵》）所謂的「克己」是指自我品德的完成，正是「忠」的表現；「復

27　〔宋〕朱熹：《四書章句集註》〈大學章句〉，頁5。
28　引自〔魏〕王弼、〔晉〕韓康伯注、〔唐〕孔穎達等正義：《周易正義・大畜・象傳》，
　　頁68。

禮」乃是社會群體和諧的表現，也是「恕」道的發揚。「仁」是孔子的中心思想，涵蘊了立身處世的各種美德，是一個人圓滿人格的表現。茲引《大學》所述為例：

> 所謂誠其意者，毋自欺也，如惡惡臭，如好好色，此之謂自
> 謙，故君子必慎其獨也！小人閒居為不善，無所不至，見君子
> 而後厭然，掩其不善，而著其善。人之視己，如見其肺肝然，
> 則何益矣！此謂誠於中，形於外，故君子必慎其獨也。……富
> 潤屋，德潤身，心廣體胖，故君子必誠其意。[29]

上述引文，說明君子要謹慎自己獨處時的起心動念，要學習曾子吾日三省吾身的堅定意念，要以除惡務盡的態度，努力去改正自己的惡行，修養高尚的品德，讓善長存心田。《中庸》說：「是故君子戒慎乎其所不睹，恐懼乎其所不聞。莫見乎隱，莫顯乎微，故君子慎其獨也。」；清代曾國藩〈諭紀澤紀鴻〉的家書中說：「慎獨則心安。自修之道，莫難於養心。心既知有善知有惡，而不能實用其力，以為善去惡，則謂之自欺。」[30]都是強調慎獨的重要，因此君子平日要修養博學篤志（《論語・子張》）、見賢思齊（《論語・里仁》）等美德，使自己成為能夠「仰不愧於天，俯不怍於人。」（《孟子・告子下》）光明磊落的正人君子。除了修養高尚的品德，更應關懷社會，完成《大學》八條目的理想，從一個人內在的獨善其身，擴展到外發的兼善天下。

（二）外王：經邦濟世之道

　　《大學》闡述的「外王」是指「親民」的工夫，就是國君對外界

29　〔宋〕朱熹：《四書章句集註》〈大學章句〉，頁7。
30　湯孝純注譯：《新譯曾文正公家書》（臺北：三民書局，2010年），頁384。

的管理與行動的意涵，包含「齊家」、「治國」、「平天下」等歷程，內聖工夫完成，必能達到孔子所說：「修己以安人，修己以安百姓」（《論語‧憲問》）[31]，這是儒家倫理道德最偉大的思想，就是把小我擴充到與天地萬物為一的境界。茲依據《禮記‧大學》全篇所述，臚列《大學》經邦濟世之道，如下：

1 孝悌倫常的體現

孔子教育學生的宗旨，是教導學生學習先聖先賢的嘉言懿行，以砥礪德性，增長見聞。孔門教育的四大綱領：「文、行、忠、信」（《論語‧述而》），可以說是涵蘊了君子立身行事，待人治世的準則。所以孔子教導弟子，「入孝、出弟、謹信、愛眾、親仁」都屬於行為、品德方面的事，把「文」列在最後，而且要在行為的實踐、品德的修養方面完成以後，有了多餘的心力，才致力於文學的鑽研與知識的探索，可見孔子認為孝悌為仁的根本，孝道是對於生命根源的崇敬。茲引《大學》所述為例：

> 所謂治國必先齊其家者，其家不可教而能教人者，無之。故君子不出家而成教於國：孝者，所以事君也；弟者，所以事長也；慈者，所以使眾也。《康誥》曰：「如保赤子」，心誠求之，雖不中不遠矣。未有學養子而後嫁者也！一家仁，一國興仁；一家讓，一國興讓；一人貪戾，一國作亂。……所藏乎身不恕，而能喻諸人者，未之有也，故治國在齊其家。[32]

---

31 〔魏〕何晏集解、〔宋〕邢昺疏：《論語注疏》（臺北：藝文印書館，1998年）卷14，頁131。

32 〔宋〕朱熹：《四書章句集註》〈大學章句〉，頁9。

上述引文，說明國君凡事必須從根本著手，就是要建構一個五倫和諧充滿仁愛風氣的國家，孔子對魯哀公說：「君臣也，父子也，夫婦也，昆弟也，朋友之交也，五者，天下之達道也。」(《中庸》)說明五倫是全天下人所應該共同履行的人倫道德，人類在繁衍進化中，有了五倫，可以強化族群的向心力。也就是《禮記‧禮運》所說：「何謂人義？父慈，子孝，兄良，弟悌，夫義，婦聽，長惠，幼順，君仁，臣忠。」的倫常制度。唯有人與人彼此相愛，才能體現父慈子孝、兄友弟恭、夫義婦聽、君仁臣忠、朋友有信等倫理道德，彰顯出五倫或五常，是維繫人類良好人倫關係的基石。《中庸》也記載：「子曰：『仁者，人也，親親為大。義者，宜也，尊賢為大。』」說明「仁」是人性的表現，其中以親愛自己的親人為最重要；「義」就是合宜的行為，而以尊敬賢者為最重要。如此，人人都體現孝悌倫常的道理，家庭生活才會幸福美滿。

2　仁民愛物的落實

「仁」是孔子思想的核心，是人類道德修養的根源，更是道德圓滿的表徵。許慎在《說文》中對仁的解釋說：「仁，親也，从人二。」[33]可見人與人之間相親相愛就是仁的基本要求，孔子說：「君子篤於親，則民興於仁。」(《論語‧泰伯》)，說明在上位的人能夠以仁心厚待親屬，上行下效，那麼民間也會興起仁愛的風氣。孔子的人生理想是「願老者安之，朋友信之，少者懷之。」(《論語‧公冶長》)，蘊含著繼往開來的歷史使命感。所以仁的真諦，在於人人有兼善天下的襟懷，自己立身行善，也期盼其他人能夠力行仁道。茲引《大學》所述為例：

33　〔漢〕許慎著、〔清〕段玉裁注：《說文解字注》（臺北：黎明文化公司，1984年），頁369。

> 所謂平天下在治其國者，上老老而民興孝，上長長而民興弟，
> 上恤孤而民不倍，是以君子有絜矩之道也。所惡於上，毋以使
> 下；所惡於下，毋以事上；所惡於前，毋以先後；所惡於後，
> 毋以從前；所惡於右，毋以交於左；所惡於左，毋以交於右。
> 此之謂絜矩之道。……民之所好好之，民之所惡惡之，此之謂
> 民之父母。[34]

上述引文，說明國君要重視個人品德性情的修養，以及倫理道德的實
踐。孟子說：「親親而仁民，仁民而愛物。」（《孟子・盡心上》）就是
把仁愛的精神由父母之愛，推廣到全人類，普及到天下的萬物。「民之
所欲，常在我心。」這才是民之父母應有的信念。程子說：「以己及
物，仁也；推己及物，恕也。」（《四書章句集註》）可見，忠恕之
道，就是仁道的表現，特別是「推己及人」的恕道，是我們在日用倫
常之間，都必須接觸到的生命情境，隨時隨處可以學到的行為。子貢
請教孔子：「有一言而可以終身行之者乎？」孔子回答說：「其恕乎？
己所不欲，勿施於人。」（《論語・衛靈公》）孔子勉勵子貢，恕道是
可以終身學習、終身力行的最好品德。《大學》所說的：「君子有絜矩
之道」，就是「恕」道的發揚，也是仁民愛物的表現。

3 民生經濟的關注

孔子說：「君子喻於義，小人喻於利。」（《論語・里仁》）君子念
茲在茲於修養仁義道德，小人則沉迷於物欲的享受，重利而輕義。孔
子提出了「重義輕利」的思想，並以「重道義」和「重利益」來區分
君子和小人。面對義與利無法兼顧時，主張捨私利而取公義，捨小我

---

34 〔宋〕朱熹：《四書章句集註》〈大學章句〉，頁10。

而成全大我。孔子重義輕利的人際觀，對中國古代的民生經濟有深遠的影響。茲引《大學》所述為例：

> 是故君子先慎乎德，有德此有人，有人此有土，有土此有財，有財此有用。德者本也，財者末也。外本內末，爭民施奪，是故財聚則民散，財散則民聚……生財有大道。生之者眾，食之者寡，為之者疾，用之者舒，則財恆足矣。仁者以財發身，不仁者以身發財。未有上好仁而下不好義者也，未有好義其事不終者也，未有府庫財非其財者也。[35]

上述引文，說明財經問題是國計民生的根本，家給人足，民生富裕，國家才會安定發展。孔子說：「道千乘之國，敬事而信，節用而愛人，使民以時。」（《論語·學而》），說明節省財用是仁善保民的原則。所以孟子說：「是故明君制民之產，必使仰足以事父母，俯足以畜妻子，樂歲終身飽，凶年免於死亡，然後驅而之善，故民之從之也輕。」（《孟子·梁惠王上》）可見滿足人民生活的基本需求，是仁君實行「王道」、施行「仁政」、實現「治民之產」的社會理想，因此管子說：「倉廩實而知禮節，衣食足而知榮辱。」（《管子·牧民》）儒家主張藏富於民的政策，有若說：「百姓足，君孰與不足？百姓不足，君孰與足？」（《論語·顏淵》）這就是富國足民之道。國君治國要堅守自己的崗位，真誠的付出一己的力量，來造福社會人群。可見充裕的經濟生活，是國家施行教化，移風易俗的原動力。

---

35 〔宋〕朱熹：《四書章句集註》〈大學章句〉，頁11-12。

四 《大學》教育思想對現代教育之啟示

　　《大學》的教育宗旨，在於弘揚高尚的德行，在於關愛人民，在
於達到人生最高境界的「至善」，成為垂教萬世的典範。清儒陳澧
（1810-1882）說：「讀書所以求聖人之道也。道何在？在《六經》，
《詩》以道志，《書》以道事，《易》以道陰陽，《春秋》以道名分。
後世載籍，紛紜繁變，而所道終不越此數端，所謂百家騰躍，盡入環
中，故古人勸學，必先宗經。」（《清儒學案·廖廷楷附錄》）[36]由此可
見，《六經》在人文教化上，是陶冶心性、砥礪學行的準則；在施政
方面，是闡揚倫常道德，推展仁政的指南。茲述《大學》教育思想對
現代教育之啟示，如下：

（一）閱讀經典以提升人文素養

　　我國古籍經典，浩如煙海，其中蘊藏著頗多優美的篇章，高超的
思想。從閱讀原典中，可以增進自己對古代經典之理解；從闡述儒家
教育思想中，增進自己的思辨能力。因此，大量註譯古籍，並且加以
改編重寫，使我們的下一代，得窺古籍經典的精華，沾潤民族文化的
幽光，尤為一件意義深遠的工作。在二十一世紀知識經濟發達的今
天，每位青年學生應該珍惜青春年華博覽群籍，吸取書中的精華加以
融會貫通，進而表達在寫作及應對進退上。所以我們閱讀聖賢經典，
要在生命當下的實踐與擔負中，心領神會進而身體力行之，以提升人
文素養。

　　朱子認為研讀經典，仍要從讀書的態度著手，「全神貫注」成了
關鍵，這也就是《大學》所說的：「定而後能靜，靜而後能安，安而

---

36 徐世昌纂：《清儒學案》〈東塾學案下〉（北京：中華書局，2008年）卷175，頁
　　6763。

後能慮，慮而後能得。」的工夫，如此才能夠心領神會。朱子也有十分具體的建議，就是要學生跟著聖人以及前賢的話，刻苦用功，認真體會，才能夠融會貫通書中的道理。接著談論學習《四書》的順序說：「某要人先讀《大學》，以定其規模；次讀《論語》，以立其根本；次讀《孟子》，以觀其發越；次讀《中庸》，以求古人之微妙處。《大學》一篇有等級次第，總作一處，易曉，宜先看。」[37]朱子認為要從「初學入德之門」的《大學》開始，依照《學》、《論》、《孟》、《庸》的順序來學習《四書》，確實是考慮到經典內容難易的問題。

（二）孝悌倫理以增進家庭和睦

　　《禮記·冠義》說：「故孝弟忠順之行立，而后可以為人，可以為人，而后可以治人也。」[38]又說：「故聖人之所以治人七情，修十義，講信修睦，尚辭讓，去爭奪，舍禮何以治之？」[39]說明禮所以脩治人情仁義、崇尚辭讓謙恭、去除爭奪紛爭，所以人人行事必以禮為準繩，然後才能完成修身、齊家的目標。在上位的國君，能夠厚待自己的親族，不遺棄故交舊友，如此人民就就會興起仁愛的風氣，而不會待人刻薄了。所以《禮記·曲禮》說：「夫禮者，所以定親疏，決嫌疑，別同異，明是非也。」[40]說明禮是用來制定人與人親疏的關係，判斷事情的是非善惡，分辨物類的同異，使人民的行為有準則。

　　儒家思想的重點是以道德為依歸，所以孔子提出「孝弟為仁之本」、孟子所說：「父子有親、君臣有義、夫婦有別，長幼有序，朋友有信。」的五倫（《孟子·滕文公上》）都是強調家庭倫理道德的重

---

37 〔宋〕黎靖德編：《朱子語類》〈綱領〉（臺北：文津出版社，1986年）卷14，頁249。

38 引自〔漢〕鄭玄注、〔唐〕孔穎達等正義：《禮記正義·冠義》卷61，頁998。

39 引自〔漢〕鄭玄注、〔唐〕孔穎達等正義：《禮記正義·禮運》卷22，頁431。

40 引自〔漢〕鄭玄注、〔唐〕孔穎達等正義：《禮記正義·曲禮》卷1，頁14。

要。孔子認為「仁」就是人性情感的表現，其中以親愛自己的親人最為重要，推廣到人君能仁民愛物，使社會風氣淳厚善良。因此孔子說：「弟子入則孝，出則悌，謹而信，汎愛眾，而親仁。行有餘力，則以學文。」（《論語·學而》）朱子也說：「孝弟便是仁。仁是理之在心，孝弟是心之見於事。……見於愛親，便喚做孝；見於事兄，便喚做弟。」[41]由此可見，孝順父母，敬愛兄長，是行仁的基本要件，也是家庭和睦的原動力。

（三）民生經濟以厚植國家實力

《大學》是儒家經世致用思想的指標，從總體目標到具體實踐，為國君開啟脩身、齊家，治國、平天下的路徑。這是發揮孔子「脩己」以「安人」的仁學思想。《大學》的最高理想是「止於至善」的境界，涵蓋了個人美善人格的修養，進一步是國君要完成經邦濟世的神聖偉業。孔子說：「夫易，聖人所以崇德而廣業也。知崇禮卑，崇效天，卑法地，天地設位而易行乎其中矣！」（《周易·繫辭上》）[42]易道所推舉的大事業，就是闡揚儒家「天地養萬物，聖人養賢，以及萬民」（《周易·象傳·頤卦》）[43]仁民愛物的理念，更是國富民安的原動力。

《大學》說：「生財有大道，生之者眾，食之者寡，為之者疾，用之者舒，則財恆足矣。仁者以財發身，不仁者以身發財。未有上好仁而下不好義者也，未有好義其事不終者也，未有府庫財非其財者也。……此謂國不以利為利，以義為利也。」強調仁君處理財富，不可以與民爭利，要為民謀福利。《禮記·經解》說：「發號出令而民

---

41 〔宋〕黎靖德編：《朱子語類》〈論語二·學而篇上〉卷20，頁474。

42 〔魏〕王弼、〔晉〕韓康伯注、〔唐〕孔穎達正義：《周易正義·繫辭上》卷7，頁150。

43 〔魏〕王弼、〔晉〕韓康伯注、〔唐〕孔穎達等正義：《周易正義·象傳·頤卦》卷3，頁69。

說，謂之和。上下相親，謂之仁。民不求所欲而得之，謂之信。除去天地之害，謂之義。」[44]說明仁君施政以民意為依歸，先養民、富民而後富國，充裕的民生經濟，是國家施行教化，移風易俗的前提，更是厚植國家實力的圭臬。

（四）修己安民以樹立純善風氣

《大學》說：「古之欲明明德於天下者，先治其國；欲治其國者，先齊其家；欲齊其家者，先脩其身；欲脩其身者，先正其心；欲正其心者，先誠其意。」可見聖人教化人民的用心良苦。《大學》引用《尚書・康誥》說：「惟命不於常！道善則得之，不善則失之矣。」強調上帝賦予的天命，不是永恆不變的，上帝只輔助有德行的人。《尚書・泰誓》也記載：「天視自我民視，天聽自我民聽」，[45]說明天意是人民意志的體現，此種思維模式，開啟了我國古代道德力量與民心向背，是維繫政治穩固的圭臬。「夫仁者，己欲立而立人，己欲達而達人。」（《論語・雍也》），孔子說明在上位的人能夠以仁心厚待親人，上行下效，那麼社會也會興起仁民愛物的風氣。

孔子說：「古之學者為己。」（《論語・憲問》）為己就是成就自己的安身立命，是道德的自我完成，也就是「內聖」成聖成賢的修養工夫。孔子以「仁」立教，告訴我們「為仁由己」，「我欲仁，斯仁至矣。」此種自覺自發的省思，點醒了人們一定要反求諸己。可見仁是一個人圓滿人格的表現，而人格必須在人群之中才能彰顯出來。一個能愛人的人，一定能夠在群體中樹立良好的人際關係。這就是《大學》所說的「絜矩之道」，也是「恕」道的發揚。說明國君懂得推己

---

44 引自〔漢〕鄭玄注、〔唐〕孔穎達等正義：《禮記正義・經解》卷50，頁846。

45 引自〔魏〕王肅、〔漢〕孔安國傳、〔唐〕孔穎達等正義：《尚書正義》卷11，頁155。

及人的恕道，就能夠以寬容的態度去仁民愛物。在上位者能夠以身作則，人民在耳濡目染下，也學習到「嚴以律己，寬以待人」的美德，上行下效的結果，定可以消弭社會的紛爭，使舉國上下和睦相處，國家富強安樂。

五　結論

横邁古今，跨越西東，學習的天空，是無限的寬廣。梁啟超（1873-1929）說：「《禮記》之最大價值，在能供給以研究戰國秦漢間儒家者流，尤其是荀子一派學術思想史之極豐富的資料。蓋孔氏之學，在此期間始確立，亦在此期間而漸失其真，其蛻變之跡與其幾，讀此兩戴《記》八十餘篇最能明瞭也。」[46]可見《禮記》全書苞蘊宏富，有些篇章是詮釋人生哲理、有的是談論政治制度、有記載禮樂器物、或詳述生活儀節，是我國古代人民生活大全的禮學叢書。在二十一世紀，傳統與文明交錯，在臺灣各級學校推動新課綱之際，閱讀博大精深的《禮記‧大學》，猶如曖曖內含光的一顆明珠，耀眼奪目。全書以智慧的言語，宏觀的視野，探索從格物致知，從修身到齊家，從治國到平天下，都要以至善為根本。讓我們深切感悟儒家學說體用兼備，是傳承中華文化之中流砥柱。

孔子說：「人能弘道，非道弘人。」(《論語‧衛靈公》)，一個國家的興盛衰敗，取決於民族文化的興滅繼絕，而固有文化的榮枯，又繫於教育的成敗，此乃千古顛仆不破的真理。所以在國文教學上，要加強人文教育的陶冶。《孟子‧滕文公上》說：「夏曰校，殷曰序，周曰庠，學則三代共之，皆所以明人倫也。人倫明於上，小民親於下；

46　梁啟超：《要籍解題及其讀法》(北京：清華周刊叢書社，1925年) 卷16，頁4649。

有王者起，必來取法，是為王者師也。」[47]可見教育是樹立文化素養與人倫大道的標竿，在上位的君王以身作則，能夠實行倫理道德，上行下效的結果，人民自然會興起相親相愛、仁民愛物的風氣。可見人文精神是中華文化的支柱，也是維繫倫理道德的基石。德國大哲學家康德強調：「好教育是世界上一切善的泉源」，的確，要改善功利貪婪的社會人心，挽救文化斷層的危機，就應該以人文精神喚起人的自覺，以倫理道德的涵養，提升人們的文化素養。

47 〔宋〕朱熹：《孟子章句集注・滕文公上》卷5，頁255。

參考文獻

一 古籍部分（依《四庫全書》分類法）

〔魏〕王弼、〔晉〕韓康伯注、〔唐〕孔穎達等正義：《周易正義》，臺
　　北：藝文印書館，1998年。

舊題〔漢〕孔安國傳、〔唐〕孔穎達等正義：《尚書正義》，臺北：藝
　　文印書館，1998年。

〔漢〕毛亨傳、鄭玄箋、〔唐〕孔穎達等正義：《毛詩正義》，臺北：
　　藝文印書館，1998年。

〔漢〕鄭玄注、〔唐〕孔穎達等正義：《禮記正義》，臺北：藝文印書
　　館，1998年。

〔魏〕何晏集解、〔宋〕邢昺疏：《論語注疏》，臺北：藝文印書館，
　　1998年。

〔東漢〕趙岐注、舊題〔宋〕孫奭疏：《孟子注疏》，臺北：藝文印書
　　館，1998年。

〔宋〕朱熹：《四書章句集註》，臺北：鵝湖出版社，1998年。

〔漢〕許慎著、〔清〕段玉裁注：《說文解字注》，臺北：黎明文化事
　　業公司，1984年。

〔後晉〕劉昫等：《舊唐書》，臺北：鼎文書局，1987年。

〔宋〕黎靖德編：《朱子語類》，臺北：文津出版社，1986年。

〔明〕王守仁：《王陽明全集》，上海：上海古籍出版社，2015年

〔清〕永瑢、紀昀等撰：武英殿本《四庫全書總目提要》，臺北：臺
　　灣商務印書館，1983年。

二　現代專著（依作者姓氏筆劃排序）

王　鍔：《禮記成書考》，北京：中華書局，2007年。

李紀祥：《兩宋以來大學改本之研究》，臺北：臺灣學生書局，1988
　　　　年。

林師慶彰：《中國經學研究的新視野》，臺北：萬卷樓圖書公司，2012
　　　　年。

徐世昌纂：《清儒學案》，北京：中華書局，2008年。

高　明：《禮學新探》，香港：香港中文大學，1963年。

高　明：《孔學管窺》，臺北：廣文書局，1972年。

周　何、田博元主編：《國學導讀叢編》，臺北：康橋出版公司，1979
　　　　年。

陳榮捷集評：《王陽明傳習錄詳註集評》，臺北：臺灣學生書局，1983
　　　　年。

梁啟超：《要籍解題及其讀法》，北京：清華周刊叢書社，1925年。

湯孝純注譯：《新譯曾文正公家書》，臺北：三民書局，2010年。

三　期刊論文（依作者姓氏筆劃排序）

李學勤：《從簡帛佚籍〈五行〉談到〈大學〉》，《孔子研究》（1998年
　　　　第3期）；又收入《重寫學術史》。

李學勤：〈郭店楚簡研究〉，收錄於《中國哲學》編委會：《中國哲
　　　　學》第20輯（瀋陽：遼寧教育出版社，2000年）。

陳滿銘：〈學庸導讀〉，收錄於周何、田博元主編：《國學導讀叢編》
　　　　上冊（臺北：康橋出版公司，1979年），頁255。

梅　廣：〈《大學》古本新訂〉，臺灣大學中文系編《孔德成先生學術
　　　　與薪傳研討會論文集》，2009年12月。

陳伯璋等：（2007）全方位的國民核心素養之教育研究。國科會專題
　　研究成果報告。

Definition and Selection of Competencies: Theoretical and Conceptual
　　Foundations (2003). Summary of the final report "Key Compe-
　　tencies for a Successful Life and a Well-Functioning Society1"
　　OECD/DeSeCo/Rychen/Nov 11, 2003.

四　學位論文

汪敏：《《大學》三綱領之探究》，新北：華梵大學哲學系碩士論文，
　　2007年。

第十章
《中庸》儒家人生哲學析論

一　前言

　　中華文化，經緯萬端，源遠流長，孔子傳承歷史道統，開創儒家思想，推行禮樂教化，並發現人類能夠存養天道之善，去除人欲之私，進而達到修身、齊家、治國、平天下的「中庸」之道。《中庸》為儒家人生哲學的名著，論心性多精語，《中庸》一書中敘述了「天命、性、教、道、慎獨，情、中和、大本，在中、時中、用中、費隱、忠恕、鬼神、五達道、三達德、知行、九經、擇善固執、誠、致曲、仁義禮智」等等重要的概念，而所謂「中庸之道」，實足以支配我國數千年來之民族思想；所以到二十一世紀的現代仍有研究的價值。《中庸》是儒家論述人生道德哲學的重要經典，程頤說：「此篇乃孔門傳授心法，子思恐其久而差也，故筆之於書，以授孟子。其書始言一理，中散為萬事，末復合為一理；放之則彌六合，卷之則退藏於密，其味無窮，皆實學也。其書始言一理，中散為萬事，末復合為一理。」[1]說明《中庸》全文，先提出全篇主旨，在探究人的本性是上天所賦予的，在心性品德的修養上，必須順應天理，合乎人道的原則，循序漸進，以推行教化。

　　《中庸》篇首：「天命之謂性，率性之謂道，修道之謂教。」[2]這三句話，乃全書的綱領所在，《中庸》不僅是「言性之書」，也是「言

1　〔宋〕朱熹：《四書章句集註‧中庸章句》（臺北：鵝湖出版社，1998年），頁17。
2　〔宋〕朱熹：《四書章句集註‧中庸章句》，頁17。

道之書」、「言教之書」。通觀全章，始則說「率性之謂道」，繼則說
「道也者不可須臾離也」，終則說「和也者天下之達道也」，始終皆以
「道」字貫通於其間，而歸結於「致中和」之「教」。[3]《中庸》說：
「唯天下至誠，為能盡其性；能盡其性，則能盡人之性；能盡人之
性，則能盡物之性；能盡物之性，則可以贊天地之化育；可以贊天地
之化育，則可以與天地參矣。」[4]說明儒家文化所以博大悠久，以
「心、性、道」為人倫教化的基礎，人人能夠「盡人之性」，協調內
心喜怒哀樂的情感，最終要達到「致中和」的功效，能使天地安其位
而不亂；人人心平氣和，社會秩序井然；萬物生生不息，天下也就太
平無事，足證儒家認為中庸之道，是「人事」與「天道」兼容並蓄的
實用學問。本論文以《中庸》儒家的人生哲學為探析的主軸，分別論
述《中庸》的內容述略、《中庸》儒家人生哲學之人文蘊涵，進而闡
述《中庸》人生哲學對現代教育之啟示，以培養學生正確的進德修業
態度。一則可以了解儒家的人生哲學，是君子立身行事，待人治事的
準則；一則可以學習社會生活的規範，以提升人們的人文素養與倫理
道德。

二　《中庸》內容述略

　　《中庸》是《禮記》的第三十一篇，自從南宋朱熹承繼程顥、程
頤的學說編輯為定本，把《大學》和《中庸》從《禮記》中抽出，為
《大學》和《中庸》作章句，合《論語集注》、《孟子集注》成為《四
書章句集注》，簡稱《四書集注》，從此「四書」成為學校官定的教科
書和科舉考試的必讀書，對古代教育產生了極大的影響力。《正義》

3　高明：《禮學新探》（香港：香港中文大學，1963年），頁208。
4　〔宋〕朱熹：《四書章句集註‧中庸章句》，頁32。

引鄭玄《目錄》說：「名曰『中庸者』，以其記中和之為用也；庸，用也。孔子之孫子思伋（西元前483-約西元前402年）作之，以昭明聖祖之德。此於《別論》屬《通論》。」[5]歷代學者對《中庸》的作者和成篇的年代，各持己見，茲臚列各家之說法如下：

（一）《中庸》的作者

《史記・孔子世家》說：

> 伯魚生伋，字子思。年六十二，嘗困於宋。子思作《中庸》。[6]

《隋書・音樂志》引梁沈約說：

> 《中庸》、〈表記〉、〈坊記〉、〈緇衣〉皆取《子思子》。[7]

朱熹〈中庸章句序〉說：

> 《中庸》何為而作？子思子憂道學之失其傳而作也。
> 此篇乃孔門傳授心法，子思恐其久而差也，故筆之於書，以授孟子。[8]

上述說法，持續一千多年，宋人疑古風氣盛行，對子思作《中庸》之說法，也頗為懷疑。其懷疑之證據：

> 《中庸》第二十八章：「今天下車同軌，書同文，行同倫。」

5　〔漢〕鄭玄注、〔唐〕孔穎達等正義：《禮記正義・中庸》（臺北：藝文印書館，1998年）卷52，頁879。
6　〔漢〕司馬遷：《史記・孔子世家》（臺北：鼎文書局，1987年）卷47，頁1946。
7　〔唐〕魏徵、令狐德棻：《隋書》（臺北：鼎文書局，1987年）卷13，頁288。
8　〔宋〕朱熹：《四書章句集註・中庸章句》，頁14。

多數人認為，這是秦統一後的語言。[9]

近代學者李學勤解釋說：

> 孔子生當春秋晚年，周室衰微，在政治、文化上趨於分裂，已
> 經沒有『車同軌，書同文，行同倫』的實際……按《中庸》此
> 句的『今』應訓為『若』，《經傳釋詞》曾列舉許多古書中的例
> 子……都是假設的口氣，孔子所說，也是假設，並非當時的事
> 實，不能因這段話懷疑《中庸》的年代。[10]

綜合上述，可知司馬遷的說法最為遠古，鄭玄據此，在《三禮目錄》
也說：「孔子之孫子思伋作之，以昭明聖祖之德。」《中庸》文風與
〈表記〉、〈坊記〉、〈緇衣〉基本一致，多次引用《詩經》，以證明自
己的觀點。據統計，《中庸》引《詩經》達十五次，這也說明沈約的
說法是有根據的。[11]李學勤的解釋，可以釋眾人之疑。可以證明《中
庸》是戰國前期子思的著作。

（二）《中庸》的名義

歷代學者對《中庸》的命名，各家之說法相近。茲臚列各家之解
釋如下：

《禮記正義》引鄭《目錄》說：

9　參見王鍔：《禮記成書考》第一章〈春秋末期志戰國初期的文獻〉（北京：中華書
　　局，2007年），頁79。

10　轉引自李學勤：《失落的文明》（上海：上海文藝出版社，1997年），頁344-345。

11　參見王鍔：《禮記成書考》第一章〈春秋末期志戰國初期的文獻〉（北京：中華書局，
　　2007年），頁79。

以其記中和之為用也；庸，用也。[12]

鄭玄注《禮記‧中庸》：

「君子中庸」章說：「庸，常也，用中為常道也。」[13]

《荀子‧王制》：

「元惡不待教而誅，中庸民不待政而化」郝懿行曰：「中庸民，言中等平常之人。」[14]

句中的「中庸」意亦作普通平常解，庸即「平常」也。

《中庸章句》前引子程子曰：

「不偏之謂中，不易之謂庸。中者，天下之正道；庸者，天下之定理。」[15]

朱熹在《中庸章句》則說：

「中庸者，不偏不倚、無過無不及，而平常之理。」[16]

王船山主張《大學》和《中庸》應回歸《禮記》原書的考量：

〈大學〉、〈中庸〉自程子擇之《禮記》之中，以為聖學傳心入德之要典，迄於今，學宮之教，取士之科，與言道之所宗，雖

12　〔漢〕鄭玄注、〔唐〕孔穎達等正義：《禮記正義‧中庸》卷52，頁879。

13　〔漢〕鄭玄注、〔唐〕孔穎達等正義：《禮記正義‧中庸》卷52，頁880。

14　〔清〕王先謙：《荀子集解‧王制》（臺北：世界書局，1991年）卷5，頁303。。

15　〔宋〕朱熹：《四書章句集註‧中庸章句》，頁17。

16　〔宋〕朱熹：《四書章句集註‧中庸章句》，頁18。

有曲學邪說，莫能違也，則其為萬世不易之常道矣。[17]

《大學》和《中庸》為儒家傳心入德之要典，其所言明德新民、率性修道皆為上達天理之奧理常道，因此船山主張《大學》和《中庸》應回歸《禮記》之完整性。

綜合上述，可知各家對「中庸」二字的詮釋異曲同工，可見「中庸」就是儒家做事適中、不走極端、無過無不及的處事態度，是以中為用的最高道德原則，即朱熹所說的「無過無不及之名」也。[18]以上諸說其實是可以相通的，平常之常與恆常之常二義，在《中庸》書中是相容的。例如：「道不遠人，人之為道而遠人，不可以為道」（十三章），「君子之道，譬如行遠必自邇，譬如登高必自卑」（十五章），「君子之道，造端乎夫婦」（十二章），都認為道不離日用平常。五倫之道，是恆常不變之大經，亦是日用平常之行。《中庸》之庸如有用義，乃是指常用，大用之意，非一般之用。即言倫理常道，是人人所必須用之以為常行的。

（三）《中庸》的旨義

朱子自謂「四書」是他畢生精神所注。對於《大學》則曰：「平生精神，盡在此書。」對於《中庸》則曰：「沉潛反復，蓋亦有年……然後乃敢會眾說而折其中。」可見他用力之深與窮究之精，無怪乎能為後代學者所宗。宋代朱熹在《中庸章句》說：

> 子程子曰：不偏之謂中，不易之謂庸；中者，天下之正道，庸者，天下之定理。此篇乃孔門傳授心法，子思恐其久而差也，

---

17 〔清〕王夫之，《禮記章句·中庸》（長沙：嶽麓書社，1996年），頁1245。

18 參見王鍔：《禮記成書考》（北京：中華書局，2007年），頁76。

故筆之於書，以授孟子。其書始言一理，中散為萬事，末複合
為一理。放之則彌六合，卷之則退藏於密。其味無窮，皆實學
也。善讀者玩索而有得焉，則終身用之，有不能盡者矣。[19]

因此朱熹將《中庸》分為三十三章。首章為總論，綜論天命、人性、
人道與修己教化之道。以下三十二章是分述，分別探討、闡釋中庸之
旨義。朱熹在《中庸章句》說：

子思述所傳之意，以立言。首明道之本原出於天，而不可易；
其實體備於己，而不可離。次言存養省察之要。終言聖神功化
之極。蓋欲學者於此，反求諸身而自得之，以去夫外誘之私，
而充其本然之善。楊氏所謂一篇之體要是也。其下十章蓋子思
引夫子之言，以終此章之義。[20]

綜合上述，可知《中庸》在第一章裡，即揭出「天命之謂性，率性之
謂道，修道之謂教。」為全篇的三綱領。「性」是「道」的本源，
「道」又是「教」的本源。「道」之與「教」，皆由「性」出發。所以
有人說：中庸是「盡性」之書。接著第二章就說明「道也者不可須臾
離也」，所謂「慎獨」，是因為「不睹」、「不聞」、「隱」、「微」獨居的
時候，最易不慎。因此特別強調「道」是不可須臾離的，這正是「明
教」的妙用。第三章接著說「喜怒哀樂之未發，謂之中」，這是說
「道」的本源，亦就是說天命的「性」，「發而皆中節，謂之和」，這
是說率性的「道」；所以說「中也者，天下之大本也；和也者，天下
之達道也」。「致中和」，即是「修道」，也即是「教」。「修道」的極

---

19 〔宋〕朱熹：《四書章句集註・中庸章句》，頁17。
20 〔宋〕朱熹：《四書章句集註・中庸章句》，頁18。

致，就是「天地位焉，萬物育焉。」通觀全章，始則說「率性之謂道」，繼則說「道也者不可須臾離也」，終則說「和也者，天下之達道也」，始終皆以「道」字貫通於其間，而歸結於「致中和」之「教」。[21]可見《中庸》確是論性理之篇、天人之學，深含哲理趣味。與《大學》「內聖外王」之要旨相當契合，也頗切合吾人之生活日用與修己淑世，值得我們詳加閱讀。

三 《中庸》儒家人生哲學之人文蘊涵

孔子的道德哲學，是從何而來？根據子思作《中庸》說：「仲尼祖述堯舜，憲章文武，上律天時，下襲水土，辟如天地之無不持載，無不覆幬。……萬物並育而不相害，道並行而不相悖。」[22]說明孔子傳承堯、舜、禹、湯、文武、周公一脈相承的中國文化道統，並且加以發揚光大，建立了完整的道德哲學體系。「中庸之道」是儒家思想和中國傳統文化的精華，是人生道德修養的最高目標。全篇內容苞蘊宏富，從個人之修身養性、為人處世、進德修業，進而家庭倫理之規範、安邦定國之圭臬，擴及傳承聖道的使命，可作為現代人砥礪學行之座右銘。茲將《中庸》儒家人生哲學之人文蘊涵，條分縷析於下：

（一）天命率性之實踐

中國文化的智慧方向是以「以人為本，以生命為中心。」《禮記·孔子閒居》說：「天有四時，春夏秋冬，風雨霜露，無非教也。」[23]在儒家看來，這一個充實飽滿的宇宙，無論是日月星辰、風霜雨露、山

---

21 高明：《禮學新探》（香港：香港中文大學，1963年），頁208。

22 〔宋〕朱熹：《四書章句集註·中庸章句》，頁37-38。

23 〔漢〕鄭玄注、〔唐〕孔穎達等正義：《禮記正義·孔子閒居》卷51，頁862。

川湖海、蟲魚鳥獸，以及春夏秋冬四時的運轉，處處都是實理實事的顯現；而實理實事又都是聖人之道的昭著，也是聖人之教的印證。所以，宇宙生命和人的生命，是相通而不相隔的，天和人可以交流融通，以達到「天人和諧」的境界。[24]茲引《中庸》所述為例：

> 天命之謂性，率性之謂道，修道之謂教。道也者，不可須臾離也，可離非道也。是故君子戒慎乎其所不睹，恐懼乎其所不聞。莫見乎隱，莫顯乎微。故君子慎其獨也。喜怒哀樂之未發，謂之中。發而皆中節，謂之和。中也者，天下之大本也。和也者，天下之達道也。致中和，天地位焉，萬物育焉。[25]

上述引文，闡明人們依照自然的稟賦，循著內在的誠性去行事，品德高尚的人在獨處的時候能夠戒慎恐懼，並能掌握內心的喜怒哀樂，使自己的言談舉止無所偏倚，達到中正平和的境界。《周易·說卦》說：「立天之道曰陰與陽，立地之道曰柔與剛，立人之道曰仁與義，兼三才而兩之。」[26]《周易》以「三才之道」作為聯繫、溝通「天道、人道、地道」之津梁。「三才之道」的表述，在肯定天地具有「萬物資始」的同時，也能突顯出「人」的主體性。知性文化把天地自然當做認知的對象，而德性生命卻能把天地自然加以美化、善化，把天地萬物視為生生之德，把自然的造化視為化機流行。可見「中」是天下萬事萬物的根本，「和」是天下共行的大道。的確，人們如果

---

24 蔡仁厚：《儒學思想的現代意義》壹〈生命的提昇與流通〉（臺北：文津出版社，1987年），頁218。

25 〔宋〕朱熹：《四書章句集註·中庸章句》，頁17-18。

26 〔魏〕王弼、〔晉〕韓康伯注、〔唐〕孔穎達等正義：《周易正義·說卦》（臺北：藝文印書館，1998年）卷9，頁183。

能夠把中和的道理推而及之，達到圓滿的境界，那麼天地都各安其
所、萬物都能生長繁育。所以說：「致中和，天地位焉，萬物育
焉。」這是儒家天人合一的人生哲學。

（二）明善誠身之彰顯

《詩・大雅・烝民》說：「天生烝民，有物有則，民之秉彝，好
是懿德。……昔孔子讀詩至此而贊之曰：『為此詩者，其知道乎？故
有物必有則，民之秉彝也，故好是懿德。』」[27]孔子稱讚作這首詩的
人，能夠深切體會日用倫常的道理，教化人民執守常道，並且喜歡這
種美德。說明中國自古以來，上天生下眾民，萬事萬物都有依循的準
則，人民所秉持的一個意識趨向，都喜歡這美好的品德，也就是禮教
的本源。茲引《中庸》所述為例：

> 唯天下至誠，為能盡其性；能盡其性，則能盡人之性；能盡人
> 之性，則能盡物之性；能盡物之性，則可以贊天地之化育；可
> 以贊天地之化育，則可以與天地參矣。[28]
> 誠者，自成也；而道，自道也。誠者，物之終始，不誠無物。
> 誠者，非自誠己而已也，所以成物也。成己，仁也；成物，知
> 也。性之德也，合內外之道也，故時措之宜也。[29]

上述引文，說明只有天下至誠的人能充分發揮誠善的的本性，幫助人
們增進福祉，以改善人類生活；幫助天地生養萬物，使萬物生生不

---

27 〔宋〕朱熹：《詩集傳・詩・大雅・烝民》（臺北：臺灣中華書局，1973年）卷18，
　　頁214。

28 〔宋〕朱熹：《四書章句集註・中庸章句》，頁32。

29 〔宋〕朱熹：《四書章句集註・中庸章句》，頁33-34。

息。孟子說：「萬物皆備於我，反身而誠，樂莫大焉。」（《孟子‧盡心上》）天地間萬事萬物所本有的道理，全都具備在自己的性分內。真誠是待人處世的根本，反省自身，如果真實無偽，那就樂在其中了。「仁和知」要從個人內在的「格物、致知、誠意、正心、修身」做起，來彰顯中和美善的人格。所以孔子說：「夫仁者，己欲立而立人，己欲達而達人。」（《論語‧雍也》）孔子以「仁」立教，告訴我們「為仁由己」，「我欲仁，斯仁至矣。」此種自覺自發的省思，點醒了人們一定要反求諸己，所謂「強恕而行，求仁莫近焉。」（《孟子‧盡心上》）人人都可以明善誠身。孟子也說：「親親而仁民，仁民而愛物。」（《孟子‧盡心上》）這是儒家倫理道德最偉大的思想，就是把小我擴充到與天地萬物為一的境界，把仁愛的精神由父母之愛，推廣到全人類，普及到天下的萬物。

（三）安邦定國之圭臬

《周易‧繫辭上》說：「言行者，君子之樞機。樞機之發，榮辱之主也。」[30]《禮記‧曲禮》在開宗明義篇說：「毋不敬，儼若思，安定辭。安民哉！」[31]說明君王言行舉止均須合禮合宜，敬謹恭敬，不可以輕浮躁進，因此審言語，就是「安定辭」之意涵，為人君者，發號施令，豈能不慎？所以孔子說：「修己以敬……，修己以安人……，修己以安百姓。」（《論語‧憲問》），人民在仁君良好政教的潛移默化下，自然會樹立純善的社會風氣，使暴戾之氣消弭於無形。茲引《中庸》所述為例：

---

30 〔魏〕王弼、〔晉〕韓康伯注、〔唐〕孔穎達等正義：《周易正義‧繫辭上》卷7，頁151。

31 〔漢〕鄭玄注、〔唐〕孔穎達等正義：《禮記正義‧曲禮》卷1，頁12。

哀公問政。子曰：「故為政在人，取人以身，修身以道，修道
以仁。仁者，人也，親親為大。義者，宜也，尊賢為大。親親
之殺，尊賢之等，禮所生也。故君子不可以不修身。思修身，
不可以不事親；思事親，不可以不知人；思知人，不可以不知
天。」[32]

凡為天下國家有九經。曰：修身也，尊賢也，親親也，敬大臣
也，體群臣也，子庶民也，來百工也，柔遠人也，懷諸侯也。
修身則道立；尊賢尊賢則不惑；親親則諸父昆弟不怨；敬大臣
則不眩；體群臣則士之報禮重；子庶民則百姓勸；敬大臣則不
眩；體群臣則士之報禮重；子庶民則百姓勸；來百工則財用
足；柔遠人則四方歸之；懷諸侯則天下畏之。[33]

上述引文，敘述魯哀公詢問孔子施政的方針，孔子提出治理天下和國
家有九項原則：修身養性，尊重賢人，親愛親族，敬重大臣，體恤群
臣，愛民如子，招納工匠，善待遠方的客人，安撫列國諸侯。修養自
身就能確立正道；尊重賢人臨事就不會困惑；親愛親族叔伯兄弟就不
會怨恨；敬重大臣就不會遇事無措；體恤群臣，士人們就會竭力報
效；愛民如子，老百姓就會忠心耿耿；招納工匠，財物就會充足；優
待遠客，四方百姓就會歸順；安撫諸侯，天下的人都會畏服了。《中
庸》說：「知、仁、勇三者，天下之達德也。」[34]孔子說：「智者不
惑，仁者不憂，勇者不懼。」（《論語‧子罕》）說明凡是三德兼備的
人，就可以稱為人格完美的君子。在孔子心目中，一個想成為仁智兼
修的的君王，不僅要講信修睦，而且要選賢與能，見賢思齊，勤政愛

---

32 〔宋〕朱熹：《四書章句集註‧中庸章句》，頁28。
33 〔宋〕朱熹：《四書章句集註‧中庸章句》，頁29-30。
34 〔宋〕朱熹：《四書章句集註‧中庸章句》，頁28。

民。誠如《大學》所說：「古之欲明明德於天下者，先治其國；欲治其國者，先齊其家；欲齊其家者，先脩其身；欲脩其身者，先正其心；欲正其心者，先誠其意；欲誠其意者，先致其知；致知在格物。」[35]，可見聖人教化人民的用心良苦，在進德修業上，不僅要學識淵博，知書達禮，而且要能貫通古今，仁民愛物。

（四）孝悌倫理之體現

孔子很重視倫理道德，所謂倫理，就是孟子所說的五倫：「父子有親、君臣有義、夫婦有別，長幼有序，朋友有信。」（《孟子・滕文公上》）孔子對魯哀公說：「君臣也，父子也，夫婦也，昆弟也，朋友之交也，五者，天下之達道也。」[36]（《中庸》）說明五倫，是人人所應該共同律履行的五種人倫道德，人類在繁衍進化中，有了五倫，可以強化族群的向心力。就孝道而言，必須「生，事之以禮。死，葬之以禮，祭之以禮。」（《論語・為政》）說明為人子女事奉父母，要冬溫夏清、昏定晨省，使父母衣食無虞，身體健康快樂；對於喪葬、祭祀的事，要不違背禮節，盡到哀戚之情與虔誠之敬意，才算合乎孝道的真諦。茲引《中庸》所述為例：

> 子曰：「武王、周公，其達孝矣乎！夫孝者：善繼人之志，善述人之事者也。春、秋修其祖廟，陳其宗器，設其裳衣，薦其時食。宗廟之禮，所以序昭穆也；序爵，所以辨貴賤也；序事，所以辨賢也；旅酬下為上，所以逮賤也；燕毛，所以序齒也。踐其位，行其禮，奏其樂，敬其所尊，愛其所親，事死如

35　〔宋〕朱熹：《四書章句集註・大學章句》，頁3。
36　〔宋〕朱熹：《四書章句集註・中庸章句》，頁28。

事生，事亡如事存，孝之至也。郊社之禮，所以事上帝也；宗
廟之禮，所以祀乎其先也。明乎郊社之禮、禘嘗之義，治國其
如示諸掌乎！」[37]

上述引文，詳述孔子讚美武王、周公是值得稱讚能盡孝道的人，一方
面能夠繼續完成祖先的志業，一方面能夠行宗廟及郊社之禮。注重宗
廟祭祀的禮儀，按照昭穆、爵位、按事功來排序，用以辨別貴賤與賢
不肖；讓年長者坐上位，用以排列年齒。郊祭與社祭的禮節，用以事
奉先帝，宗廟的祭禮，用以祭祀祖先。明白郊祭與社祭這兩種祭禮以
及禘與嘗的義理，治理國家就易如反掌。由此可知，孝敬先祖，孝順
父母，是不忘本的表現，所以《禮記・大傳》說：「親親故尊祖，尊
祖故敬宗，敬宗故收族，收族故宗廟嚴，宗廟嚴故重社稷，重社稷故
愛百姓，愛百姓故刑罰中，刑罰中故庶民安，庶民安故財用足，財用
足故百志成，百志成故禮俗刑，禮俗刑然後樂。」[38]強調祭祀禮儀之
功能，在發揮人們仁民愛物的天性，由人道之親愛親人，推而上之，
及於尊重先祖，由尊重先祖擴而充之，至於尊敬宗族，繼而團結族
人，使宗廟莊嚴完備，復由維護宗廟的莊嚴完備，推衍至重社稷、愛
百姓，使得人人能安居樂業，最後一切終歸於禮樂和諧，政清俗美，
這就是祭祀禮儀，所要達成之仁愛功能，意義極為深遠，可以涵養人
民的孝悌倫理道德。

（五）傳承聖道之使命

《周易・乾文言》說：「夫大人者，與天地合其德，與日月合其
明，與四時合其序，與鬼神合其吉凶。先天而天弗違，後天而奉天

---

37 〔宋〕朱熹：《四書章句集註・中庸章句》，頁27。
38 〔漢〕鄭玄注、〔唐〕孔穎達等正義：《禮記正義・大傳》卷34，頁622。

時，天且弗違，而況於人乎？況於鬼神乎？」[39]這段話的涵義是說明
聖人的聰明睿智，與天地的覆載、日月的普照相契合，與四時的更
替、鬼神的福善禍惡相契合。至聖先師孔子猶如一顆慧星，照亮中華
文化的前程，開啟了我國私人講學的先河，奠定為人師表崇高的地
位。子思作《中庸》，對孔子更是推崇到了極點。茲引《中庸》所述
為例：

> 仲尼祖述堯舜，憲章文武，上律天時，下襲水土。辟如大地之
> 無不持載，無不覆幬，辟如四時之錯行，如日月之代明。萬物
> 並育而不相害，道並行而不相悖。小德川流，大德敦化。此天
> 地之所以為大也！[40]
>
> 大哉聖人之道！洋洋乎！發育萬物，峻極於天。優優大哉！禮
> 儀三百，威儀三千。待其人而後行。故曰苟不至德，至道不凝
> 焉。故君子尊德性而道問學，致廣大而盡精微，極高明而道中
> 庸。溫故而知新，敦厚以崇禮。[41]

上述引文，說明孔子傳承堯、舜、禹、湯、文武、周公一脈相承的中
國文化道統，並且加以發揚光大。孔子向上效法天道的自然運行，覆
蓋著萬物，向下順應水的川流不息的道理。猶如天地覆蓋著、承載著
萬物，又如四季遞嬗，日月的交互輝映。孔子學問廣博，道德崇高，
奉行中庸之道，推廣禮樂制度。孔子的德業修養可以與天地相媲美，
堪稱冠絕古今。《詩經·大雅·文王》說：「周雖舊邦，其命維新。」

---

39 〔宋〕程頤：《易程傳》（臺北：文津出版社，1987年），頁20。
40 〔宋〕朱熹：《四書章句集註·中庸章句》，頁37。
41 〔宋〕朱熹：《四書章句集註·中庸章句》，頁35。

[42]說明孔子傳承周公制禮作樂的精神，企盼將這潛德幽光加以發揚光大，成為文化創造的動力，使人民有道揆法守，指點人民精神生活的途徑。所以《禮記・樂記》說：「五帝殊時，不相沿樂；三王異世，不相襲禮。」[43]說明文化的傳承，是隨時代而進展的，應該推陳出新，文化的演進發展，必然是前有所承，後有所開，所以揭示「時中」之義。[44]孔子以「述而不作，信而好古」的態度來發揚光大周代的禮樂制度，並且說：「君子之於天下也；無適也、無莫也、義之與比。」（《論語・里仁》），可見君子對於天下事物的處理態度，不要固執己見，只求適宜合理，足證孔子因革損益周代的禮樂制度，為天地立心，為生民立命，為往聖繼絕學的苦心孤詣，值得我們敬佩不已。

四 《中庸》儒家人生哲學的時代啟示

《中庸》是中國古代論述人生修養境界的一部道德哲學專著，中庸之道是儒家人生哲學的最高境界，更是中國傳統文化的理想目標。《中庸》說：「唯天下之至誠，為能盡其性；能盡其性，則能盡人之性；能盡人之性，則能盡物之性；能盡物之性，則可以贊天地之化育；可以贊天地之化育，則可以與天地參矣。」[45]文中所敘述的「誠」與孔子所言的「仁道」可以相輔相成，只有至誠的人，才能發揮民胞物與的情懷，贊助天地的化育，希望推廣仁愛之美德，普及於全天下、全人類。茲述《中庸》儒家人生哲學的時代啟示如下：

---

42 〔漢〕毛亨傳、鄭玄箋、〔唐〕孔穎達等正義：《毛詩正義・大雅・文王》（臺北：藝文印書館，1998年）卷16，頁533。

43 〔漢〕鄭玄注、〔唐〕孔穎達等正義：《禮記正義・樂記》卷37，頁670。

44 蔡仁厚《儒學的常與變》肆、〈中國現代化的綱領與層次〉，頁73。

45 〔宋〕朱熹：《四書章句集註・中庸章句》，頁32。

（一）人文關懷的落實

　　《中庸》說：「為政在人，取人以身，修身以道，修道以仁。」[46]「仁」字從人二，正表示一個能愛人的人，一定能夠在人群中，與人們維持良好的人際關係。《中庸》又說：「誠者非自誠己而已也，所以成物也。成己，仁也；成物，知也。性之德也，合內外之道也，故時措之宜也。」[47]「仁和知」都是性的本德，從個人內在的「格物、致知、誠意、正心、修身」做起，使生命達到圓融透顯的境界。孔子以詩書禮樂教弟子，並且以誨人不倦的精神，化育三千學子。孔子由「仁」的感通潤化，來成己、成人、成物，以達到仁民愛物、民胞物與的境界。[48]孔子以「仁」立教，告訴我們「為仁由己」，「我欲仁，斯仁至矣。」此種自覺自發的省思，點醒了人們一定要反求諸己，所謂「強恕而行，求仁莫近焉。」人人都可以踐仁成聖。

（二）倫理道德的闡揚

　　孔子說：「君子篤於親，則民興於仁。」（《論語・泰伯》），說明在上位的人能夠以仁心厚待親屬，上行下效，那麼民間也會興起仁愛的風氣。所以仁的真諦，在於人人有兼善天下的襟懷，自己想立身行道，也期盼其他人也能夠行仁道。《中庸》說：「仁者人也；親親為大。義者，宜也；尊賢為大。親親之殺，尊賢之等，禮所生也。」[49]說明仁是人性的表現，其中以親愛自己的親人最為重要；而義就是合宜的行為，其中以尊重賢人最為重要。親愛自己的親族，有親疏的差

---

46 〔宋〕朱熹：《四書章句集註・中庸章句》，頁28。

47 〔宋〕朱熹：《四書章句集註・中庸章句》，頁34。

48 蔡仁厚：《儒學的常與變》貳〈孔學精神與現代世界〉（臺北，東大圖書公司，1990年），頁24。

49 〔宋〕朱熹：《四書章句集註・中庸章句》，頁28。

別，尊重賢人，也有高下的等級，禮就是由此而產生，孔子論禮的基本觀點，是在講孝。孔子對魯哀公說：「君臣也，父子也，夫婦也，昆弟也，朋友之交也，五者，天下之達道也。」[50]（《中庸》）說明五倫，是人人所應該共同律履行的五種人倫道德，人類在繁衍進化中，有了五倫，可以強化族群的向心力。

（三）敦品勵學的規範

《中庸》說：「博學之，審問之，慎思之，明辨之，篤行之。」[51]這是我國讀書人的勵志格言。孔子說：「學而不思則罔，思而不學則殆。」（《論語・為政》）勉勵學生在求學階段，務必學思並重，經由良師的諄諄教誨，可以鞭策自己進學不輟，提昇智慧。要以「日知其所無，月無忘其所能」（《論語・子張》）的求學精神，孜孜不倦學習各項新知，並且要以「人一能之己百之，人十能之己千之。」[52]（《中庸》）的態度，全力以赴，使自己的德業日益精進。並時時以曾子所說：「吾日三省吾身，為人謀而不忠乎？與朋友交而不信乎？傳不習乎？」（《論語・學而》）來反省自己是否能學以致用，實踐倫理道德，以開闊視野，增廣見聞。《紅樓夢》有句話說：「世事洞明皆學問，人情練達即文章。」說明人人應從日常生活環境中，擷取各項新知以充實自我，佈乎四體，行乎動靜，以敦品勵學。

（四）社會和諧的營造

孔子在《論語・衛靈公》中對學生所說的「忠恕」二字，稱得上是言近而旨遠的善言，也是守約而施博的善道。所以《中庸》說：

---

50 〔宋〕朱熹：《四書章句集註・中庸章句》，頁28。
51 〔宋〕朱熹：《四書章句集註・中庸章句》，頁31。
52 〔宋〕朱熹：《四書章句集註・中庸章句》，頁31。

「忠恕違道不遠，施諸己而不願，亦勿施於人。」[53]由此可見「忠恕」是充滿生命智慧，生活體驗的話語，更是每個人進德修業、立身處世的基石。推廣其旨義，就是要學會欣賞別人，能廣結益友，擴展你的人際關係，這也是一個人有愛心的表現；學會看重自己，有助於自我形象和責任感的提昇。孟子說：「萬物皆備於我，反身而誠，樂莫大焉。強恕而行，求仁莫近焉。」（《孟子‧盡心上》），說明了「忠」是提昇人類責任感的試金石；「恕」是化解社會動亂的一帖良藥。的確，如果人人能夠「忠以律己」，體認自己應負的責任，「恕以待人」，以「自律自清」的良好習性，來淨化現代人貪婪的心靈，如此定可以化暴戾為祥和，使大千世界和樂圓融。

五　結論

《中庸》說：「君子之道，淡而不厭，簡而文，溫而理，知遠之近，知風之自，知微之顯，可與人德矣。」[54]這是《中庸》全篇的結尾，是古代思想家對為人處世的精闢總結，又體現了做人的規範與智慧，從天理到人道，從知到行，從理論到實踐，從「君子篤恭」到「天下平」，呼應《大學》人生進修的歷程，各段文字，既有詩為證又引申發揮。無怪乎朱熹要在《中庸章句》全書的結語感嘆道：「其反復丁寧示人之意，治深切矣，學者其可不盡心乎！」[55]的確，《中庸》一書是儒家人生哲學的名著，論心性多精語，宋明理家皆奉為先儒的心傳，這就是儒家思想「致廣大而盡精微，極高明而道中庸」的原因。而所謂「中庸之道」，不僅具有完整的理論體系，提示了切實

---

53 〔宋〕朱熹：《四書章句集註‧中庸章句》，頁23。
54 〔宋〕朱熹：《四書章句集註‧中庸章句》，頁39。
55 〔宋〕朱熹：《四書章句集註‧中庸章句》，頁40。

可行的為人治事的原則，實足以支配我國數千年來之民族思想，所以
到現代仍有研究的價值。

　　展閱歷史的長卷，可知中國數千年的教育思想，實以儒家的倫理
道德思想為主流。孔子集三代學術思想的大成，奠定了儒家學說的理
論基礎，而《中庸》的學說博大精深，更是垂教萬世的金科玉律及為
人處世的典範。英國牛津大學副校長黎芬司東（Sir Richard Winn
Livingstone, 1880-1960）在他所著〈一個動盪世界的教育〉一文中
說：「教育應以養成德操為第一要務；而德操的養成在使學子多看人
生中偉大的事情，多識人性中上上品的東西。人生和人格的上上品，
見於歷史和文學中的很多，只要人們知道去找。」[56]的確，文化的傳
承，胥賴教育，而固有文化的榮枯，又繫於教育的成敗，此乃千古顛
仆不破的真理。因應未來更具開放性的與多元化的社會發展趨勢，我
們應該加強國文教學，尤其是儒家道德思想的教育，引領學生開啟儒
家人文思想的堂奧，以提升學生的人文素養與倫理道德。人人心地純
正，國家自然有光明的前途，人民才能生活在安康幸福中。

---

56 劉真、江雲鵬、李同立等：〈邁向超物質化世界──人文精神的追尋〉，《師友月刊》
　　（1993年2月），頁6-25。

參考文獻

一　古籍部分（依《四庫全書》分類法）

〔魏〕王弼、〔晉〕韓康伯注、〔唐〕孔穎達等正義：《周易正義》，臺北：藝文印書館，1998年。

〔漢〕毛亨傳、鄭玄箋、〔唐〕孔穎達等正義：《毛詩正義》，臺北：藝文印書館，1998年。

〔漢〕鄭玄注、〔唐〕孔穎達等正義：《禮記正義》，臺北：藝文印書館，1998年。

〔漢〕司馬遷：《史記》，臺北：鼎文書局，1987年。

〔東漢〕趙岐注、舊題〔宋〕孫奭疏：《孟子注疏》，臺北：藝文印書館，1998。

〔宋〕朱熹：《四書章句集註》，臺北：鵝湖出版社，1998年。

二　現代專著（依作者姓氏筆劃排序）

王　鍔：《禮記成書考》，北京：中華書局，2007年。

李紀祥：《兩宋以來大學改本之研究》，臺北：學生書局，1988年。

徐世昌纂：《清儒學案》，北京：中華書局，2008年。

李學勤：《失落的文明》，上海：上海文藝出版社，1997年。

高　明：《禮學新探》，香港：香港中文大學，1963年。

高　明：《孔學管窺》，臺北：廣文書局，1972年。

第三編
經學典籍思想研究

第一章
從《朱子語類》探析《論語》思想[*]

一　前言

　　儒家思想是中華文化的主流，自孔子、孟子建立了完整體系以後，迄今已歷兩千餘年。我們可以從《論語》、《孟子》、《大學》、《中庸》四書中，了解到儒家學說不僅具有完整的理論體系，而且提示了切實可行的為人治事原則。《論語》是一本以紀錄孔子及其弟子的言行錄，其書展現孔子的政治觀、倫理觀、道德觀、教育觀等。全書共二十篇，展閱全書的篇卷，可以見到孔子與弟子們的嘉言懿行，禮儀或行為規範的學習；在待人接物上，所顯現的謙恭與從容的禮儀，讓我們能夠見賢思齊，修養高尚的品德，以陶冶身心改變氣質。在《論語》一書中，蘊涵著孔子的教育思想，傳承著瑰麗的儒家文化。司馬遷有言：「讀孔氏書，想見其為人。……天下君王至於賢人眾矣，當時則榮，沒則已焉。孔子布衣，傳十餘世，學者宗之。自天子王侯，中國言六藝者折中于夫子，可謂至聖矣！」[1]（《史記·孔子世家》）可見在《論語》一書中，蘊涵著孔子的教育思想，傳承著瑰麗的儒家文化，對後世的學術思想有深遠的影響力。在漢代已被視為輔翼《五經》的傳或記。漢文帝（西元前203-西元前157年）時列於學官，東漢時被尊為經。孔子被後人尊稱為至聖先師，是中國歷史上最偉大的思想家、教育家。

---

[*] 本文刊登於二〇一九年六月二十八日《孔孟月刊》第五十七卷第九、十期。
[1] 〔漢〕司馬遷：《史記》〈孔子世家〉（臺北：鼎文書局，1987年）卷47，頁1947。

　　宋代朱熹將《論語》跟《孟子》，以及《禮記》一書中的兩篇《大學》、《中庸》，合訂為一部書，定名《四書》。[2]朱子云：「讀書，且從易曉易解處去讀。如大學、中庸、語、孟四書，道理粲然。人只是不去看。若理會得此四書，何書不可讀！何理不可究！何事不可處！」[3]朱子強調四書，是貫通經典義理學說的根源。朱熹的《論語集注》收錄了二程等宋儒治《論語》的十一家學說，比較其義，擇善而從，成為元明以來最有影響的《論語》注釋本。四書經由朱熹的注解和提倡，在元、明、清時代成為科舉考試的標準教科書，逐漸代替了過去考試經義時五經的地位。正如清末皮錫瑞（1850-1908）所說：「宋學至朱子而集大成，於是朱學行數百年。」[4]他的見解，對清代的考據學風具有啟發作用。《朱子語類》的內容生動，其中涵蓋著師徒間井然有序的對答，且以語錄體的方式記錄下來，使朱子精微幽深的哲學觀點，變得平易近人而實用切理。本文論述《朱子語類》一書中的體例、內容，更記述當年朱子教學師生互動的概況，以其能深入了解《朱子語類》記載《論語》學說思想之全貌及其重要價值。

二　朱子語類的成書與體制

　　朱熹師生既是以四書相砥礪，也就無怪乎黎靖德編《朱子語類》以《大學》、《論語》、《孟子》、《中庸》為序。事實上，弟子黃榦撰

2　〔宋〕黎靖德編：《朱子語類》〈綱領〉「朱熹認為『先讀《大學》，以定其規模；次讀《論語》，以定其根本；次讀《孟子》，以觀其發越；次讀《中庸》，以求古人之微妙處』，又說「《四子》，《六經》之階梯」（臺北：文津出版社，1986年）卷14，頁249-250。

3　〔宋〕黎靖德編：《朱子語類》〈綱領〉卷14，頁249。

4　〔清〕皮錫瑞：《經學歷史》（臺北：藝文印書館，2004年），頁281。

〈朱子行狀〉也是以此總括朱熹一生教學旨趣，云：「先生教人以《大學》、《語》、《孟》、《中庸》為入道之序，而後及諸經。以為不先乎《大學》，則無以提綱挈領，而盡《論》、《孟》之精微；不參以《論》、《孟》，則無以融會貫通，而極《中庸》之旨趣，然不會其極，於《中庸》則又何以建立大本，經綸大經，而讀天下之書，論天下之事哉？」[5]既有理據，又有朱熹晚年講論行事可供參證，所以《大學》、《論語》、《孟子》、《中庸》之序，乃是朱熹一生思索的結果，應無可疑。

（一）《朱子語類》的成書

現在的《朱子語類》是南宋度宗咸淳六年（1270）黎靖德編輯出版的，這就是現在這本《朱子語類》的初版。黎靖德編輯這部書時，也將每個人記錄的語錄的年代都保存下來，自宋孝宗乾道六年（1170）開始到宋寧宗慶元五年（1199）朱熹逝世前為止，歷時共約三十年。在九十七家記錄人之中，記錄朱熹六十歲以後的語錄多達六十四人，因而更詳盡地保存朱熹許多晚年定論，這是朱子語類的特點和具有更高參考價值的所在。[6]依據《四庫全書總目提要》[7]的記載，臚列如下：

> 嘉定乙亥，李道傳輯廖德明等三十二人所記為四十三卷，又續增張洽錄一卷。刻於池州，曰《池錄》。

5　〔宋〕黃榦〈朱子行狀〉，《勉齋集》，《四庫全書》第1168冊（臺北，臺灣商務印書館）卷36，頁426。

6　〔宋〕黎靖德編：《朱子語類》〈朱熹與朱子語類〉，頁8。

7　〔清〕永瑢、紀昀等撰：武英殿本《四庫全書總目提要》〈子部：朱子語類〉，臺北：臺灣商務印書館，1983年）卷92，頁3-31。

嘉熙戊戌，道傳之弟性傳續蒐黃幹等四十二人所記為四十六
卷，刊於饒州，曰《饒錄》。

淳祐乙酉，蔡杭又裒楊方等二十三人所記為二十六卷，亦刊於
饒州，曰《饒後錄》。

咸淳乙丑，吳堅采三錄所餘者二十九家，又增入未刊四家為二
十卷，刊於建安，曰《建錄》。

其分類編輯者，則嘉定已卯黃士毅所編，凡百四十卷，史公說
刊於眉州，曰《蜀本》。

又淳祐壬子王似續編四十卷，刊於徽州，曰《徽本》。

諸本既互有出入，其後又翻刻不一，訛舛滋多。靖德乃裒而編
之，刪除重復一千一百五十餘條，分為二十六門，頗清整易觀。

由上述引文可知，《朱子語類》綜合了九十七家所記載的朱熹語錄，
其中有無名氏四家。輔廣所錄的一部分，曾經朱熹本人審閱，〈朱子
語類後序〉其他各家則未經朱熹過目。雖然如此，但這本語類將朱熹
許多同一次談話因記錄人不同而留下數條詳略不同的記錄稿都保存下
來，這樣編輯增加了這些條目的可靠性，有助於後代學者能夠深入了
解朱熹的原意。[8]可見《朱子語類》的成書是匯集朱門弟子問學與朱
子答問的記錄，是苞韻宏富，幾經修改集眾說而成的著作。

（二）朱子語類的體制

流傳至今的《朱子語類》共一百四十卷，其中四書占五十一卷，
五經占二十九卷，哲學專題如理氣、知行等，專人如周、程、老、釋
等，以及個人治學方法等，約占四十卷，歷史、政治、文學等約占二

---

8 〔宋〕黎靖德編：《朱子語類》〈朱熹與朱子語類〉，頁8。

十卷。雖然李性傳所說「語錄與四書異者當以書為正」，似乎語錄對研究朱熹有關四書的見解，只具有輔助的作用，但有些問題只有通過語錄才能獲得比較完整的認識。[9]茲述《朱子語類》有關四書的編纂體制，如下：

1　收集關於四書的各種注解

首先是收集關於四書的各種注解，特別是二程及其門徒的注解，反復選擇編成精義、要義或集義。然後從集義中選出他認為正確的解釋加入集注，並在此基礎上發揮他的觀點。再作或問來闡述他所以如此注解的理由，解答別人可能提出的問題。正如他自已所評述的：

> 漢、魏諸儒，正音讀，通訓詁，考制度，辨名物，其功博矣。（朱文公文集語孟集義序）李性傳稱贊他的四書集注：「覃思最久，訓釋最精，明道傳世，無復餘蘊。」（《饒州刊朱子語錄後序》）[10]

從成書的過程及朱熹的主觀要求來看，對於四書所涉及的音讀訓詁、名物制度，仍多採用漢、魏人的注疏。因此朱熹說：「學者觀書，先須讀得正文，記得注解，成誦精熟。注中訓釋文意、事物、名義，發明經指，相穿紐處，一一認得，如自己做出來底一般，方能玩味反覆，向上有透處。」[11]朱熹著重推敲字句，進而了解文義，才能深入經書的義涵。可見《朱子語類》一書彰顯朱熹的思想，內容豐富，析理精密。

9　〔宋〕黎靖德編：《朱子語類》〈朱熹與朱子語類〉，頁8。
10　〔宋〕黎靖德編：《朱子語類》〈朱熹與朱子語類〉，頁10-11。
11　〔宋〕黎靖德編：《朱子語類》〈學五〉卷11，頁191。

2 研究朱門學說的重要工具

　　《朱子語類》編集了朱熹死後七十年間所保存的語錄，在當時雖然是較完備的，但仍有一部分重要材料在這期間已經散失了。[12]朱子門人以《或問》解析《四書章句集注》，兼取門人的語錄，並溯及二程學說思想，以尋求朱熹教學的旨意。洪天錫〈四書纂疏序〉云：

> 文公自謂《集注》乃《集義》之精髓，一字秤輕等重，不可增減，讀《論》、《孟》者取足是書焉可也。格菴趙公復取文公口授及門人高弟退而私淑與《集注》相發者，纂而疏之，間以所聞附於其後，使讀之者，如侍考亭師友之側，所問非一人，所答非一日，一開卷盡得之，博哉書乎！[13]

綜合上述，可見朱熹治學態度的嚴謹，思慮周密，斟酌損益，刪改修訂，力求完美，成為門人進學的典範。所謂「門人高弟」是指黃榦、輔廣、陳淳、蔡淵、蔡沉、葉味道、胡泳、陳埴、潘柄、黃士毅、真德秀、蔡模等[14]，依據陳榮捷先生的考訂，共得四百八十八人。[15]朱學之盛行，黃榦居功厥偉。朱熹的門人尊師重道，門人以傳經傳道為職志，使得朱熹的學說思想源遠流長。

---

12 〔宋〕黎靖德編：《朱子語類》〈朱熹與朱子語類〉，頁7。

13 〔宋〕洪天錫：〈四書纂疏序〉，收入〔宋〕朱熹集注，〔宋〕趙順孫纂疏：《四書纂疏‧大學纂疏》（臺北：文史哲出版社，1981年），頁5-6。

14 〔宋〕朱熹集注，〔宋〕趙順孫撰：〈四書纂疏引用總目〉，《四書纂疏‧大學纂疏》，頁25-26。

15 陳榮捷著：《朱學論集》〈朱門之特色及其意義〉（臺北：臺灣學生書局，1982年），頁279。

3　尊重古聖先賢的解經旨意

　　朱子提及前輩學者大多舉出所贊成的見解，無非要學生養成尊重先賢的態度。朱子說：「如何見得古人意思！須得退步者，不要自作意思，只虛此心將古人語言放前面，看他意思倒殺向何處去。如此玩心，方可得古人意，有長進處。」[16]人若能置身古人的語境，熟悉古人的語彙和語法，尋繹古人的語意，綜合運用文字、文法、要學生好好記取這堂課老師所說，思考琢磨與程子所說的關係，自己就會學有所得，而了然於心。這樣的學習，方能增長智慧，有益身心，而不是徒然記得各種「說法」而已。茲引《朱子語類・論語二》敘述朱子引導學生讀《論語》的方法為例：

> 孝弟如何謂之順德？且如義之羞惡，羞惡則有違逆處。惟孝弟則皆是順。（義剛）
> 伊川說：「為仁以孝弟為本，論性則以仁為孝弟之本。」此言最切，須子細看，方知得是解經密察處。非若今人自看得不子細，只見於我意不合，便胡罵古人也。（銖）[17]

上述引文，詮釋孝悌與仁的關係，朱子認為程子的解析最為貼切，程子將「行仁之本」和「仁之本」做了明確區分，又說：「孝弟，順德也。」孝悌所反映的正是為人子女對父母、晚輩對長輩，發自天性的恭順之德。彰顯了孝悌之本質，也揭開了古人何以將「孝順」連稱的深意。朱子教導學生，讀經書首先要拋棄主觀的、隨意的態度，應該要順著文意客觀地理解。先儒的解經書說，特別是在《四書》說中，

16　〔宋〕黎靖德編：《朱子語類》〈學五・讀書法下〉卷11，頁180。
17　〔宋〕黎靖德編：《朱子語類》〈論語二・學而篇〉卷20，頁471。

北宋諸儒中二程最受重視，這是後學應該銘記在心的。並且眶勉學生
研讀經書，要學習古聖先賢闡述的思想言論，刻苦用功，認真體會，
才能夠學有心得。

三　朱子語類所揭示的論語觀及其特性

　　《朱子語類》全書集錄了南宋理學家朱熹與其門人對答之語而成
的語錄，即今通行本《朱子語類》。在《四庫全書》中列為子部儒家
類。朱子從事《論語》教學時，主要教材為《集註》，輔助教材包括
經、史、子、集與注疏類等各方面，並且強調品德教育的重要。試從
《朱子語類》所記載的內容，理解朱子是以怎樣的方式教導學生學習
《論語》，以彰顯《論語》教材的內容旨意。茲述《朱子語類》所揭
示的論語觀及其特性，如下：

（一）教導學生研讀《論語》的方法

　　朱子在講授《論語》的課堂上，自然而然會談到研讀《論語》的
方法，學生也就記錄下來。另一方面，既然講解一本經典，就會指導
學生如何閱讀，不論是態度或方法，當然也是這門課程中不可缺少的
重要部分。我們研讀《朱子語類》中有關的篇章，可以看到朱子教導
學生研讀《論語》的「方法」。茲引《朱子語類・語孟綱領》所敘述
為例：

> 讀《論語》，須將精義看。先看一段，次看第二段，將兩段比
> 較孰得孰失，孰是孰非。又將第三段比較如前。又總一章之說
> 而盡比較之。其間須有一說合聖人之意，或有兩說，有三說，
> 有四五說皆是，又就其中比較疏密。如此，便是格物。及看得

此一章透徹，則知便至。或自未有見識，只得就這裏挨。一章
之中，程子之說多是，門人之說多非。然初看時，不可先萌此
心，門人所說亦多有好處。蜚卿曰：「只將程子之說為主，如
何？」曰：「不可，只得以理為主，然後看它底。看得一章直
是透徹了，然後看第二章，亦如此法。若看得三四篇，此心便
熟，數篇之後，迎刃而解矣。某嘗苦口與學者說得口破，少有
依某去著力做工夫者。且如『格物、致知』之章，程子與門人
之說，某初讀之，皆不敢疑。後來編出細看，見得程子諸說雖
不同，意未嘗不貫。其門人之說，與先生蓋有大不同者矣。」
（驤）[18]

從上述引文可知，朱子帶領學生研讀《論語》，是採用一問一答的形
式進行，指導學生要逐篇逐章的去研讀，不可以急躁躐等。《論語》
全文章節簡短，每事一段，屬於語錄體。內容為孔子循循善誘，教導
弟子待人處事之道、經邦濟世之方。或言簡意賅，點到即止；或啟發
論辯，侃侃而談。全書語言生動活潑、含蓄雋永、寓意深遠、耐人尋
味，篇章內不少語句，已成為現代人琅琅上口的格言和成語。因此朱
熹說：「凡讀書，須有次序。且如一章三句，先理會上一句，待通
透；次理會第二句，第三句，待分曉；然後將全章反覆紬繹玩味。……
如語孟二書，若便恁地讀過，只一二日可了。若要將來做切己事玩味
體察，一日多看得數段，或一兩段耳。」[19]朱熹認為研讀《論語》要
循序漸進，一日只看一段，且要涵泳深長意味。簡言之，就是要慢慢
讀，細細慢慢品味，深思慢慢涵泳，才能夠學有心得。

---

18 〔宋〕黎靖德編：《朱子語類》〈論語一‧語孟綱領〉卷19，頁441-442。
19 〔宋〕黎靖德編：《朱子語類》〈讀書法下〉卷11，頁189。

（二）提問與討論必須相輔相成

《中庸》上說：「博學之，審問之，慎思之，明辨之，篤行之。」（〈第二十章〉）廣博地學習各種知識，詳細地詢問疑難之處，謹慎地思考書中的道理，明晰地辨別經典的義函，切實地力行修己治人的哲理。這是儒家的學、問、思、辨、行具有總括式有規律性的治學修養之道。其中「審問」，就是要對任何一門種學問，都要窮源探本考究清楚，不可落於執迷不悟或不求甚解之中。《中庸》又說：「有弗問，問之弗知弗措也。」這是說，若有疑難之處，就要從師問學虛心求教，請教老師釋疑解惑。朱子教導學生以孔子作榜樣，強調在學問的探究上，要深入追求，詳細的提問，並與同儕切磋琢磨，讓自己的學業日益精進。茲引《朱子語類・論語八・里仁篇上》〈里仁為美章〉敘述為例：

> 或問：「里仁一篇，自首至『觀過斯知仁矣』，都是說仁。『里仁為美』，是指言仁厚之俗；『觀過斯知仁』，是指言慈愛底仁。其他則皆就心德上說。」曰：「雖是如此，然統體便都只是那箇仁。如里有仁厚之俗，便那一里之人這心不大故走作，所以有仁厚之俗。『觀過斯知仁』，便也是這心。」（僩）
> 問：「『里仁為美』，《論語》、《孟子》注不同，如何？」曰：「《論語》本文之意，只是擇居。孟子引來證擇術，又是一般意思。言里以仁者為美，人之擇術，豈可不謹。然亦不爭多。」問：「美，是里之美？抑人之美？」曰：「如云俗美一般。如今有箇鄉村人淳厚，便是那鄉村好；有箇鄉村人不仁、無廉、無恥者多，便是那鄉村不好。這章也無甚奧義，只是擇居而已。然『里仁』字也差異。」（淳）

問：「『里仁為美』，孟子引用，自要說下文『安宅』。謝氏說：
『論語本意不是如此。』」曰：「若這般說話，也要認得本旨是
了。若如孟子說，也無害；如謝氏，也無害。」（賀孫）
問：「此章謝氏引《孟子》擇術為證，如何？」曰：「聖人本語
不是說擇術。古人居必擇鄉，遊必就士，是合著事。」劉問：
「今人數世居此土，豈宜以他鄉俗美而遽遷邪？」曰：「古人
『危邦不入，亂邦不居』。近而言之，若一鄉之人皆為盜賊，
吾豈可不知所避！聖人言語說得平正，必欲求奇說令高遠如
何！今人說文字，眼前淺近底，他自要說深；在外底，他要說
向裏；本是說他事，又要引從身上來；本是說身上事，又要引
從心裏來，皆不可。」（宇）[20]

上述引文是闡述朱子教學時，講述〈里仁為美〉一章，先從提問開
始，第一層次先詮釋里仁為美的本義是指鄉里有仁愛淳厚的風俗，人
民受到潛移默化品德也會日益美善，說明環境影響人的品德，因此必
須慎選居處。這也是古時孟母三遷，為孟子選擇可以學習仁德的的好
環境，成就了孟子成為有道德學問的學者，其風範一直為後世所稱
頌。第二層次是比較分析《論語》、《孟子》注解之差異，《論語》強
調擇居的重要，《孟子·公孫丑上》延接〈里仁為美〉之旨，敘述擇
業與擇鄰的重要，必須謹慎，當以行仁為標的。第三層次引《荀子·
勸學》所言：「古人居必擇鄉，遊必就士。所以防邪僻而近中正
也。」說明仁是讀書人最高的道德修養，選擇良好的居住環境，才能
安於仁道而行仁，本章所述彰顯了孔子「仁，人之安宅也。」的核心
思想。從〈里仁為美章〉的敘述，可以看出朱子平日教學提問與討論
是相輔相成的。

---

20 〔宋〕黎靖德編：《朱子語類》〈論語八·里仁篇上〉卷26，頁641-642。

（三）深入了解經書的文句語義

朱子教導學生研讀《四書》的方法，要深入了解經書的文句語義，才不會有隔靴搔癢，未能掌握全文旨趣的現象。他說：「解書，須先還他成句，次還他文義。添無緊要字卻不妨，添重字不得。今人所添者，恰是重字。」[21]要明白文句典故的來龍去脈，根據文義文勢，添加虛字以鋪陳文句是無所謂的，但是不可以在經文上添加重要的實字，畫蛇添足，以免偏離經書旨趣，影響文句的義涵。強調讀經要精讀熟思、咀嚼字句作為解釋經書的方法。茲引《朱子語類・論語一・語孟綱領》敘述朱子引導學生讀《論語》的方法為例：

> 《論語》，愈看愈見滋味出。若欲草草去看，儘說得通，恐未能有益。凡看文字，須看古人下字意思是如何。且如前輩作文，一篇中，須看它用意在那裏。舉杜子美詩云：「更覺良工用心苦。」一般人看畫，只見得是畫一般；識底人看，便見得它精神妙處，知得它用心苦也。（宇）[22]
> 王子充問學。曰：「聖人教人，只是箇《論語》。漢魏諸儒只是訓詁，《論語》須是玩味。今人讀書傷快，須是熟方得。」曰：「《論語》莫也須揀箇緊要底看否？」曰：「不可。須從頭看，無精無粗，無淺無深，且都玩味得熟，道理自然出。」曰：「讀書未見得切，須見之行事方切。」曰：「不然。且如論語，第一便教人學，便是孝弟求仁，便戒人巧言令色，便三省，也可謂甚切。」（榦）[23]

---

21 〔宋〕黎靖德編：《朱子語類》〈學五・讀書法下〉卷11，頁194。

22 〔宋〕黎靖德編：《朱子語類》〈論語一・語孟綱領〉卷19，頁434。

23 〔宋〕黎靖德編：《朱子語類》〈論語一・語孟綱領〉卷19，頁434-435。

上述二段引文說明研讀《論語》除了解析文句字義，更要深究其義涵旨趣。朱子說：「入道之門，是將自家身己入那道理中去，漸漸相親，久之與己為一。」[24]因為孔子說：「吾道一以貫之。」儒家之道不只是可以坐而言的「學說」，更是必須起而行的「人生圭臬」。從《論語》的記載，可見孔子所談的都不外如何立身處世、待人接物的道理；在待人之前，必先懂得三省吾身的自處之方，以及孝悌忠信之理，也就是要具備正確的人生觀與人際觀。朱子再三地說，讀經書首先要拋棄主觀的、隨意的態度，應該要順著文意客觀地理解。《論語》全書二十篇，大約五百章，篇章之間的意思並不連貫；而且孔子因材施教，對相同問題的答覆，往往因人而異，加上他說：「朝聞道，夕死可矣！」可見，孔子的學說思想是博大精深而不易理解，是值得推敲玩味的。

四　朱子論語觀傳承儒家道統的學術價值

朱熹門人黃榦以旁觀角度，記錄朱子不斷修改《四書集註》的情形：「先師之用意於《集註》一書，余嘗親睹之，一字未安，一語未順，覃思靜慮更易不置。或一日二日而不已，夜坐或至三四更。」[25]六十八歲時他談到《論語》時又說：「聖人說話，磨棱合縫，盛水不漏。如云『一言喪邦』，『以直報怨』，自是細密。」[26]

可見朱熹治學態度的嚴謹，學而不厭，誨人不倦的精神，成為門

---

24 〔宋〕黎靖德編：《朱子語類》〈論語一‧語孟綱領〉卷19，頁446。

25 〔元〕鄭元肅錄，〔元〕陳義和編：《勉齋先生黃文肅年譜》，收入吳洪澤、尹波主編：《宋人年譜叢刊》第11輯（成都：四川大學出版社，2003年），「淳熙十一年甲辰」條，頁7197-7198。

26 〔宋〕黎靖德編：《朱子語類》〈論語一‧語孟綱領〉卷19，頁431。

人進學的典範，茲述朱熹語《論語》觀傳承儒家道統的學術價值，如下：

（一）弘揚儒家仁愛學說

孔子的教學理念中，在個人德性修養方面，孔子稱述最多的是「仁」，顏淵問仁。孔子答覆說：「克己復禮為仁。」朱熹在《論語集注》中詮釋說：「仁者，本心之全德。」[27]《論語‧顏淵》所謂的「克己」，即是控制自身情欲，使事事合理，是指自我品德的完成，正是「忠」的表現；「復禮」，乃是社會群體和諧的表現，也是「恕」道的發揚。可見仁是一個人圓滿人格的表現，而人格必須在人群之中才能彰顯出來。茲引《朱子語類‧論語十五‧雍也》敘述朱子引導學生讀《論語》研談論仁愛學說為例：

> 「仁者己欲立而立人，己欲達而達人」，與「我不欲人之加諸我，吾亦欲無加諸人」意思一般，學者須是強恕而行。（燾）[28] 凡己之欲，即以及人，不待譬彼而後推之者，仁也。以我之不欲譬之，而知其亦不欲者，恕也。（端蒙）[29]
> 聖人所以提起『夫仁者己欲立而立人，己欲達而達人』，正指仁之本體。蓋己欲立，則思處置他人也立；己欲達，則思處置他人也達。放開眼目，推廣心胸，此是甚氣象！如此，安得不

---

27 〔宋〕朱熹《四書章句集註‧論語集註》：「克，勝也。己，謂身之私欲也。復，反也。禮者，天理之節文也。為仁者，所以全其心之德也。蓋心之全德，莫非天理，而亦不能不壞於人欲。故為仁者必有以勝私欲而復於禮，則事皆天理，而本心之德復全於我矣。」（臺北：鵝湖出版社，1998年）卷6，頁132。

28 〔宋〕黎靖德編：《朱子語類》〈論語十五‧雍也篇〉卷33，頁846。

29 同上註。

謂仁之本體！[30]

孔子所謂「克己復禮」，《中庸》所謂「致中和」、「尊德性」、「道問學」，《大學》所謂「明明德」，《書》曰「人心惟危，道心惟微，惟精惟一，允執厥中」聖賢千言萬語，只是教人明天理，滅人欲。天理明，自不消講學。人性本明，如寶珠沉溷水中，明不可見；去了溷水，則寶珠依舊自明。自家若得知是人欲蔽了，便是明處。只是這上便緊緊著力主定，一面格物。今日格一物，明日格一物，正如遊兵攻圍拔守，人欲自消鑠去。所以程先生說「敬」字，只是謂我自有一箇明底物事在這裏。把箇「敬」字抵敵，常常存箇敬在這裏，則人欲自然來不得。夫子曰：「為仁由己，而由人乎哉！」緊要處正在這裏！[31]

上述引文，說明「仁」潛藏在每個人的內心深處，是不假外求的，是每個人內在品德涵養的結果，並且照亮整個中國族群。其次，「仁」是待人接物的準則，它的實際意義是「愛人」。孔子說：「君子篤於親，則民興於仁；故舊不遺，則民不偷。」（《論語‧泰伯》）在上位的國君，能夠厚待自己的親族，不遺棄故交舊友，如此人民就就會興起仁愛的風氣，而不會待人刻薄了。朱子以「仁者心之德，愛之理」[32]的倫理綱領來詮釋「克己復禮為仁」的義涵。朱子也強調「夫仁者，己欲立而立人，己欲達而達人」（《論語‧雍也》）的語義更寬廣，是儒家「仁愛」思想的具體體現。

---

30 〔宋〕黎靖德編：《朱子語類》〈論語十五‧雍也篇〉卷33，頁849。

31 〔宋〕黎靖德編：《朱子語類》〈學六‧持守〉卷11，頁207。

32 〔宋〕黎靖德編：《朱子語類》〈論語二‧學而篇上〉卷20，頁471。

（二）彰顯孝弟倫理思想

儒家思想的重點無疑是落在道德的面向上，由孔子提出的「孝弟為仁之本」、孟子所說的：「父子有親、君臣有義、夫婦有別，長幼有序。」（《孟子‧滕文公上》）都是強調家庭的倫理道德。朱子作為儒家思想之傳承者，其對道德問題的思考，貫穿其間的主題，自然也離不開對家庭倫理道德的思考。所以朱熹說：「如親親，仁民，愛物，皆是行仁底事，但須先從孝弟做起，舍此便不是本。」[33]說明「孝弟」之道，是源自人類「天命之性」，也是倫理道德的基礎。茲引《朱子語類‧論語二》敘述為例：

> 問：「孝根原是從仁來。仁者，愛也。愛莫大於愛親，於是乎有孝之名。既曰孝，則又當知其所以孝。子之身得之於父母，『父母全而生之，子全而歸之』，故孝不特是承順養志為孝，又當保其所受之身體，全其所受之德性，無忝乎父母所生，始得。所以『為人子止於孝』。」曰：「凡論道理，須是論到極處。」以手指心曰：「本只是一箇仁，愛念動出來便是孝。程子謂：『為仁以孝弟為本，論性則以仁為孝弟之本。仁是性，孝弟是用。性中只有箇仁義禮智，曷嘗有孝弟來。』譬如一粒粟，生出為苗。仁是粟，孝弟是苗，便是仁為孝弟之本。又如木有根，有幹，有枝葉，親親是根，仁民是幹，愛物是枝葉，便是行仁以孝弟為本。」（淳）[34]

上述引文說明孝悌者，是人類血緣親情的開端，是行仁的一個起點，

---

33 〔宋〕黎靖德編：《朱子語類》〈論語二‧學而篇上〉卷20，頁472。
34 同上註。

孔子認為「仁」就是人性情感的表現，其中以親愛自己的親人最為重要，孔學以此為基點，推廣到人君能仁民愛物，使社會風氣淳厚善良。因此孔子說：「弟子入則孝，出則悌，謹而信，汎愛眾，而親仁。行有餘力，則以學文。」（《論語・學而》）朱子也說：「孝弟便是仁。仁是理之在心，孝弟是心之見於事。……見於愛親，便喚做孝；見於事兄，便喚做弟。如『親親而仁民，仁民而愛物』，都是仁。」[35]由此可見，孝順父母，敬愛兄長，是行仁的基本要件，而「汎愛眾」是最終的目標。

（三）樹立研讀經典良方

朱子說過：「讀書，將聖賢言語就自家身上做工夫，方見事事是實用。」[36]又說：「讀書，且須熟讀玩味，不必立說，且理會古人說教通透。如《語孟集義》中所載諸先生語，須是熟讀，一一記放心下，時時將來玩味，久久自然理會得。今有一般學者，見人恁麼說，不窮究它說是如何，也去立一說來攪說，何益於事！只贏得一箇理會不得爾。」[37]說明讀書要融會貫通聖賢經典的話語，要向師長請益，與同儕相互切磋，才可以使自己的進德修業日起有功。茲引《朱子語類・讀書法下》所述為例：

> 讀書，須是要身心都入在這一段裏面，更不問外面有何事，方見得一段道理出。如「博學而篤志，切問而近思」，如何卻說箇「仁在其中」？蓋自家能常常存得此心，莫教走作，則理自然在其中。今人卻邊去看文字，一邊去思量外事，只是枉費了

---

35 〔宋〕黎靖德編：《朱子語類》〈論語二・學而篇上〉卷20，頁474。

36 〔宋〕黎靖德編：《朱子語類》〈論語十六・述而篇〉卷34，頁870。

37 〔宋〕黎靖德編：《朱子語類》〈論語一・語孟綱領〉卷19，頁440-441。

工夫。不如放下了文字，待打疊教意思靜了，卻去看。[38]

朱子認為研讀經典，仍要從讀書的態度著手，「全神貫注」成了關鍵，這也就是《大學》所說的：「定而後能靜，靜而後能安，安而後能慮，慮而後能得」的工夫，如此才能夠心領神會。朱子也有十分具體的建議，就是要學生跟著聖人以及前賢的話，刻苦用功，認真體會，才能夠融會貫通書中的道理。接著談論學習《四書》的順序，如下：

> 某要人先讀《大學》，以定其規模；次讀《論語》，以立其根本；次讀《孟子》，以觀其發越；次讀《中庸》，以求古人之微妙處。《大學》一篇有等級次第，總作一處，易曉，宜先看。《論語》卻實，但言語散見，初看亦難。《孟子》有感激興發人心處。《中庸》亦難讀，看三書後，方宜讀之。[39]

朱子認為要從「初學入德之門」的《大學》開始，依照《學》、《論》、《孟》、《庸》的順序來學習《四書》。朱子之所以說先學《四書》，確實是考慮到難易的問題。朱子說：「《語》、《孟》、《中庸》、《大學》是熟飯，看其它經，是打禾為飯。」[40]因為《五經》要入口咀嚼之前，需要很多作業程序，所以說：「《語》、《孟》工夫少，得效多；六經工夫多，得效少。」[41]，朱子教導學生研讀四書的次序，本末不可以倒置，才會學有所得。可見朱子引導學生讀《論語》的方法，必須循序漸進，不可以本末倒置，以免有事倍功半的現象發生。

---

38 〔宋〕黎靖德編：《朱子語類》〈讀書法下〉卷11，頁177-178。
39 〔宋〕黎靖德編：《朱子語類》〈大學一・綱領〉卷14，頁249。
40 〔宋〕黎靖德編：《朱子語類》〈論語一・語孟綱領〉卷19，頁428。
41 同上註。

五　結論

　　在中國儒學的歷史上，朱熹發揚《論語》學說的作用和影響力僅次於孔子。通過《語類》我們了解《四書集注》的成書過程，對於四書所涉及的音讀訓詁、名物制度，仍多採用漢、魏人的注疏；四十八歲時他完成《論孟集注》；由於他集中平生精力編寫四書集注，因此他教導學生時要求他們認真學習；最後，通過《語類》，我們能更清楚地看到朱熹對四書的評價和在經學中的地位。[42]朱熹建立儒家道統，其道統論主要建構在〈中庸章句序〉云：「蓋自上古聖神繼天立極，而道統之傳有自來矣。」[43]朱熹確立儒家道統聖人世系，建構聖聖相承的世系，由堯、舜、禹、湯、文、武、孔子、曾子、子思、孟子、而直至二程子的道統之傳。[44]朱熹其思想學說從元代開始已成為中國官方哲學，不但深刻地影響了中國的傳統思想文化，而且還遠播海外，先是傳到了朝鮮，再傳入日本，在亞洲國家具有深遠的影響力。

　　朱止泉（1666-1732），崇奉朱熹思想，在〈朱止泉文集答喬星渚〉上說：「《語類》一書，晚年精要語甚多，五十以前，門人未盛，錄者僅三四家。自南康、浙東歸，來學者甚眾，誨諭極詳，凡文詞不能暢達者，講說之間，滔滔滾滾，盡言盡意。義理之精微，工力之曲折，無不暢明厥旨。誦讀之下，謦咳如生，一片肫懇精神，洋溢紙上……是安可不細心審思而概以門人記錄之不確而忽之耶？」[45]由此可知，《語類》記載了朱熹晚年精要的見解，即使其中雜有不確之處，若善加分析運用，仍是研究朱熹思想不可忽視的材料。朱子門人

---

42 〔宋〕黎靖德編：《朱子語類》〈朱熹與朱子語類〉，頁10-13。

43 引自〔宋〕朱熹：《四書章句集註‧中庸章句序》，頁14。

44 陳榮捷：《朱學論集》（臺北：臺灣學生書局，1982年），頁433

45 鄧艾民著：〈朱熹與朱子語類〉，收錄於〔宋〕黎靖德編：《朱子語類》，頁9-10。

黃榦（1152-1221）在《朱子行狀》就曾說過：「紹道統、立人極，為
萬世宗師」[46]。錢穆（1895-1990）尊崇朱子，始終如一，晚年撰百萬
言《朱子新學案》，開宗明義即謂：「在中國歷史上，前古有孔子，近
古有朱子，此兩人皆在中國學術思想史及中國文化史上，發出莫大聲
光，留下莫大影響。瞻觀全史，恐無第三人可與倫比。」[47]梁啟超
（1873-1929）所開列的閱讀書目《輶軒今語》，寫道「朱子書宜讀
《語類》」，錢穆頗表贊同。[48]可見《朱子語類》對儒家思想的傳承，
具有重大的貢獻，頗受學者的重視，是研究朱子讀書方法與教學思想
的重要著作，也是今日四書教學不可偏廢的參考教材。

---

46 汪榮祖：《史學九章》（臺北：麥田出版社，2002年），頁205。
47 錢穆：《朱子新學案》第一冊，收入錢賓四先生編輯委員會主編《錢賓四先生全
　　集》第11冊（臺北：聯經出版事業公司，1998年），頁1。
48 錢穆：〈近百年諸儒論讀書〉載《學籥》，收入《錢賓四先生全集》第24冊，頁136。

參考文獻

一　古籍（依《四庫全書》分類法）

〔漢〕司馬遷：《史記》，臺北：鼎文書局，1987年。

〔東漢〕趙岐注、舊題〔宋〕孫奭疏：《孟子注疏》，臺北：藝文印書
　　　　館，1998年。

〔魏〕何晏集解、〔宋〕邢昺疏：《論語注疏》，臺北：藝文印書館，
　　　　1998年。

〔宋〕朱熹：《四書章句集註》，臺北：鵝湖出版社，1998年。

〔宋〕黎靖德編：《朱子語類》，臺北：文津出版社，1986年。

〔宋〕黃榦：《勉齋集》，臺北，臺灣商務印書館《四庫全書》第1168
　　　　冊。

〔元〕鄭元肅錄、陳義和編：《勉齋先生黃文肅年譜》，成都：四川大
　　　　學出版社，2003年。

〔清〕劉寶楠：《論語正義》，臺北：文史哲出版社，1990年。

〔清〕皮錫瑞撰，周予同注：《經學歷史》，臺北：藝文印書館，2004
　　　　年。

二　現代專著（依作者姓氏筆畫排序）

汪榮祖：《史學九章》，臺北：麥田出版社，2002年．

陳榮捷：《朱學論集》，臺北：臺灣學生書局，1982年。

錢　穆：《朱子新學案》，臺北：聯經出版事業公司，1998年。

錢　穆：〈近百年諸儒論讀書〉載《學籥》，收入《錢賓四先生全集》
　　　　第24冊，臺北：聯經出版事業公司，1998年。

汪榮祖：《史學九章》，麥田出版社，2002年。

三　期刊論文（依作者姓氏筆畫排序）

張　元：〈朱子《論語》課堂中的討論教學〉，《通識在線》第38期
　　　　（2012年1月）。

張　元：〈中國書院教育中的自學法——以朱子讀書法為例〉，《通識
　　　　在線》第39期（2012年3月）。

陳逢源：〈道統的建構——重論朱熹四書編次〉，《東華漢學》第3期
　　　　（2005年5月）。

陳逢源：〈從五賢信仰到道統系譜——朱熹《四書章句集註》聖門傳
　　　　道脈絡之歷史考察〉，《東華漢學》第19期（2014年6月）。

陳逢源：〈〈朱熹論孔門弟子——以《四書章句集注》徵引為範圍〉，
　　　　《文與哲》第8期（2006年6月）。

蔡慧崑：〈錢穆《論語》學述論——以治學歷程及方法為主軸〉，《逢
　　　　甲人文社會學報》第14期（2007年6月）。

四　學位論文（依年代排序）

賈鴻慶：《朱子論語教學研究》，彰化：彰化師範大學碩士論文，2002
　　　　年。

王淙德：《朱熹《四書章句集註》成書研究》，臺北：臺北大學碩士論
　　　　文，2005年。

第二章
徐復觀經學思想析論*

一　前言

　　經學是中國文化發展的根源，也是中國學術文化的精髓。而經學史是傳承中國歷代政治興衰、社會風氣良窳、先民生活經驗的基石。展閱我國古籍，自秦漢以降，兩千多年來學者對於經學史的研究，比起文學史、哲學史、思想史的學門，就相差甚遠。最早的經學史著作始於清光緒年間劉師培所撰的《經學教科書》，爾後相繼有皮錫瑞的《經學歷史》、甘鵬雲的《經學源流考》、馬宗霍《中國經學史》及日本人本田成之的《支那經學史論》等，對經學發展及學術演變的情況論述，對後代具有深遠的影響力。經學傳入臺灣，雖然可上溯自明鄭時代，卻並不興盛。益之以臺灣割讓給日本，所以許多著作都已佚失。自民國三十八年（1949）臺灣光復以後，來自大陸知名的學者，例如屈萬里（1907-1979）、王夢鷗（1907-2002）、林尹（1910-1983）、高明（1909-1992）、徐復觀（1903-1982）等人的推波助瀾[1]，使得臺灣經學的研究風氣，如雨後春筍日益發展。

　　《文心雕龍・宗經》說：「經也者，恆久之至道，不刊之鴻教也。故象天地，效鬼神，參物序，制人紀，洞性靈之奧區，極文章之骨髓者也。」說明經書取法於天地，證驗於鬼神，深究事物的秩序，

---

*　本文刊登於二〇一九年十月二十八日《孔孟月刊》第五十八卷第一、二期。

1　參見陳恆嵩著：〈經學史研究〉，收錄於林師慶彰主編《五十年來的經學研究》（臺北：臺灣學生書局，2003年），頁253-255。

從而制訂出人類的綱紀；經典銘記了人世間，永恆不可改易的偉大言
論，與生民的寶貴知識。近五十年來，以研究中國經學史為職志，並
且鍥而不捨的觀照兩漢經學史的發展，來疏通辨析古代經學史謬誤之
處的學者就是徐復觀。他的經學思想是以儒家精神為骨幹，綜論學
術史、思想史、哲學史，熔中國哲學、經學、史學、文學、藝術諸
領域於一爐。其間一以貫之的主線即是通過對中國文化作「現代的疏
釋」，闡揚蘊含其中的中國人文精神，傳承中華文化，而成一家之
言，稱得上是以新考據方法詮釋經學史的現代古文經學家。本文首
先簡介徐復觀的生平事略與學思歷程，其次論述其經學著作大要與研
究經學史的特色，最後歸納其經學研究的學術貢獻，以檢視一代經學
大師的行誼風範。

二　徐復觀學行述略

　　徐復觀原名秉常，字佛觀，後由其業師熊十力先生取《老子》
義，改名為「復觀」[2]。於西元一九〇三年一月三十一日出生在湖北
省浠水縣城北門再走六十華里路的團陂鎮、黃泥嘴、徐灣鳳、鳳形灣
之一戶農村家庭，卒於一九八二年四月一日，享壽七十有九。[3]茲述
其學行述略如下：

2　有關熊十力著〈徐復觀名字說〉請參閱徐復觀之按語云：「謹按：余原名秉常，十
　　六、七歲時，閱《大乘起信論》，自取佛觀以為字，民國十六年入軍中為書記，委
　　任狀寫為佛觀，爾後秉常之名遂少為友朋所知。民國三十七年，熊師易佛觀為復
　　觀，並特撰〈名字說〉以張其義。熊師已於去歲溘逝上海，檢讀遺文，為之慨嘆、
　　慚汗不已。五八、八、卅一謹誌」，載《自由報》第995期，收錄於黎漢基、李明輝
　　編《徐復觀雜文補編──思想文化卷上》（臺北：中央研究院中國文哲研究所籌備
　　處，2001年12月初版再刷），頁571。
3　徐復觀：〈舊夢・明天〉發表於《自由談》14卷1期，收錄於《徐復觀文錄選粹》
　　（臺北：臺灣學生書局，1980年），頁290。

八歲發蒙起，接受父親的教導，以「新舊並進」之方式讀書。
所謂「新」，是讀時編之教科書而言；所謂「舊」者，四書、
五經、《東萊博議》、古文筆法百篇、《古文觀止》、《綱鑑易知
錄》等古籍。[4]

由上述可知，徐復觀自幼在父親的啟蒙下，奠下深厚的國學基礎，
益之以有良師的教誨，使其學問日益精進。

民國三十三年（1944），四十一歲時謁見熊十力，日後入其門
為弟子而志於學。受到熊十力先生：「欲救中國，必須先救學
術」思想之啟發，從此下定決心辭去政務，從事學術研究。我
決心扣學問之門的勇氣，是啟發自熊十力先生。對中國文化，
從二十年前的厭棄心理中轉變過來，因而多有一點認識，也是
得自熊先生的啟示。[5]

綜合上述引文，可知徐復觀先生在時局擾攘之際，涉獵政治思想的
書籍，期間讀熊十力陶鑄百家，鉗錘中外，形成創造性哲學系統之
《新唯識論》一書，深慕其人其學，認為「儒家致廣大而盡精微之義
蘊，固由先生而發皇；而其思辨組織之功，融會貫通之力，乃三千
年中之特出。」[6]受熊先生啟發，決心以闡發中國文化的光輝，以學
術文化救國為職志，此為日後徐復觀創辦刊物、發表文章之所由。在
新儒家中，甚至在整個二十世紀的中國學術史上，徐復觀是一個具有

4　徐復觀：〈我的讀書生活〉發表於《文星》4卷6期，收錄於：《徐復觀文錄選粹》，
　　頁312。

5　徐復觀：〈我的讀書生活〉，頁315。

6　徐復觀：〈悼念熊十力先生〉發表於《華僑日報》1968年7月；收錄於：《徐復觀文
　　錄選粹》，頁340。

傳奇色彩的人物。他研究中國思想史所得的結論是:「中國思想,雖
有時帶有形上學的意味,但歸根到底,它是安住於現實世界,對現實
世界負責;而不是安住於觀念世界,在觀念世界中觀想。」[7]可見徐
復觀探討中國文化,著重於歷史時空中具體世界的展現,是受其業師
熊十力「體用哲學」的影響。

　　臺灣東海大學蔡仁厚教授,評價徐復觀的高尚人格概括為四大特
點:「一、性情肝膽,抗懷千古;二、風骨嶙峋,頭角崢嶸;三、學
術器識,超時拔俗;四、剛方正大,當代真儒。」並引用他所作的悼
念徐復觀的輓聯作進一步概括:「崇聖尊儒,精誠相感,巨著自流
徽,辣手文章辨義利;辟邪顯正,憂患同經,讜言真警世,通身肝膽
照天人。」他認為:「聯語所述,應該是對徐復觀最為相知相應的一
份誄辭。」徐復觀懷抱著儒家文化特有的憂患意識和強烈的社會使命
感,看到了發達資本主義國家在實現現代化過程中的弊端,並從新儒
家的立場出發,力圖提供一套現實可行的理論,對於中國現代化的發
展具有重大的意義。[8]哲人日已遠,典型在夙昔,徐復觀的愛國精神
與高尚人格,至今仍令我們敬佩不已。

三　徐復觀研究經學史的特色

　　清代皮錫瑞的《經學歷史》以為:「經學開闢時代,斷自孔子刪
定《六經》為始,孔子以前,不得有經。」[9]把經學的形成,完全歸

7　徐復觀:《兩漢思想史》(臺北:臺灣學生書局,1999年)卷1,頁1。

8　參見蔡仁厚:〈徐復觀先生百年誕辰獻辭證解——兼述儒家能為新世紀提供什麼〉,
　　收錄於《徐復觀與20世紀儒學發展》海峽兩岸學術研討會綜述(武漢大學2003年12
　　月6日至8日)

9　〔清〕皮錫瑞撰,周予同注:〈經學開闢時代〉:「六經或稱六藝,專指《詩》、
　　《書》、《禮》、《樂》、《易》、《春秋》六者。《樂》今不傳。故去其一而曰《五經》。

之於孔子。徐復觀對經學的發展，卻持有不同的觀點，他認為：「經學非出於一人一時，而係周初以來，由周室之史，經孔子及孔子後學，作了長期選擇、編纂、闡述的努力，以作政治、人生教育之用的。」[10]茲條列其研究經學史的特色於下：

（一）經學的開創，非出於一人一時

徐復觀研究經學史對經學的發展及演變，有獨到的見解。所以他說：

> 經學是由詩書禮樂易春秋所構成的。它的基本性格，是古代長期政治、社會、人生的經驗積累，並經過整理、選擇、解釋，用作政治社會人生教育的基本教材的。因而自漢以後，兩千年來，成為中國學術的骨幹。它自身是在歷史中逐漸形成的。在形成的歷程中，孔子當然處於關鍵性的地位。但孔子並非形成的開始，也非形成的終結。「經學開闢時代，斷自孔子刪定六經為始」之說，在歷史中很難成立。至於說「周公成文武之德，適當帝全王備，殷因夏監，至於無可復加之際……斯乃所謂集大成者也。孔子有德無位，即無從得制作之權，不得列於一成，安有大成可集乎」之說，尤為鄙陋。[11]

關於《樂經》，經古今文學家主張各異。古文學家以為古有《樂經》，因秦焚書而亡佚。今文學家則以為古無《樂經》，《樂》即在《禮》與《詩》中。又經學開闢時代，經古今文學家亦各異其主張。古文學家以為孔子之前已有所謂六經，經非始孔子。今文學家則以為有孔子而後有六經，孔子之前不能有所謂經。皮氏係今文學者，故經學開闢時代始於孔子之刪定六經」，收錄於《經學歷史》（臺北：藝文印書館，2004年），頁1、頁3。

10 徐復觀：《兩漢思想史》〈自序〉卷1，頁2。

11 徐復觀：《中國經學史的基礎》〈先漢經學的形成〉（臺北：臺灣學生書局，1982年），頁1。

上述引文的敘述，對經學的起源來說，自有不同的意義。從《六經》
的詮釋學起點說來，確實是從孔子開始的。孔子整理《六經》，並
「以《詩》、《書》、《禮》、《樂》教弟子」（《史記・孔子世家》），揭開
了儒家詮釋學的序幕。據《史記》記載，孔子晚而喜《易》，「讀
《易》，韋編三絕」；誦習和教授《書》（所謂「序《尚書》」）；評論和
解釋《詩》，並力舉詩教；於《禮》多所察證和加以發揮；又整理《春
秋》，「筆則筆，削則削」。這些工作都融貫了詮釋學的精神。正是在
對《六經》進行整理和詮證的過程當中，孔子開創了先秦時代的儒家
學派。[12]徐復觀認為經學的發端應溯及「周公及周室之史」，他說：

> 可以把經學的歷史，追溯到周公；也可以把儒家的歷史，上推
> 到周公。所以《荀子・儒效篇》，便以周公和孔子，為「大儒之
> 效」作證。但經學的成立，是由《詩》、《書》、《禮》、《易》、
> 《春秋》五種古典再加上《樂》，為其基本條件。《詩》、《書》、
> 《禮》皆由史官所纂輯，保管。周公時代，距纂輯成書的時代
> 尚早；《易》尚停留在純占筮的階段，且當時似乎尚未流行；
> 《春秋》指的是孔子所修的，不是就周春秋而言。所以就整個
> 經學史說，周公尤其是周室之史，可以說是發端的「先河」，
> 距「後海」的時間尚遠，何以能說是集大成？[13]

由上述引文，可知徐復觀則把經學形成的過程，由周室之史、孔子和
孔門後學一起分擔。這顯示，孔子對經學的形成，雖有其不可取代的
地位，但已不是孔子一人唯我獨尊的局面。徐復觀既肯定孔門弟子傳

---

12 參見景海峰：〈儒家詮釋學的三個時代〉，收錄於李明輝編：《儒家經典詮釋方法》
　　（臺北：喜馬拉雅研究發展基金會發行，2003年），頁123。
13 徐復觀：《中國經學史的基礎》〈先漢經學的形成〉，頁3。

經的功勞，所以有〈孔子及孔門——經學基礎的奠定〉、〈孟子與經學〉、〈荀子——經學形式的發展〉等小節來論述。[14]周公制禮作樂，為人民定倫常及日常生活的軌道；孔子加以發揚光大，並點醒其價值，指導青年學子精神生活之途徑，完成「化民成俗」、「為生民立命」的大德業，使人民有道揆法守。[15]《詩經·大雅·文王》上說：「周雖舊邦，其命維新。」說明孔子傳承周公制禮作樂的精神，企盼將這潛德幽光加以發揚光大，成為文化創造的動力，使人民有道揆法守，指點人民精神生活的途徑。由此可知，經學的開創，非出於一人一時，而是累積古聖先賢的智慧結晶，經由歷史長河，與時代思潮的衝擊，逐漸累積而成，而無門戶之見，十分可取。

（二）經學的基礎，實奠定於孔子及其後學

　　徐復觀認為「孔子及孔門」為奠定經學基礎的代表，孔子生當春秋末期，對古代文化，包括春秋時代貴族間的文化，作了總結、闡述、提高的工作。就經學而論，孔子刪詩刪書的說法是難以置信的。但他在下述三點上，給了經學以決定性的基礎。徐復觀說：

> 第一他把貴族手上的文化資料，通過他的「學不厭，教不倦」的精神，既修之於己，且擴大之於來自社會各階層的三千弟子，成為真正的文化搖籃，以宏揚於天下，成為爾後兩千多年中國學統的骨幹。
> 第二孔子說：「興於詩，立於禮，成於樂」（《論語·述而》），

---

14 參見林師慶彰：〈徐復觀先生研究經學史的得失〉、〈徐氏研究經學史的幾項特色〉，收錄於臺中東海大學《徐復觀學術思想國際研討會論文集》，頁108。
15 參見牟宗三：《中國哲學的特質》〈第十二講　作為宗教的儒教〉（臺北：臺灣學生書局，1994年），頁98。

把詩禮樂當作人生教養進昇中的歷程，這是來自實踐成熟後的深刻反省，所達到的有機體的有秩序的統一。成為一個人格昇進的複合體。超越了春秋時代一般賢士大夫所能達到的水準。第三從《論語》看，他對《詩》、《書》、《禮》、《樂》及《易》，作了整理和價值轉換的工作，因而，注入了新的內容，使春秋時代所開闢出的價值，得到提高、昇華，因而也形成了比較確定的內容與形式。[16]

從《論語》的記載中，很明顯的可以看到，孔子他所採取的是入世而非遁世的態度，一方面肩負起傳承周公禮樂文化的重責大任，將滿懷的理想寄託在整理「六經」上；一方面也不放棄和人們共同建立理想社會的積極心願。禮樂是道德的具體化，禮以節眾，樂以和眾，所以孔子把「禮樂」的道德教育，作為「君子」修養的必備條件。孔子說：「君子義以為質，禮以行之，孫以出之，信以成之，君子哉！」（《論語‧衛靈公》）說明君子之道，在實踐禮義，謙沖為懷，做事誠信，成為文質彬彬的君子。徐復觀說：「《論語》中有許多語言，不是由邏輯推論出來的，不是憑思辨剖析出來的，而是由孔子的人格直接吐露出來的。……孔子說為仁由己，又說我欲仁，斯仁至矣，是他在體驗中已把握到人生價值係發至人的生命之內，亦即道的根源，乃在人的生命之內。」[17]這的確是中肯之言，綜合上述，經學的基礎，實奠定於孔子及其後學，無孔子即無所謂經學。但此時不僅經之名未立；且《易》與《春秋》尚未與《詩》、《書》、《禮》、《樂》組合在一起。因此，可以說，孔子及其後學所奠定的是經學之實，但尚未具備

---

16 徐復觀：《中國經學史的基礎》〈孔子及孔門──經學基礎的奠定〉，頁7。

17 徐復觀：〈向孔子的思想性格回歸〉，收入《中國思想史論集續編》（臺北：時報出版公司，1982年），頁357。

經學之形。[18]由此可見，在經學發展的過程中，孔子扮演了最關鍵的角色，並非過言。

（三）運用歸納、追體驗的方法敘述經學史

徐復觀探討先秦儒學思想，運用的是歸納、追體驗的方法，來充分掌握其思想真義。這不僅是要獲得先秦儒學思想的真義，需要運用的方法，就是要徹底了解其他各家哲學思想的真義為何？這是徐復觀能恰當掌握到先秦儒學思想的真義，致能活轉先秦儒學，在方法的運用上所具備的一個思想綱脈。這個方法性的思想綱脈之有無，對能否把握到而活轉古人思想的真義的重要性，徐復觀是非常肯定的。[19]考查先秦時代，經學典籍在儒家以外的諸子各家的情況，可以了解經學所代表的原是古代文化；雖經由儒家代表長期的努力，使其能成為經學的巨擘，但非儒家一家之學所能概括。

春秋後期已出現百家爭鳴的現象，司馬談〈論六家要旨〉：把先秦時代的學術分成六家，即陰陽家、儒家、墨家、名家、法家、道德家。中國學術史上正式以儒、墨、名、法、道德、陰陽作為諸子流派肇始於此。徐復觀認為在先秦時代，墨家、道家、法家、雜家也受到經學的影響，首先應注意到墨子。徐復觀說：

> 以「經」字名其著作，似以《墨子》中的〈經〉上〈經〉下，〈經說〉上〈經說〉下為最早。此四篇出於墨子後學；但由《莊子・天下篇》：「相里勤之弟子，五侯之徒，南方之墨者苦獲已齒鄧陵子之屬，俱誦墨經，而倚譎不同，相謂別墨……」

---

18 徐復觀：《中國經學史的基礎》〈孔子及孔門──經學基礎的奠定〉，頁26。
19 參見蘇新鋈：〈徐復觀先生活轉先秦儒學的思想綱脈〉，收錄於臺中東海大學《徐復觀學術思想國際研討會論文集》，頁30-31。

之言觀之，則四篇的成立，亦當在戰國中期或以前。儒家經與
傳的區分，似乎受到墨家經與經說的影響。[20]

由上述可知，戰國時代各學派的學者皆可稱其權威著作為「經」，非
僅儒家為然。早期「經」的取義，雖然非屬儒家，然使經學的研究連
綴不絕，蔚為學術大觀者，則非儒學莫屬。從《莊子‧天運》看來，
戰國時代的儒者已用「六經」一詞稱呼《詩》、《書》、《禮》、《樂》、
《易》、《春秋》等書，承認它們是儒家重要的典籍。自漢武帝獨尊儒
術以後，知識分子所謂的「經」指的是《六經》等儒家的要籍，所謂
「經學」指的是研究儒家重要經典的學問。徐復觀在〈先漢經學的形
成〉「六經六藝的完成」總結上提出四個結論，茲舉一例為證：

> 應打破《漢書‧藝文志：六藝略》總序中所謂「而易為之原」
> 的迷信。此乃由董仲舒的陰陽說大行以後所出現的觀念。[21]

上述引文，說明五經的傳承中，僅《易》敘及孔門以後的一線單傳的
統緒，班氏蓋本之《史記‧仲尼弟子列傳》及《儒林列傳》。《史記‧
儒林列傳》稱「孔子卒，商瞿傳《易》六世至齊人田何字子莊而漢
興」[22]。但《漢書‧儒林列傳》的序列是《易》、《書》、《詩》、《禮》、

---

20 徐復觀：《中國經學史的基礎》〈墨子中的經學影響〉，頁39。
21 徐復觀：《中國經學史的基礎》〈六經六藝的完成〉，頁50-51。
22 參見黃慶萱：《史記漢書儒林列傳疏證》第六節〈漢武帝時代之經學〉：「漢興。言
　易，自淄川田生。」疏證：「《史記》無『漢興』；而作『即今上即位，趙綰王臧之
　屬明儒學；而上亦鄉之。於是招方正賢良文學之士，自是之後。』視此為詳也。以
　下言五經，《漢書》以《易》、《書》、《詩》、《禮》、《春秋》為序；《史記》以
　《詩》、《尚書》、《禮》、《易》、《春秋》為序。蓋《史記》之前，六經次第以內容淺
　深為先後，《論語‧述而篇》言『詩書執禮』，以及《禮記‧經解》，《荀子‧儒

《春秋》，沒有採用他在〈贊〉中所根據的序列，這是班固受了劉歆的影響，以劉歆《七略》中《六藝略》的序列為序列的。……在《六藝略》中說《易》為《詩》、《書》、《禮》、《樂》、《春秋》之原，便把《易》位置於六藝之首。這是劉歆以前沒有的新說。[23]徐復觀對「《易》在漢初以前的單線傳承問題」，提出在先秦援引及《易》的一切典籍中及長沙出土帛書中有關《易》的材料中，發現不出與此一傳承統緒有絲毫關連的痕跡。並且推測，「《易》為筮卜之書，賣卜之事，戰國時已流行於市井，漢初更數見不鮮。田何為了推尊其術，故偽造此傳承統緒，以自別於市井中筮卜之徒，通過他的再傳弟子楊何而傳到司馬談，司馬遷便援之以入《傳》。其後《春秋三傳》及《毛詩》的一線單傳統緒，皆為了爭取地位而仿照此故事所先後偽造的。」[24]徐復觀之所以能活轉先秦儒學思想的真義，在方法上說，就是他曾盡量使用這樣的歸納方法，以歸納出抽象名詞的具體內容，為他們補出一種明確的定義；把各家各人雖用了相同的抽象名詞，但其關涉所涉及的範圍並不相同的情形，明確的指陳出來，這對於從不必要的歷史混亂中的脫出，或有所幫助。[25]徐復觀採用歸納、追體驗的方法敘述經學史，猶如抽絲剝繭，層出不窮，使經學史的源頭活水，能夠暢通無阻。此種實事求是的精神，是研究學問不可或缺的精神。

效》,《莊子・天運》〈天下〉諸篇言六經次序皆然。《漢書》以後，則以六經產生時代之先後為序，〈說文解字序〉、〈後漢書儒林傳〉、〈釋文序錄〉、〈隋書經籍志〉皆然。」(臺北：嘉新水泥公司文化基金會，1966年)，頁116。

23 〈《史記儒林列傳》與《漢書儒林列傳》〉，頁82。
24 〈《易》在漢初以前的單線傳承問題〉，頁92-93。
25 徐復觀：《中國人性論史先秦篇》〈再版序〉(臺北：臺灣商務印書館，2003年)，頁2。

四 徐復觀對經學研究之貢獻

　　徐復觀在經學的研究上，是受到時代經驗的推動與考驗。當代學者由錯誤考證所導出的錯誤想法，他一定要用更精確的考證來辨正。更重要的，在他的文章中，自然浮現出時代的影子。在考據上，只問是非，不問門戶，不怕權威。並盡量運用歸納方法，從各個相關材料中，抽出結論。更在可能範圍內，探索某種思想的政治、社會及個人生活等背景，以確定它的歷史定位。[26]茲臚列徐復觀對經學研究的貢獻如下：

（一）重視五經與《論語》之經學價值

　　現代新儒家大多輕視兩漢學術思想，惟有徐復觀高度重視並認定兩漢學術思想的核心為經學。不了解徐復觀的經學思想，就不能正確把握他的學術貢獻，確立其思想史家應有的地位。在《中國經學史的基礎》的〈自序〉裡，就簡單直接地說：

> 經學奠定中國文化的基型，因而也成為中國文化發展的基線。中國文化的反省，應當追溯到中國經學的反省，第一步，便須有一部可資憑信的經學史。[27]

可知徐復觀所以要寫作一部經學史，是要作為探尋中國文化源頭的一種憑藉。由此可知，經學是中國文化的根，就這一點來說，他是深信不疑的。民國初年以來，經學歷經多次劫難，在經學權威逐漸降落的

---

26 參見林鎮國、廖仁義、高大鵬聯合採訪〈擎起這把香火──當代思想的俯視〉，收錄於《徐復觀雜文》續集（臺北，時報文化出版，1981年），頁411。

27 徐復觀：《中國經學史的基礎》〈自序〉，頁1。

同時，經學的價值和意義也被忽略了。他在經學研究風氣低迷的時代裡，肯定經學的價值，自有暮鼓晨鐘的作用在內。[28]可見徐復觀對兩漢經學思想的重視與執著。

　　西漢在開國之初，即在儒教聲勢最盛時，也不能動搖構成專制政治的基底，更不能觸及皇權專制政體的自身，有如元、成時代，我們可由此以了解西漢乃至兩漢的政治局勢，更可由此了解兩千年中以經學為中心的儒家思想在現實政治中所處的地位。政治的運行，若沒有思想上的綱維，勢必陷於迷失混亂。要有思想上的綱維，在近代民主憲法未出現以前，也只有《五經》、《論語》有此資格，[29]所以徐復觀說：

　　　　第一、《五經》及《論語》，在政治的基本立足點，是一切為了人民。政治設施的一切歸宿，都是為了人民。並且都是以人民自身固有之道以治人民的，此即《中庸》之所謂「以人治人」。第二、《五經》是古代政治文化的總結。在一總結中，政治社會人生的視野，較任何一家之說來得廣闊；因此也可以容納任何一家而不加排斥。並且是非利害，成敗興亡的教訓，表現得明顯而正常。第三、《五經》、《論語》有一共同趨向，即是政治上要求有言論自由，此即所謂「受言」「納諫」。這一點在專制政體之下非常重要，也非常困難。此後二千年中的忠臣義士，常從這種地方得到鼓勵，也得到低度的保障。第四、在《五經》、《論語》中誘導出教育思想，孕育出朝廷與社會的教育設施；要求以教育代替刑罰、減輕刑罰；這對人類運命也有

---

28 徐復觀：《中國經學史的基礎》〈自序〉，頁1。
29 徐復觀：《中國經學史的基礎》〈漢中期以後的經學思想〉，頁238。

極大的關係。[30]

由上述引文，可知《五經》、《論語》在先秦時代是國君推行人文教育的圭臬。《禮記‧學記》說：「是故古之王者建國君民，教學為先。」[31]《孟子‧滕文公》說：「夏曰校，殷曰序，周曰庠，學則三代共之；皆以明人倫也。」[32]說明學校教育的理念，是在培育有才德的君子，或為當代的君主造就人才，來匡時濟世。盱衡我國千餘年來，政治社會的格局，皆由兩漢所奠定。所以嚴格地說，不了解兩漢，便不能徹底了解近代經學思想。即就學術思想而言，以經學、史學為中心，再加以文學作輔翼，亦無不由兩漢樹立其骨幹，後人承其緒餘，而略有發展。一般人視為與漢學相對立的宋明理學，也承繼了漢儒所完成的陰陽五行的宇宙觀、人生觀；而對天人性命的追求，實亦順承漢儒所追求的方向。治中國思想史，若僅著眼到先秦而忽視兩漢，則在「史」的把握上，實係重大的缺憾。何況乾嘉時代的學者們，在精神、面貌、氣象、規模上，與漢儒天壤懸隔。卻大張「漢學」之幟，以與宋儒相抗，於是兩漢的學術思想，因乾嘉以來的所謂「漢學」而反為之隱晦。徐復觀自稱以「流離瑣尾」的餘年，治舉世禁忌不為之舊學，也有一番用心所在。[33]由上述可知，徐復觀傳承經學的苦心孤詣。

---

30 徐復觀：《中國經學史的基礎》〈漢中期以後的經學思想〉，頁239。

31 〔漢〕鄭玄注、〔唐〕孔穎達等正義：《禮記正義》（臺北：藝文印書館，1998年）卷36，頁648。

32 〔宋〕朱熹：《四書章句集注‧孟子集注》（臺北：藝文印書館，1998年）卷5，頁255。

33 徐復觀：《兩漢思想史》〈自序〉（臺北：臺灣學生書局，1979年）卷2，頁1。

（二）彰顯漢代經學家多元之經學思想

　　《史記》、《漢書・儒林傳》的記載，只能看出我國經學的傳承，不能看出經學的意義。若經學無意義，則其傳承亦無意義。掌握「經學」特質的途徑不一而足，徐復觀認為，就是要通過「經學史」來理解「經學」的特質。所以他說：

> 經學的文字，是客觀地存在；但由文字所蘊涵的意義，則須由人加以發現，而不是純客觀的固定的存在。發見常因人因時代而不同，所以經學意義的本身，即是一種能進動地歷史產物。對它必須作「史地把握」，才可接觸到它在歷史脈搏中的真生命。中國過去涉及經學時，只言人的傳承，而不言傳承者對經學所把握的意義，這便隨經學的空洞化而經學史亦因之空洞化；更由經學史的空洞化，又使經學成為缺乏生命的化石，則此一代表古代文化大傳統，在中國現實生活中的失墜，乃必然之事。[34]

　　由上述可知，即使不考慮到古代傳統的復活問題，為了經學史自身的完整性，也必須把時代各人物所了解的經學的意義，作鄭重的申述。這裡把它稱為「經學思想」。此是今後治經學史的人應當努力的大方向。[35]所以徐復觀認為，要恢復民族的活力，便必須恢復歷史文化的活力。要恢復歷史文化的活力，便對塑造歷史文化的基型，推動文化的基線的經學，應當重新加以反省，加以把握。[36]因此對西漢時代的

---

34 徐復觀：《中國經學史的基礎》〈西漢的經學思想〉，頁208。

35 徐復觀：《中國經學史的基礎》〈西漢的經學思想〉，頁207-208。

36 徐復觀：《中國經學史的基礎》〈西漢的經學思想〉，頁240。

陸賈、賈誼、淮南王安的賓客、董仲舒、司馬遷等五個對象的經學思
想，作詳實的闡釋。茲舉司馬遷為例，敘述如下：

> 孔子曰：「六藝於治，一也。《禮》以節人、《樂》以發和、
> 《書》以道事、《詩》以達意、《易》以神化、《春秋》以道
> 義。」（《史記‧滑稽列傳》卷一二六）上面一段話，是繼承先
> 秦以來的通說。他針對當時政治、社會的危機，特別重視禮樂
> 的意義，所以在《史記》中特作〈禮書〉、〈樂書〉，特針對當
> 時嚴重的政治問題，以言禮樂的意義。但史公也和董仲舒一
> 樣，是把六藝的意義，集注於《春秋》，由《春秋》加以統
> 貫。在〈十二諸侯年表序〉：是以孔子明王道，干七十餘君莫
> 能用，故西觀周室，論史記舊聞，興於魯而次《春秋》，上記
> 隱，下至哀之獲麟，約其辭文，去其煩重，以制義法，王道
> 備，人事浹。[37]

徐復觀說明司馬遷作《史記》，有「世家」與「本紀」兩種體例，就
是專門給舊貴族立傳的。太史公要反映出秦漢之際，舊貴族仍然是政
治上和社會上的強大存在，立意十分清楚；至於孔子也列入世家，那
是破「例」，表明太史公對這個人的重視。後來的正史，除了歐陽修
《新五代史》，就再沒有列傳之外的世家體例了。徐復觀解釋司馬遷
「成一家之言」，視為「由史料走向史學的一句關鍵性的話」，又說：
「作史的第一件事當然是蒐集史料」，而尤其重要的是，「史學乃成立
於今人對古人的邀請之上」通過史料而邀請古人，這就是將史料文件
化從而將歷史現代化。[38]徐復觀對思想史工作中的考據問題和清代漢

---

37 徐復觀：《中國經學史的基礎》〈西漢的經學思想〉，頁220。
38 徐復觀：《兩漢思想史》〈論《史記》〉卷3，頁320-321。

學有精詳的論述，而《兩漢思想史》對所論述的問題，搜集史料的完備，考證解釋的客觀，表現出徐復觀的感興和邀請古人的熱情，作現代史，成一家之言，重視漢代經學家多元之經學思想，的確令人嘆為觀止。

（三）梳理經學史傳承之問題

經學的發端和奠基的過程，本質上是經學史的問題，但由於大多數的學術思想的基本特徵都是在這個過程中確立的，所以對於這個階段的經學史的說明，自然會涉及對於經學基本特徵的理解。因此，徐復觀認為經學的問題和經學史的問題是不可分割的。[39]所以在《兩漢思想史》〈自序〉裡，又說：

> 兩漢思想，對先秦思想而言，實係一種大的演變。演變的根源，應當求之於政治、社會。尤以大一統的一人專制政治的確立，及平民氏系的完成，為我國爾後歷史演變的重大關鍵；亦為把握我國兩千年歷史問題的重大關鍵。[40]

民國初年以來，經學歷經多次劫難，在經學權威逐漸降落的同時，經學的價值和意義也被忽略了。徐復觀能在經學研究風氣低迷的時代裡，肯定經學的價值，自有暮鼓晨鐘的作用在內。徐復觀所以要寫作一部經學史，是要作為探尋中國文化源頭的一種憑藉。由此可知，經學是中國文化的根源，那麼，要了解中國文化，就必須從經學本身入手。要了解中國文化的變遷，就必須從經學史的演變來了解。可惜，

---

39 參見岑溢成：〈徐復觀先生的經學觀〉，收錄於東海大學《徐復觀學術思想國際研討會論文集》，頁90。

40 徐復觀：《兩漢思想史》〈自序〉卷1，頁1。

既有的經學史因有太多的缺點，自然無法讓徐復觀感到滿意。現有的
經學史，即使講經學的傳承，徐復觀也非常不滿意，他說：

> 已有的經學史著作，有傳承而無思想，等於有形骸而無血肉，
> 已不足以窺見經學在歷史中的意義。即以傳承而論，因西漢已
> 有門戶之爭，遂孳演而為傳承之誤。東漢門戶之爭愈烈，傳承
> 之謬愈增。《後漢書・儒林傳》成篇於典籍散亂，學絕道喪之
> 餘，其中頗有以影響之談，寫成歷史事實。《經典釋文・敘
> 錄》、《隋書經籍志》踵謬承訛，益增附會。及清代今文學家
> 出，他們除《公羊傳》外，更無完整之典籍可承，為伸張門
> 戶，爭取學術上之獨佔地位，遂對傳統中之所謂「古文」及
> 「古學」，詆誣剿剝，必欲置之死地而後已，使後學有除今文
> 學家的偏辭孤義外，更無可讀之古典的感覺。皮錫瑞承此末
> 流，寫成《經學通論》及《經學歷史》兩書，逞矯誣臆斷之
> 能，立隱逆理之術。廖平、康有為更從而禱張羽翼之，遂使此
> 文化大統糾葛紛擾，引發全面加以否定之局，我常引為恨。[41]

上述引文，說明兩漢經學因今古文之爭，所造成的傳承之誤，當然影
響到經學演變的正確認識，所以，徐復觀在闡述兩漢經學的發展源流
上，不但要補充前人經學史著作中所未論及的思想部分，也要訂正兩
千年來經學傳承的錯誤。上述一段語重心長的話語，道盡徐復觀對前
人經學史著作中，穿鑿附會的痛心。如果不由漢代儒者的角度來看
「經學」的發展，則無法彰顯孔子和先秦時代諸子百家的經學思想為
何？這個問題因為材料的限制，目前雖然不能有很好的解答，但成書
較晚而保存許多早期史料的《左傳》與《國語》，或許透露了一些可

---

41 同上註。

以考察的線索。由《左傳》與《國語》二書的記載，不難看出戰國學者所謂的「經」不純然是史料的一種，而極可能是有意編纂的教材。以《詩》而言，《詩》原為樂章，到春秋時代發展出的新用途是「賦詩」及「引詩」。由賦詩及引詩的風氣可知，當時即使沒有固定的《詩》教本，各國士大夫所習之《詩》必有相當的重疊，否則無法弦誦相通，藉詩詠志。[42]這的確是值得梳理的經學思想問題。

　　因此為訂正兩千年來經學傳承的錯誤，在〈春秋繁露的研究〉一文中，對《春秋公羊傳》成立的情形及其本來面目作了深入的剖析。在〈原史〉一文中，對《春秋左氏傳》及《穀梁傳》也作了同樣的工作，尤以對《左氏傳》部份說得相當詳盡。一九七九年，寫成《周官成立之時代及其思想性格》一書，將此爭論兩千年之久的問題，作了徹底的清理，為治中國古代官制史、思想史及研究古典的人，盡了一番摧陷廓清之勞。[43]足證徐復觀撰寫《漢代經學史》用心良苦的地方，值得後學推尊與學習。

五　結論

　　研究經學的最終目的，在尋求有價值的經說，以為個人或民族恪遵的哲理，因此經學研究者負有批判誤謬、闡揚美善的責任，否則經學只是對一個古文明的迷戀而已，並無時代意義，對社會也無貢獻。吾人以為：我國未來文明的走向，應當奠基在傳統思想制度的篩汰選擇上，既非全盤繼承，也不全盤否定，在此前提下，經學研究者當扮演去糟粕取精粹的角色，而國人與學術界也不應再漠視甚至無視經學

---

42 參見蔡振豐著：〈《論語》所隱含「述而不作」的詮釋面向〉，收錄於李明輝編《儒家經典詮釋方法》，頁149。

43 徐復觀著：《兩漢思想史》〈自序〉卷1，頁1。

的存在。[44]徐復觀的經學研究，雖只是他研究中國思想史的一部分，但他是當代新儒家人物中，對傳統經學下最多工夫，最能肯定其價值的學者。徐復觀在這方面的努力，也顯示了一部可資憑信的經學史，這種對經學價值的重新肯定，對延續經學的生命力，實有重要的意義。[45]徐復觀認為一部良好的經學史，既要有傳承，也要有思想。傳承是骨骸，思想是血肉。為了尋回經學史的血肉，他極力去探尋經學在各個思想家心中的意義加以細密的分析。這的確是鞭辟入裡的見解。

凡是有價值的學術，都有其發展過程，因為早期的學說或著作，對問題的探討，難免不夠周延，而其後的學者便會循著線索引申發展，進而補充或修正先進的主張，使得原具雛形的理論更加細密。[46]這的確是深中肯綮之言論，也是後學研究經學思想應該努力精進之處。「智者千慮，或有一失」，益之以徐復觀晚年為疾病所苦，所以在經學史的創作上難免有疏漏之處，但是瑕不掩瑜。在學術界上，徐復觀在經學史方面的研究與成就，儼然已成為新的典範，為後學所崇仰師法。但是他下筆論述的精彩處，則在他以曠懷孤特的道德情感，發為透照事象、直顧奧理的睿見卓識。這裡面，有多少的沉潛之思，多少不容已的勇氣，也印勒著多少的時代血淚影痕。經學史的研究，疏導中國文化，首先要站在歷史上說話，不能憑空杜撰。思想的演變，地位的論定，一定要抉擇爬梳，有所根據。[47]徐復觀效法前賢，為往聖繼絕學，讓中國文化得以啟明復旦的努力，值得我們敬佩與學習。

---

44 參見葉國良、夏長樸、李隆獻合著：《經學通論》第三章〈經學研究的範疇〉貳〈今人研究經學應有的態度〉（臺北：大安出版社，2006年），頁37。

45 參見林師慶彰著〈徐復觀先生研究經學史的得失〉、〈徐氏研究經學史的幾項特色〉，收錄於《徐復觀學術思想國際研討會論文集》，頁114-115。

46 見葉國良、夏長樸、李隆獻合著第三章〈經學研究的範疇〉參〈經學史研究的要點〉，收錄於《經學通論》，頁30。

47 徐復觀：《兩漢思想史》卷2，頁407-410。

參考文獻

一　古籍部分（依《四庫全書》分類法）

〔漢〕鄭玄注、〔唐〕孔穎達等正義：《禮記正義》，臺北：藝文印書
　　　館，1998年。

〔魏〕何晏集解、〔宋〕邢昺疏：《論語注疏》，臺北：藝文印書館，
　　　1998年。

〔漢〕司馬遷：《史記》，臺北：鼎文書局，1987年。

〔漢〕班固、〔唐〕顏師古注：《漢書》，臺北：鼎文書局，1987年。

〔清〕皮錫瑞撰、周予同注：《經學歷史》，臺北：藝文印書館，2004
　　　年。

二　現代專著（依作者姓氏筆劃排序）

李明輝編：《儒家經典詮釋方法》，臺北：喜馬拉雅研究發展基金會，
　　　2003年。

林師慶彰主編：《五十年來的經學研究》，臺北：臺灣學生書局，2003
　　　年5月初版。

周予同：《周予同經史論著選集》，上海：上海人民出版社，1983年。

徐復觀：《兩漢思想史　卷一》，香港：新亞研究所出版，1972年初版
　　　（原書名《周秦漢政治社會結構之研究》三版改名，臺北：
　　　臺灣學生書局，1974年臺一版）。

徐復觀：《兩漢思想史　卷二》，臺北：臺灣學生書局，1976年。

徐復觀：《徐復觀雜文集》，臺北：時報文化出版公司，1980年4月初
　　　版。

徐復觀：《學術與政治之間》（甲、乙集合刊），臺北：臺灣學生書
　　　局，1980年。

徐復觀：《徐復觀文錄選粹》（係由四冊《文錄》中精選彙輯），臺
　　　北：臺灣學生書局，1980年。

徐復觀：《徐復觀雜文集・續集》，臺北：時報公司，1981年。

徐復觀：《中國經學史的基礎》，臺北：臺灣學生書局，1982年。

徐復觀：《徐復觀家書精選》，臺北：臺灣學生書局，1993年。

徐復觀：《中國人性論史・先秦篇》，臺北：臺灣商務印書館，2003年
　　　10月第十三次印刷。

徐復觀：《徐復觀論經學史》二種，上海書店出版社，2006年。

皮錫瑞撰、周予同注：《經學歷史》，臺北：臺灣藝文印書館，2004年
　　　3月初版五刷。

曾國藩：《曾文正公家書家訓日記》，臺北：世界書局，1900年。

黃慶萱：《史記漢書儒林列傳疏證》，臺北：嘉新水泥公司文化基金
　　　會，1966年3月初版。

葉國良、夏長樸、李隆獻合著：《經學通論》，臺北：大安出版社，
　　　2006年10月一版刷。

武漢大學：《徐復觀與20世紀儒學發展海峽兩岸學術研討會綜述》，武
　　　漢：2004年2月22日。

三　單篇論文（依作者姓氏筆劃排序）

林師慶彰：〈徐復觀先生研究經學史的得失〉，收錄於臺灣東海大學
　　　《徐復觀學術思想國際研討會論文集》，1992年12月。

岑溢成：〈徐復觀先生的經學觀〉，收錄於臺灣東海大學《徐復觀學術
　　　思想國際研討會論文集》，1992年12月。

蔡仁厚：〈徐復觀先生百年誕辰獻辭證解──兼述儒家能為新世紀提

供什麼〉，收錄於武漢大學2003年12月6日至8日《徐復觀與
20世紀儒學發展》海峽兩岸學術研討會綜述。

蘇新鋈：〈徐復觀先生活轉先秦儒學的思想綱脈〉，收錄於臺中東海大
學《徐復觀學術思想國際研討會論文集》，1992年12月。

蔡振豐：〈《論語》所隱含「述而不作」的詮釋面向〉，收錄於李明輝
編：《儒家經典詮釋方法》，2003年。

景海峰：〈儒家詮釋學的三個時代〉，收錄於李明輝編：《儒家經典詮
釋方法》，2003年。

第三章
禮制、禮書、禮典
——以三老五更為例析評[*]

一　前言

　　中華文化源遠流長，博大精深，而其所以能夠歷久彌新，維繫五千年而不墜的主因，乃是由於數千年來中華民族一貫地篤守著禮教精神，作為建立群己關係和維持社會秩序的緣故。孔子說：「安上治民，莫善於禮。」（《禮記·經解》）[1]。曾國藩（1811-1872）也說：「先王之道，所謂修己治人，經緯萬彙者何歸乎？亦曰禮而已矣。」（〈聖哲畫像記〉）都是強調禮學乃是修己治人的圭臬，更是推展人文教育的基石。

　　皮錫瑞說：「凡學不考其源流，莫能通古今之變；不別其得失，無以獲從入之途。」[2]（《經學歷史》）的確，展閱卷帙浩繁的禮書，記載歷代的禮制、禮典，若不考辨其源流，則會有望文生義的現象發生。因為議禮、制度、考文都要以經義為本。皮錫瑞又說：「經作於大聖，傳自古賢。先儒口授經文，後學心知其義，制度有一定而不可

---

[*]　本文系二〇二一年三月二十六日中央研究院中國文哲研究所舉辦的「經學工作坊」中，評論師大國文博士劉千惠題目：〈試論禮制、禮書、禮典——以三老五更為例〉的文字整理稿。

[1]　引自〔漢〕鄭玄注、〔唐〕孔穎達等正義：《禮記正義·經解》（臺北：藝文印書館，1998年）卷50，頁846。

[2]　引自〔清〕皮錫瑞撰、周予同注：《經學歷史》（臺北：藝文印書館，2004年），頁1。

以私造，義理衷一是而非能臆說。」[3]因此本文希望藉由探究三老五更的典故由來，從探本溯源中尋覓傳統禮制禮典的時代背景與社會價值，延伸思考到歷代禮書如何傳承古禮古制，並賦予傳統禮制禮典新的生命力，在科技文明發達的二十一世紀展現新的風華。

二　文獻探討

朱熹（晦庵，1130-1200）說：「漢、魏諸儒，正音讀，通訓詁，考制度，辨明物，其功博矣。」[4]正音讀，通訓詁，的確是研讀經典古籍的不二法門，因此本文先闡述三老五更正確的讀音與典故由來。

（一）三老五更的讀音

國語注音ㄙㄢ ㄌㄠˇ ㄨˇ ㄍㄥ

漢語拼音 sān lǎo wǔ gēng

> 北齊・顏之推《顏氏家訓・書證》：「或問：『一夜何故五更？更何所訓？』答曰：『漢魏以來，謂為甲夜、乙夜、丙夜、丁夜、戊夜；又云鼓，一鼓、二鼓、三鼓、四鼓、五鼓；亦云一更、二更、三更、四更、五更；皆以五為節……更、歷也，經也，故曰五更爾。』」也作「五夜」。[5]

3　引自〔清〕皮錫瑞撰、周予同注：《經學歷史》，頁142-143。

4　引自〔宋〕朱熹：〈語孟集義序〉，收入《朱子文集》第8冊（臺北：德富文教基金會，2000年）卷75，頁3782。

5　引自〔北齊〕顏之推：《顏氏家訓》，《百部叢書集成・抱經堂叢書》（臺北：藝文印書館，1971年）卷33，頁23。

時間五更的出現，起於漢代之後，舊時以漏刻計時，從傍晚到次日清晨，分為五個時段，稱為「五更」。相當於自午後七時起算，每一時段，為兩小時，至清晨五時。可知一夜「五更」，是古代計時的的說法。

（二）三老五更的義涵

1　三老

古時掌教化的鄉官，戰國魏有三老，秦置鄉三老，漢增置縣三老，東漢以後又有郡三老，並閒置國三老。典故出處，如下所述：

> 《增廣賢文》：「凡是要好，須問三老。」[6]
> 《漢書・高帝紀上》：「舉民年五十以上，有修行，能帥眾為善，置以為三老，鄉一人；擇鄉三老一人為縣三老。」[7]
> 《漢書・百官公卿表》：「三老掌教化」[8]

由上述可知，敦請年高德劭的老人擔任三老的官職，主要在掌理教育人民，宣揚德教，引導民眾從善如流，蔚為祥和的社會風氣。

2　五更

古時稱長老為「五更」，是周代養老之禮所尊養的老者和通達事理的老人，更有明理懂事的意涵，後世說「更事」即此意。典故出

6　引自馬自毅注釋、李清筠校閱：《新譯增廣賢文・千字文》（臺北：三民書局，2008年），頁161-162。
7　引自〔漢〕班固、〔唐〕顏師古注：《漢書・高帝紀上》（臺北：鼎文書局，1987年）卷1，頁33。
8　引自〔漢〕班固、〔唐〕顏師古注：《漢書・百官公卿表》卷19，頁742。

處，如下所述：

《禮記‧文王世子》：「遂設三老五更，群老之席位焉。」[9]
《禮記‧樂記》：「食三老五更于大學。」[10]

由上述可知，三老、五更各一人，都是由年老退休的官員擔任，天子
用事奉父兄的禮節來尊養他們，藉由此事向天下百姓宣揚孝悌的德
行，以達到上行下效的教化目的。

三　回歸原典

　　林師慶彰說：「回歸原典是解決經典詮釋過程中所產生問題的良
方。」[11]的確，從閱讀原典中，可以增進自己對古禮古制之理解；從
闡述禮學思想中，增進自己的思辨能力。先秦時期的養老之制，清晰
的記載在儒家文獻《禮記》〈曲禮上〉、〈內則〉、〈玉藻〉、〈少儀〉、
〈祭義〉、〈坊記〉、〈樂記〉、〈鄉飲酒義〉、〈王制〉、〈月令〉、〈文王世
子〉等篇章中。

（一）三老五更的禮制源流

　　清代黃以周《禮書通故‧職官禮通故》說：「《漢百官表》云：
『鄉有三老、有制、嗇夫，皆秦制。』以周案：「三老、嗇夫迭見

9　引自〔漢〕鄭玄注、〔唐〕孔穎達等正義：《禮記正義‧文王世子》卷20，頁404。
10　引自〔漢〕鄭玄注、〔唐〕孔穎達等正義：《禮記正義‧樂記》卷39，頁697。
11　林師慶彰：《中國經學研究的新視野》〈中國經學史上的回歸原典運動〉（臺北：萬
　　卷樓圖書公司，2012年），頁87。

于經，不自秦始。」[12]可見在先秦以前「三老五更」的職官已見諸於史書，後代帝王也開始沿用這個制度。茲將三老五更的禮制源流，臚列如下：

1　視學

根據周制，天子要親臨國學舉行春秋祭奠和養老之禮，是為「視學」。

> 《大戴禮記·保傅》：「三代之禮，……。春秋入學，坐國老執醬而親饋之，所以明有孝也。」[13]
> 《禮記·文王世子》：「凡始立學者，必釋奠於先聖先師；及行事，必以幣。凡釋奠者，必有合也，有國故則否。凡大合樂，必遂養老。」[14]

由上述可知，每季開學，都要向先師行釋奠禮。「釋奠」禮是古代學校的祭祀典禮，屬於祭奠「先聖先師」的禮儀。周代學校則分為國學和鄉學兩種，國學設於都城，稱作辟雍和泮宮；鄉學設於地方，稱為庠、序。春季的釋奠由春季的主講教師主持，夏、秋、冬三季也是這樣。凡天子視學時，舉行釋奠禮，必須有大規模的音樂與舞蹈的表演，接著必須舉行養老之禮。君王推行養老政策，以達到宣揚孝悌的目的。

---

12 引自〔清〕黃以周撰，王文錦點校：《禮書通故·職官禮通故五》（北京：中華書局，2007年），頁1513。
13 《大戴禮記·保傅》，中國哲學書電子化計劃 https://ctext.org/da-dai-li-ji/zh
14 引自〔漢〕鄭玄注、〔唐〕孔穎達等正義：《禮記正義·文王世子》卷20，頁395。

2 尊老

古代天子「養老」制度完備，天子認為「老吾老，以及人之老；
幼吾幼，以及人之幼。天下可運於掌。」(《孟子·梁惠王上》) 尊老
習尚蔚然成風，社會風氣定日益醇厚。

> 《禮記·王制》:「凡養老：有虞氏以燕禮，夏後氏以饗禮，殷
> 人以食禮，周人修而兼用之。五十養於鄉，六十養於國，七十
> 養於學，達於諸侯。」[15]
> 《禮記·樂記》:「食三老五更於大學，天子袒而割牲，執醬而
> 饋，執爵而酳，冕而總干，所以教諸侯之弟也。」[16]

由上述可知，凡招待老人的宴會，有虞氏用燕禮，夏後氏用饗禮，殷
人用食禮，周人遵循古制而三禮兼用。五十歲的老人就可以參加在鄉
學中舉行的敬老宴會，六十歲的老人就可以參加在小學舉行的宴會，
七十歲的老人就可以參加在大學舉行的宴會。諸侯國也是如此。在大
學中宴請三老五更，雖已貴為天子，仍要袒開衣襟親自切割牲肉，捧
著醬碟請他們吃，端起酒請他們漱口，還要頭戴禮帽，手執盾牌，以
歌舞娛樂他們。這是示範給諸侯觀看，並且懂得怎樣敬老尊賢。上有
好者，下必有甚焉，天子以身作則，有垂範天下的作用。

3 祭奠先聖先師

周天子來到養老的所在，祭祀先聖先師，並設立三老五更和群老
的席位。

---

15 引自〔漢〕鄭玄注、〔唐〕孔穎達等正義：《禮記正義·王制》卷13，頁263。
16 引自〔漢〕鄭玄注、〔唐〕孔穎達等正義：《禮記正義·樂記》卷39，頁697。

《禮記‧文王世子》：「天子視學，大昕鼓徵，警眾也。眾至，
然後天子至，乃命有司行事，興秩節，祭先師、先聖焉。有司
卒事反命。始之養也。適東序，釋奠於先老。遂設三老五更群
老之席位焉。適饌省醴，養老之珍具。……正君臣之位，貴賤
之等焉，而上下之義行矣。」¹⁷

由上述可知，天子視察大學之禮，大清早，國學就敲起集合的鼓聲，
督促學生們起床準備。學生們到齊之後，等待天子駕臨，於是命令有
關官員開始工作，舉行常規的禮儀，祭奠先聖先師。天子來到東序，
親自釋奠於先老，接著就安排三老五更以及庶老的席位。唐代孔穎達
註疏，三老和五更是互指的詞，指的是三德和五事，即「正直、剛、
柔」及「貌、言、視、聽、思」。說明要態度端莊、言論正直、耳聰
目明、思慮縝密才能夠勝任輔弼天子治國的重責大任，因此，鄉老一
般要由德高望重的老人來擔任，承擔著教化百姓、監督朝政及溝通地
方的職責，顯然，在古人看來，人生經歷豐富的老者更了解三德五
事，而天子尊崇了解「三德五事」的老者，也是在德化天下。

4　養老乞言

　　「國老」和「庶老」之養，夏、殷、周三代的天子舉行養老宴
會，都要依據戶籍來查驗與會老人的年齡。唐孔穎達疏曰：「人君養
老有四種：一是養三老、五更；二是子孫為國死難，而王養死者父
祖；三是養致仕之老；四是引戶校年，養庶人之老。四代皆然。」¹⁸

---

17 引自〔漢〕鄭玄注、〔唐〕孔穎達等正義：《禮記正義‧文王世子》鄭玄注：「三老
　更各一人也，皆年老更事致仕者也，天子以父兄養之，示天下之孝悌。名以三五
　者，取像三辰五星，天所因以照明天下者。」卷20，頁404。
18 馬端臨：《文獻通考‧卷四十五‧學校考六》，中國哲學書電子化計劃，中國哲學書
　電子化計劃 https://ctext.org/wiki.pl?if=gb&chapter=84600。

天子倡導「國老」和「庶老」之養，以自身垂範天下，引領社會敬老尊賢的風氣。

> 《禮記・王制》:「有虞氏養國老於上庠，養庶老於下庠。夏后氏養國老於東序，養庶老於西序。殷人養國老於右學，養庶老於左學。周人養國老於東膠，養庶老於虞庠，虞庠在國之西郊。……凡三王養老皆引年。」[19]
> 《禮記・文王世子》:「凡祭與養老，乞言，合語之禮，皆小樂正詔之於東序。」[20]
> 《禮記・內則》云:「凡養老，五帝憲，三王有乞言。」[21]

由上述可知，有虞氏的時代在大學裡設宴款待國老，在小學裡設宴款待庶老。《孟子・滕文公》:「設為庠序學校以教之。」可見「庠」、「序」都是古代學校之名，從虞舜到周代，都有按時在學校宴享賢士、禮敬老者的制度。夏、殷、周三代的天子舉行養老宴會，都要依據戶籍來核實與會老人的年齡。東漢以來天子屈尊以養老，乞言以尚賢，正君臣之位與上下之序。天子向國老求乞善言，請陳善道以立教，並且要把老人的善言厚德記錄下來，已垂訓後世，正如〈王制〉所說:「養耆老以致孝。」[22]這就是西周重視養老制度的根本原因，以達到教化百姓、宣揚孝悌的目的。

---

19 引自〔漢〕鄭玄注、〔唐〕孔穎達等正義:《禮記正義・王制》孔穎達疏曰:「庶老，謂士也。皇氏云，庶老兼庶人在官者，其致仕之老，大夫以上。」卷13，頁265-266。見庶老是指告老退職的卿、大夫、士。掌教化的官。

20 引自〔漢〕鄭玄注、〔唐〕孔穎達等正義:《禮記正義・文王世子》鄭玄注:「養老乞言，養老人之賢者，因從乞善言可行者。」卷20，頁394。

21 引自〔漢〕鄭玄注、〔唐〕孔穎達等正義:《禮記正義・內則》卷28，頁531。

22 引自〔漢〕鄭玄注、〔唐〕孔穎達等正義:《禮記正義・王制》卷13，頁256。

（二）三老五更的歷史演變

從周代開始，尊養「三老五更」儀式始見諸於史書，後代帝王也開始沿用這個制度。

1　漢代

國學設於都城，稱作辟雍和泮宮。

> 《漢書・禮樂志》記載「養三老五更於閟廱（古代學校）。」[23]
> 《禮記・王制》：「大學在郊，天子曰辟雍，諸侯曰頖宮（泮宮）。」[24]
> 《後漢書・明帝紀》記載：「三老五更皆以二千石祿養終厥身。其賜天下三老酒人一石，肉四十斤。有司其存者环，恤幼孤，惠鰥寡，稱朕意焉。」[25]

由上述可知，天子設立的大學，稱為辟雍。西漢以後，歷代皆有辟雍，除北宋末年作為太學之預備學校外，多為祭祀用。漢代以後，直至清朝，辟雍是大學、國子監的構成部分，是皇帝講學及貴族子弟學習禮儀、音樂的的場所。漢代劉向在《五經通義》記載：「天子立辟雍者何？所以行禮樂，宣教化，教導天下之人，使為士君子，養三老，事五更，與諸侯行禮之處也。」[26]在大學中舉行養老之禮，推行尊老，

23　引自〔漢〕班固、〔唐〕顏師古注：《漢書》（臺北：鼎文書局，1987年）卷22，頁1035。

24　引自〔漢〕班固、〔唐〕顏師古注：《禮記正義・王制》卷12，頁236。

25　引自〔劉宋〕范曄撰、〔唐〕李賢等注：《後漢書》（臺北：鼎文書局，1987年）卷2，頁102-103。。

26　引自〔漢〕劉向《五經通義》，中國哲學書電子化計劃 https://ctext.org/wiki.pl?if=gb&chapter=646740

勢必要上行下效，於是從天子開始尊老，作為天下表率，這正體現了
天子之仁，讓「老吾老，以及人之老。」的仁愛思想蔚然成風。

2　唐代

「三老五更」的禮制，溯源於周代，歷經各代政權的更迭，迄於
唐代仍沿襲周禮。

> 杜佑《通典・卷十九職官志一》：「《禮》天子父事三老，兄事
> 五更。」[27]
> 《北史・魏紀三》：「以尉元為三老，游明根為五更。又養國
> 老、庶老，將行大射之禮。」[28]
> 《大唐開元禮》：「皇帝養老於太學。」

由上述可知，天子要以敬愛父親的禮儀對待三老，對兄弟的禮儀對待
五更。周天子設立「三老五更」制度，希望在場的公侯伯子男以及文
武百官：大家回到自己的封地和管轄地，要在國學中照樣舉行養老之
禮。尊養「三老五更」儀式始見諸於史書，後代帝王也開始沿用這個
制度。希望通過孝道的方式，倡導世人忠於親人、國家、君王。

3　清代

清代乾隆說明「三老五更」之禮無法推行的原因。

> 清朝《皇朝通典卷五十六》：「乾隆二年十二月諭曰：先師孔子

---

27 引自〔唐〕杜佑撰、王文錦、王永興、劉俊文、徐庭雲、謝方點校：《通典》（北
　京：中華書局，2007年）卷19，頁490。
28 引自〔唐〕李延壽撰：《北史・魏紀三》（臺北：鼎文書局，1987年）卷3，頁108。

聖集大成教垂萬世……若夫三老五更之說予以為括次養老化俗
之儀，而非天子臨雍所必應並行而不遺者，蓋弗見於詩書，乃
特出杜氏通典之私耳，且予向有三老五更之說已明闢其謬，茲
不複綴乎辭。雖然予更有所懼，於是舉者夫是舉，豈非復古興
學之懿有何懼，而予懼之者，恐後之人執予復古之說，於一切
衣冠典禮皆欲效漢人之制，則予為得罪祖宗之人。」[29]

據說，清乾隆三年（1738），乾隆突然想起問大臣恢復「三老五更」
之禮的可能性。大學士張廷玉婉言勸止說這種古禮「臣下誰敢受
之」。這種制度發展到後世，君主使用郡縣制來管理國家後，他們對
於這個需要自己用對待父親、兄長之禮的職位越來越不滿，後來更是
直接廢棄。「三老五更」的說法和尊養儀式就這樣淡出了人們的視
野，而天子禮敬臣下，向臣下行跪拜禮，也成為了歷史。

（三）禮書疑義解析

　　晚清學者的禮學研究，承襲著清代中葉以來的說釋禮義、考證禮
制傳統，其中又以浙江定海學者黃以周（1828-1899）《禮書通故》為
最著。《禮書通故》全書共一百零二卷，其書篇目廣大，幾涵蓋所有
經部、子部論禮之書，凡詳考禮制，多正舊說之誤，釋後人之疑。全
書凡列五十目，其書參酌戴德《石渠奏議》、許慎《五經異議》編撰
體例，凡所徵引成說，或約舉，或竄改，而自成一家之言。王文錦
（1927-2002）以當代禮學專家的深厚學養，擔任校點《禮書通故》的

---

29 《皇朝通典卷五十六》，中國哲學書電子化計劃 https://ctext.org/wiki.pl?if=gb&chapter
=640486

重任，他以重修本為工作本，吸收黃家鸞、黃家驥《禮書通故校文》[30]
的成果，對全書做了全面而精到的校勘和標點，凡有改動都寫出校
記。《禮書通故》點校本的成書，嘉惠後代學者閱讀的方便。茲引清
代黃以周《禮書通故・學校禮通故》為例：

> 〈祭義〉云：「食三老五更于大學」「祀先賢于西學」大學者，
> 東學也，對西學言之故稱大。以北學對南學，則南學為大。
> 〈大司樂〉「掌成均之法」，成均者，大學之通稱也。而南學得
> 專事稱者，猶明堂之獨稱于南堂也，大之也。南學為周制，獨
> 得成均之名，猶黨為周制獨得庠名也，專之也。[31]
> 鄭玄云：「『祀先賢于西學』，西學，周小學也。」陸佃、鄭鍔
> 說，西學瞽宗，學禮者就之。辟雍，唯天子承師問道、食三老
> 五更及出師受成等就焉。
> 陳祥道云：「祀先賢于西學，則祭于瞽宗也。」「有司卒事，適
> 東序，設三老五更之席」，即「養國老于東膠」也。養國老于
> 東膠，即「食三老五更于大學」也。
> 以周案：〈祭義〉「食三老五更于大學」即〈世子篇〉所謂「適
> 東序，設三老五更之席位」，則大學者東序也。祀先賢于西
> 學，即〈大司樂〉所謂「凡有道者有德者使教焉。死則祭於瞽
> 宗。」則西學者瞽宗也。其稱東序為大學者，對西學言之
> 耳。……當從陳說。[32]

---

30 引自〔清〕黃以周撰，王文錦點校：《禮書通故》〈點校前言〉（北京：中華書局，
  2007年），頁1-4。
31 引自〔清〕黃以周撰、王文錦點校：《禮書通故・學校禮通故五》，頁1334。
32 同上註。

上述引文，說明天子命令諸侯辦教育，然後諸侯才可以設立學校。天子設立大學有五：辟雍（或稱明堂）、東序（或稱東膠）、成均、上庠和瞽宗；諸侯國中的大學則稱泮宮。

> 鄭玄說：「三老五更，各一人也，皆年老更事致仕者也。名以三五者。取象三辰五星，天所因以照明天下者。」蔡邕說：「更」當為「叟」，叟，老稱。三老三人，五更五人。
> 以周案：漢制，三老五更，各一人。《白虎通義》云：「王者父事三老，兄事五更。不但言老，言三何？欲其明于天地人之道而五也。五更者，欲其明于五行之道而更事也。三老五更各一人，既以父事，父一而已，不宜有三。」鄭注本此。[33]

上述引文，說明三老五更職官命名的由來，各由一人擔任此職務，均是由退休的公務員來執掌此任務。

> 盧植云：「選三公老者為三老，卿大夫中之老者為五更，亦參五之也。」
> 蔡邕云：「三老，國老也；五更，庶老。」
> 鄧展云：「漢直以一公為三老，用大夫為五更。」
> 以周案：《王制正義》引熊氏說，國老為卿大夫致仕者，庶老謂士也。皇氏說，庶老兼間庶人在官者，其致仕之老，大夫以上從國老之法，士從庶老之法。則蔡氏之說亦與盧、鄧不同。且〈王制〉云：「周人養養庶老于虞庠，虞庠在國之西郊」，是小學也，〈祭義〉云：「食三老五更于大學」，則五更不養于小

---

33 引自〔清〕黃以周撰、王文錦點校：《禮書通故・學校禮通故五》，頁1362。

學明矣。〈保傅〉云：「春秋入學，坐國老于牖下，執醬而親饋之」，則三老五更皆國老明矣。[34]

上述引文，說明三老五更是由國老為卿大夫致仕者擔任。

〈記文王世子〉：「天子視學，大昕鼓徵，眾至然後天子至，乃命有司行事，興秩節祭先師先聖焉。有司卒事反命。」鄭玄云：「使有司攝其事，舉常禮祭先師先聖。不親察之者，事學觀禮耳，非為彼報也。」

以周案：此節所記為天子仲春養三老五更之禮，而先敘祭先師先聖者，天子入學必釋菜于先師先聖，常禮然也。其使有司行事者，上文云「凡學，春，官釋奠於先師」，是入學之釋菜，有司奉行之，亦常禮然也，故曰「興致節」。興讀為舉。致節者，常禮也。上文春官釋奠已謂之凡，此有司行事又謂之致節者，明此釋菜之祭，天子不親其事為四時入學之故事，以別下文釋奠先老為養老之特典爾。鄭注「有司攝事，不親祭，觀禮，非為報。」皆非經義。[35]

上述引文，說明天子仲春養三老五更之禮，天子入學必釋菜于先師先聖，舉行常規的禮儀。釋菜禮在周朝時，是一種重要的尊師禮儀，表達對老師的尊敬與一專心向學的志向。

鄭玄云：「三老如鄉飲酒之賓，五更如介，群老如眾賓。」
以周案：三老五更皆國老。《大戴禮記・保傅》：「春秋入學，

---

34 引自〔清〕黃以周撰、王文錦點校：《禮書通故・學校禮通故五》，頁1363。
35 引自〔清〕黃以周撰、王文錦點校：《禮書通故・學校禮通故五》，頁1364。

坐國老于牖下」，則三老五更皆在牖前，南面，群老繼而西，
宜以〈燕禮〉準之矣。漢明帝三老五更于辟雍，三老李躬東
面，五更桓榮南面，固失之；魏與北魏、北周乃以三老南面，
五更東面，從鄭義易之，似亦未是。[36]

上述引文，說明漢明帝三老五更于辟雍，三老李躬東面，五更桓榮南
面；魏與北魏、北周乃以三老南面，五更東面等說法，均有訛誤之處。

四　三老五更禮制的社會價值

三老五更這個職官產生之初，天子就賦予以「孝」治國，引導社
會風氣日益醇厚為目的。孟子說：「親親而仁民，仁民而愛物。」
（《孟子·盡心》）這是儒家倫理道德最偉大的思想，就是把小我擴充
到與天地萬物為一的境界，把仁愛的精神由父母之愛，推廣到全人
類，普及到天下的萬物。三老五更禮制的設置，可以彰顯聖君賢相修
德愛民的仁政理想。茲述三老五更禮制的社會價值，如下：

（一）敬老尊賢

三老五更的設置，對「國老」和「庶老」之養樹立典型，以自身
垂範天下，引領社會敬老尊賢的風氣。所以孔子說：「君子篤於親，
則民興於仁。」（《論語·泰伯》），又說：「夫仁者，己欲立而立人，
己欲達而達人。」（《論語·雍也》），說明在上位的君王能夠以仁心厚
待親屬，上行下效，那麼民間也會興起仁愛的風氣。孔子的人生理想
是「願老者安之，朋友信之，少者懷之。」（《論語·公冶長》），蘊含

---

36 引自〔清〕黃以周撰、王文錦點校：《禮書通故·學校禮通故五》，頁1366。

著繼往開來的歷史使命感。所以仁的真諦,在於人人有兼善天下的襟懷,自己想立身行道,也期盼其他人也能夠力行仁道。

(二)發揚孝道

《禮記・鄉飲酒義》說:「民知尊長養老而後能入孝弟;民入孝弟,出尊長養老,而後成教;成教而後國可安也。」[37]這就是西周重視養老制度發揚孝道的根本原因。周天子希望建構一個五倫和諧充滿仁愛風氣的國家,也就是《禮記・禮運》所說:「何謂人義?父慈,子孝,兄良,弟悌,夫義,婦聽,長惠,幼順,君仁,臣忠。」[38]的倫常制度。《禮記・冠義》也說:「故孝弟忠順之行立,而后可以為人,可以為人,而后可以治人也。」[39]說明禮教苞蘊宏富,從孝敬父母做起,擴及齊家、治國,乃至於移風易俗,教化人民,可說是無所不至。

(三)道德教育

三老五更承擔著教化百姓、監督朝政及溝通地方的職責,擔負起以禮義德化天下的目的。《禮記・冠義》說:「凡人之所以為人者,禮義也。禮義之始,在於正容體、齊顏色、順辭令。容體正,顏色齊,辭令順,而后禮義備。以正君臣、親父子、和長幼。君臣正,父子親,長幼和,而后禮義立。」[40]說明了天子制定禮義,成為人民行為的規範。其根本是由君臣、父子、長幼尊卑之間應遵守的禮儀所產生,推而廣之,涵蘊人們平日與人周旋曲折的儀章度數,使人民的言

---

37 引自〔漢〕鄭玄注、〔唐〕孔穎達等正義:《禮記正義・鄉飲酒義》卷61,頁1006。

38 引自〔漢〕鄭玄注、〔唐〕孔穎達等正義:《禮記正義・禮運》卷22,頁431。

39 引自〔漢〕鄭玄注、〔唐〕孔穎達等正義:《禮記正義・冠義》卷61,頁998。

40 引自〔漢〕鄭玄注、〔唐〕孔穎達等正義:《禮記正義・冠義》卷61,頁998。

行舉止，能循規蹈矩，態度端莊合宜，說話恭順有禮，進而使「父子有親、君臣有義、長幼有序、夫婦有別、朋友有信。」（《孟子·滕文公上》）五倫齊備，如此禮義的基礎才算建立好，在潛移默化中，培育出思想純正與行為高尚的人民。

五　三老五更禮制的現代意義

文化的傳承，胥賴教育。展閱歷史的長卷，可知中國數千年的教育思想，實以儒家的倫理道德思想為主流。孔子集三代學術思想的大成，奠定了儒家學說的理論基礎，而孔子的禮樂學說博大精深，深植於每一個人的思想與生活中，更是垂教萬世的金科玉律及為人處世的典範。《禮記·郊特牲》說：「禮之所尊，尊其意也。失其義，陳其數，祝史之事也。」[41]說明時有轉移，事有變革，只是墨守古代的禮制儀式，對現代人而言是窒礙難行的，自當斟酌損益。雖然禮之繁文縟節文不可行於後世，而其蘊涵的義理，卻是古今相同，放諸四海而皆準。茲述三老五更禮制的現代意義，如下：

（一）發揚敬老尊賢美德

一個能愛人的人，一定能夠在人群中，與人們維持良好的人際關係。所以孔子說：「君子學道則愛人。」（《論語·陽貨》），又說：「君子之道，在修己以安人，修己以安百姓。」（《論語·憲問》）在上位者能夠以仁心厚待人民，上行下效，那麼民間也會興起仁愛的風氣，所以仁的真諦，在於人人具有兼善天下的襟懷。《禮記·禮運》其中所揭示的「老有所終」的理念，是大同世界社會關懷的指導原則，引

---

41 引自〔漢〕鄭玄注、〔唐〕孔穎達等正義：《禮記正義·郊特牲》卷26，頁504。

導全民懂得敬老、愛幼，營造一個溫馨和諧的理想社會，發揚民胞物
與之德澤，更彰顯了孔子關懷天下蒼生，期盼能「使老者安之，朋友
信之，少者懷之。」的遠大志向（《論語‧公冶長》），孟子也說：「老
吾老以及人之老，幼吾幼以及人之幼。」（《孟子‧梁惠王》），這是儒
家倫理道的理想境界，由此可知，孔孟仁民愛物的思想，是大同世界
安邦定國的具體目標。

（二）加強倫理道德教育

　　孔子繼承周公制禮作樂的精神，替人民定倫常，使人民日常生活
有道揆法守，以化民成俗。儒家的政治思想是完美的統治者應該「以
禮化民」、「以樂教民」。所以孔子說：「恭儉莊敬，禮教也；廣博易
良，樂教也。」[42]（《禮記‧經解》）正說明為政者施政應該「樂節禮
樂」、「文之以禮樂」來化民成俗，以導正不良的社會風氣。孔子以
「興於詩，立於禮，成於樂」（《論語‧泰伯》）的宗旨，教育弟子由
〈詩〉入禮，最後入樂。先由意志的感發、啟蒙，再到禮法制度的學
習和實踐，直到性情的淨化，才算自我人格修養的最後完成，進而達
到修身養性的最高境界，所以《禮記‧曲禮上》說：「夫禮者，所以
定親疏，決嫌疑，別同異，明是非也。」[43]說明禮是用來制定人與人
親疏的關係，判斷事情的是非善惡，分辨物類的同異，使人民的行為
有準則，不會無所適從。可見禮是立身之大道，修己之準則，是人格
完備的成人應具備的基本條件。

（三）傳承禮書禮典精髓

　　每一個時代的腳步，都是先民們用胼手胝足的血汗，所烙印而成

---

42 引自〔漢〕鄭玄注、〔唐〕孔穎達等正義：《禮記正義‧經解》卷50，頁845。
43 引自〔漢〕鄭玄注、〔唐〕孔穎達等正義：《禮記正義‧曲禮》卷1，頁14。

的成果。《周易・大畜・象傳》說：「君子以多識前言往行，以畜其德。」[44]此象辭在勉勵君子要記取前賢的嘉言懿行，來蓄積培養自己的美德。《禮記・坊記》說：「禮者，因人之情，而為之節文，以為民坊者也。」[45]禮是順應著人的常情而制定的禮節儀文，作為人民品德的規範，因此，只要人人懂得克己復禮之道，定能化暴戾為祥和，使社會風氣更加淳厚，人心更加善良。《禮記・儒行》說：「禮節者，仁之貌也；言談者，仁之文也；歌樂者，仁之和也。」[46]正說明仁德是禮樂教化的表徵，更是塑造良好人際關係，建設和諧完善國家的圭臬。人類是社會的主體，而維繫人與人互動的社會關係，就是中國古代聖哲所謂的五倫。先聖先王，特別重視人倫道德教育，以父慈子孝、君仁臣忠、夫義婦聽、長惠幼順、兄友弟恭的人文思想，來化育莘莘學子，使他們能夠明禮義、知廉恥，在風行草偃下，蔚為純厚善良的的社會風尚。

六　結論

　　先秦時期的養老之制，清晰的記載在儒家文獻《禮記》〈曲禮上〉、〈內則〉、〈玉藻〉、〈少儀〉、〈祭義〉、〈坊記〉、〈樂記〉、〈鄉飲酒義〉、〈王制〉、〈月令〉、〈文王世子〉等篇章中。後代帝王也開始沿用這個制度。明、清時廢除三老五更之禮制，但仍保留沿襲前代所傳之鄉飲酒禮，《禮記・經解》說：「鄉飲酒之禮，所以明長幼秩序也。」[47]

---

44 引自〔魏〕王弼、〔晉〕韓康伯注、〔唐〕孔穎達等正義：《周易正義・大畜・象傳》（臺北：藝文印書館，1988年），頁68。
45 引自〔漢〕鄭玄注、〔唐〕孔穎達等正義：《禮記正義・坊記》卷51，頁863。
46 引自〔漢〕鄭玄注、〔唐〕孔穎達等正義：《禮記正義・儒行》卷59，頁979。
47 引自〔漢〕鄭玄注、〔唐〕孔穎達等正義：《禮記正義・經解》卷50，頁847。

「養老敬老」在中國古代禮制中有著相當重要的地位，在長期的社會發展過程中，長幼有序、事親至孝、敬老尊賢的倫理道德，深植於每一個人的思想與生活中，更是垂教萬世的金科玉律及為人處世的典範。根據歷史文獻記載，歷代君王均曾制訂或頒布過一系列有關養老的制度或法規，形成了我國古代社會獨特的養老制度，這也是先民們留給我們溫馨感人的禮儀文化。

　　人文精神是中華文化的支柱，也是維繫倫理道德的基石。《孟子·滕文公上》說：「人之有道也，飽食煖衣，逸居而無教，則近於禽獸。聖人有憂之，使契為司徒，教以人倫，父子有親、君臣有義、夫婦有別、長幼有序、朋友有信。」又說：「夏曰校，殷曰序，周曰庠，學則三代共之，皆所以明人倫也。」足以證明自至聖先師孔子以來，歷代的思想家，都特別重視「以人為本」的教育思想，認為人而無教，則行為近於禽獸。古代聖王效法天地自然化育之道，順應天理人情來訂定禮義制度，以人文禮教來化育人民，使得國富民安。孔子很重視倫理道德，說明禮是調和人類倫理親情及社會道德的重要橋梁，也是人文教育的根源。《禮記·王制》說：「春、秋教以《禮》、《樂》；冬、夏教以《詩》、《書》」[48]，可見儒家主張以倫理道德來教化萬民。古聖先賢的智慧結晶，猶如長江水滾滾東流，灌溉我們的家園，潤澤充實我們的文化，使中華兒女的慧力定見，在高度文明的國家中首屈一指。

---

48 引自〔漢〕鄭玄注、〔唐〕孔穎達等正義：《禮記正義·王制》卷13，頁256。

參考文獻

一　古籍部分（依《四庫全書》分類法）

〔漢〕孔安國傳、〔唐〕孔穎達等正義：《尚書正義》，臺北：藝文印
　　　書館，1998年。

〔漢〕司馬遷：《史記》，臺北：鼎文書局，1987年。

〔魏〕王弼、〔晉〕韓康伯注、〔唐〕孔穎達等正義：《周易正義》，臺
　　　北：藝文印書館，1998年。

〔漢〕鄭玄注、〔唐〕孔穎達等正義：《禮記正義》，臺北：藝文印書
　　　館，1998年。

〔魏〕何晏集解、〔宋〕邢昺疏：《論語注疏》，臺北：藝文印書館，
　　　1998年。

〔東漢〕趙岐注、舊題〔宋〕孫奭疏：《孟子注疏》，臺北：藝文印書
　　　館，1998年。

〔唐〕杜佑撰、王文錦點校：《禮書通故》，北京：中華書局，1988年。

〔唐〕蕭嵩等撰：《大唐開元禮》，北京：民族出版社，2000年。

〔清〕孫希旦：《禮記集解》，北京：中華書局，1989年。

〔清〕皮錫瑞撰、周予同注：《經學歷史》，臺北：藝文印書館，2004
　　　年。

〔清〕黃以周撰、王文錦點校：《禮書通故》，北京：中華書局，2007
　　　年。

二　現代專著（依作者姓氏筆劃排序）

王夢鷗：《禮記今註今譯》，臺北：臺灣商務印書館，1972年。

王　鍔：《禮記成書考》，北京：中華書局，2007年。

林師慶彰：《中國經學研究的新視野》，臺北：萬卷樓圖書公司，2012
　　　年12月初版。

高　明：《禮學新探》，香港：集成圖書公司，1963年11月初版。

蔡仁厚：《孔子的生命境界——儒學的反思與開展》，臺北：臺灣學生
　　　書局，2003年。

馬自毅注釋、李清筠校閱：《新譯增廣賢文・千字文》，臺北：三民書
　　　局，2008年。

謝淑熙：《禮學思想的新探索》，臺北：萬卷樓圖書公司，2017年。

三　期刊論文（依作者姓氏筆劃排序）

葉國良：〈古禮書中禮典與儀節研究方法〉，2013年臺灣中正大學中文
　　　系所舉辦的「禮學工作坊」中，葉國良先生在論壇中發言的
　　　文字整理稿（原載《中正漢學研究》2014年第一期）。

四　電子資料與網路的引用

〔漢〕劉向《五經通義》，中國哲學書電子化計劃 https://ctext.org/wiki.
　　　pl? if=gb&chapter=646740

《皇朝通典卷五十六》，中國哲學書電子化計劃 https://ctext.org/wiki.
　　　pl?if=gb&chapter=640486

經學研究叢書 0500007

儒家禮學人文思想新視野

作　　者　謝淑熙
責任編輯　官欣安
特約校稿　宋亦勤
封面設計　陳蕾茗

發 行 人　林慶彰
總 經 理　梁錦興
總 編 輯　張晏瑞
編 輯 所　萬卷樓圖書股份有限公司
　　　　　臺北市羅斯福路二段 41 號 6 樓之 3
　　　　　電話 (02)23216565
　　　　　傳真 (02)23218698

發　　行　萬卷樓圖書股份有限公司
　　　　　臺北市羅斯福路二段 41 號 6 樓之 3
　　　　　電話 (02)23216565
　　　　　傳真 (02)23218698
　　　　　電郵 SERVICE@WANJUAN.COM.TW
香港經銷　香港聯合書刊物流有限公司
　　　　　電話 (852)21502100
　　　　　傳真 (852)23560735

ISBN 978-986-478-689-3
2022 年 8 月初版
定價：新臺幣 460 元

如何購買本書：

1. 劃撥購書，請透過以下郵政劃撥帳號：
　帳號：15624015
　戶名：萬卷樓圖書股份有限公司
2. 轉帳購書，請透過以下帳戶
　合作金庫銀行 古亭分行
　戶名：萬卷樓圖書股份有限公司
　帳號：0877717092596
3. 網路購書，請透過萬卷樓網站
　網址 WWW.WANJUAN.COM.TW

大量購書，請直接聯繫我們，將有專人為
您服務。客服：(02)23216565 分機 610

如有缺頁、破損或裝訂錯誤，請寄回更換

國家圖書館出版品預行編目資料

儒家禮學人文思想新視野/謝淑熙著. -- 初
版. -- 臺北市 :萬卷樓圖書股份有限公司,
2022.08
　面 ；　公分. -- (經學研究叢書 ；500007)
ISBN 978-986-478-689-3(平裝)
1.CST: 三禮 2.CST: 研究考訂 3.CST: 文集
531.807　　　　　　　　　111007924